天津市哲学社会科学规划一般项目（TJTY11-048）

《天津市全民健身条例》
修订的理论与实证研究

李先燕　著

天津社会科学院出版社

图书在版编目(CIP)数据

《天津市全民健身条例》修订的理论与实证研究 /
李先燕著. ——天津:天津社会科学院出版社, 2020.9
ISBN 978-7-5563-0657-2

Ⅰ. ①天… Ⅱ. ①李… Ⅲ. ①全民体育-体育活动-
条例-研究-天津 Ⅳ. ①D927.210.216.5

中国版本图书馆 CIP 数据核字(2020)第 176951 号

《天津市全民健身条例》修订的理论与实证研究
《TIANJIN SHI QUANMIN JIANSHEN TIAOLI》XIUDING
DE LILUN YU SHIZHENG YANJIU

出版发行：天津社会科学院出版社
地　　址：天津市南开区迎水道 7 号
邮　　编：300191
电话/传真：(022)23360165(总编室)
　　　　　(022)23075303(发行科)
网　　址：www.tass-tj.org.cn
印　　刷：天津午阳印刷股份有限公司

开　　本：889×1194　毫米　1/32
印　　张：13.25
字　　数：366 千字
版　　次：2020 年 9 月第 1 版　2020 年 9 月第 1 次印刷
定　　价：78.00 元

作者简介

　　李先燕,女,1980 年生,北京体育大学博士,研究方向为体育法学,天津财经大学教师,具有管理学学士学位和教育学博士学位。自 2009 年起从事体育法学教学研究工作,目前主持完成国家体育总局体育哲学社会科学课题《我国体育权利均等化研究》、天津市哲学社会科学课题《〈天津市全民健身条例〉修订的理论与实证研究》共 2 项,主持天津市教育委员会课题《天津市学校体育运动伤害的法律保障机制研究》1 项。参与完成有关体育法学的国家社科课题 4 项,正在参与国家社科课题 1 项,参与完成省部级课题 6 项,获得省部级科研奖励 1 项。发表核心期刊论文 10 篇,第一作者 3 篇,其中有 3 篇被全国人大复印资料全文转载,参编体育教材 2 部,2 篇关于世界大学生运动会的论文被天津市教委分别评为一等奖和三等奖,并授予"优秀作者"称号。

　　现任中国法学会体育法学研究会理事、天津法学会体育法学会理事,曾参与《体育法》的修改与《体育法制"十二五"规划》课题研究,2017 年作为重要执笔人参与完成《天津市全民健身条例》修改的调研报告,2020 年参与天津市体育"十四五"规划编写。多年来作者关注体育法学理论与实践问题,为

现了当时天津市的社会经济发展实际与体育事业特点,而且自
施行以来,全民健身事业取得较大成就,全民健身多项指标居于
全国前列。但随着社会经济发展,天津市的全民健身保障水平
已不能很好满足人民群众的健身需求。《全民健身条例》的颁
布,以及《全民健身计划》的实施,将全民健身事业的定位提高到
一个新的高度,提出新的要求,《天津市全民健身条例》已不能很
好符合上位法和有关文件的新精神,不适应当前全民健身工作
所面临的新形势,亟须通过修订来重新定位,全面加强全民健身
工作。

　　根据中央总体布局,天津被赋予"一基地三区"的功能定位,
习近平同志对天津工作提出"三个着力"的重要要求,天津市在
推进体育强市建设的进程中,需要做好《天津市全民健身条例》
的定位,充分考虑天津的地位和定位,在全民健身公共服务体系
建设上走在全国前列,明确政府责任,厘清政府、社会和市场三
者之间的关系,推进政府购买公共体育服务,完善体育社会组织
管理体制,形成保障全民健身公共服务体系有效运行的长效机
制。因此《天津市全民健身条例》的修改需要站位高,发挥示范
引领作用。

　　本书是一本关于地方全民健身条例修订的专著。该著作对
全民健身开展进程中需要立法解决的重点问题进行理论与实证
研究,主要包括:条例的定位与修改思路,政府推进公共体育服
务的责任,公共体育设施的规划、布局、开放管理,居民配套体育
设施的配置标准与保障,学校体育设施的对外开放,社会体育指
导员与全民健身组织的完善,高危险性体育项目的规制,条例的
修改建议。本书不仅为地方全民健身条例的修订提供全新和有

益的视角,能够加强有关全民健身方面的理论研究,丰富体育法学的内容,而且对于天津市政府强化体育公共服务的职能、完善全民健身法规体系、保障全民健身事业的健康、有序发展,实现依法治市、依法治国,建设体育强市和体育强国具有重要参考意义。随着体育改革逐步深入,体育产业快速发展,全民健身公共体育服务的进一步完善,本书还有一些问题亟待深入探讨,比如对政府与体育行政主管部门职责的精准定位,体育协会的实体化改革,体育赛事的规范管理等。希望本书对于全民健身理论研究和全民健身工作开展具有借鉴意义,能够促进和完善《天津市全民健身条例》的修订,为地方全民健身立法与修法提供科学可行的政策建议。

第一章 概 论

第一节 《天津市全民健身条例》修订的依据

　　《天津市全民健身条例》于 2006 年 5 月 24 日经天津市第十四届人民代表大会常务委员会通过并于 2006 年 8 月 1 日起施行。《天津市全民健身条例》结合当时天津市的社会、经济、体育发展实际制订，自施行以来，全民健身工作逐步走上法制化轨道，各级政府为了贯彻落实做了大量工作，全民健身事业取得可喜成就，政府全民健身公共服务职能得到有效履行，公共体育设施建设成效明显，全民健身活动蓬勃开展，全民健身指导服务得到加强，全民健身多项核心指标均处于全国前列。但随着经济、社会发展，城市建设也得到快速发展，城镇化规模不断扩大，体育资源的紧张性凸显，体育场地设施依然不能满足全民健身需求，天津市的全面健身保障水平与人民群众日益增长的健身需求之间仍然存在较大差距，在一定程度上影响人们的体育获得感、成就感与幸福感。

一、本条例未能充分考虑到天津的地位和定位

　　天津作为直辖市，是我国重要的综合性工业基地和商贸中心。改革开放以来，天津作为我国北方最大沿海港口开放城市的优势不断增强，并随着滨海新区被列入国家总体战略布局和京津冀协同发展重大战略的实施，天津获得新的历史性机遇，经济建设和社会事业全面而快速地发展，在我国现代化建设中发挥着越来越重要的作用。自 2013

年习近平同志视察天津并提出"三个着力"的重要要求以来,天津市深入落实党中央国务院的决策部署,抢抓机遇,稳中求进,砥砺前行,经济和社会发展各项事业取得显著成绩,为全面建成高质量小康社会打下了坚实基础。

当前,天津市正在加快全国先进制造研发基地、北方国际航运核心区、金融创新运营示范区、改革开放先行区等"一基地三区"的建设,抓住工业化后期的发展上升期,努力再现老工业城市辉煌,充分利用处于新亚欧大陆桥经济走廊重要节点、海上丝绸之路战略支点、中国对外开桥头堡的区位优势,进入创新竞进、大有作为的发展繁荣期。人民群众生活和环境质量明显提高,教育、文化、卫生、体育等社会事业全面发展。天津的城市地位和经济社会发展基础,不但为天津市体育事业和体育产业的发展创造了良好条件,而且现代化天津建设在"经济保持持续健康发展"和"市民健康素质显著提高,城市品位、人文魅力充分彰显,公共文化服务均衡普惠,群众精神文化生活丰富多彩,社会保障能力持续增强,群众生活更加殷实安康"等内涵方面,直接形成了对天津市体育事业和全民健身发展的明确要求。

天津在全面推进依法治市、加强法治天津建设方面也取得可喜进展。为落实党的十八大的法治部署,天津市委及时制定了《深化法治天津建设实施纲要》,提出全面推进经济、政治、文化、社会和生态领域法治化,为实现中央对天津定位提供良好法治环境和有力法治保障,要求更加注重发挥法治在社会管理中的重要作用,制定和完善有关地方性法规。天津如何根据中央总体布局,基于"一基地三区"的功能定位,做实基础设施和服务功能,如何加快推进健康天津建设,如何持续提升全市人民健康水平,亟需得到有效回应。考虑到天津地方特色以及《天津市全民健身条例》多年来贯彻实施状况、发挥作用及存在问题,尤其是国务院《全民健身条例》颁布实施后的国家立法背景和总体要求,《天津市全民健身条例》中的很多内容均需做出与时俱进的修改。

二、本条例立法理念和规定与国家相关立法不相符

2009年国务院颁布《全民健身条例》,首次提出"公民有依法参加全民健身活动的权利","地方各级人民政府应当依法保障公民参加全民健身活动的权利"。这是国家第一次以法规形式确认了公民享有体育健身的权利以及政府为公民体育健身提供公共服务的责任,为各省市提供指导与保护。而天津早在2006年就颁布实施了《天津市全民健身条例》,为天津市全民健身事业的发展和天津公民体育权益提供有力的保障。但是作为地方法规的《天津市全民健身条例》由于颁布时间比《全民健身条例》早,其不适应性日渐显现。

国务院《全民健身计划(2011—2015年)》《国家体育事业发展"十二五"规划》《国家基本公共服务体系"十二五"规划》等文件,将全民健身纳入基本公共服务体系,明确了政府的主导地位。党的十八大提出了"广泛开展全民健身运动,促进群众体育和竞技体育全面发展"的新要求。天津市"十二五"规划也明确建设体育强市的目标,进一步强化政府对全民健身事业的社会化管理和公共服务,保障市民享有基本的公共体育服务,这些都对天津市全民健身事业发展提出新的要求。从立法角度看,上位法优于下位法,下位法要服从上位法,《天津市全民健身条例》必须要服务《全民健身条例》的立法精神与要求,但实际存在一定的立法缺失与冲突,如未将参加全民健身活动作为公民的一项权利,需要及时进行修订,这些显然与上位法和中央的新精神、新要求不相符合。2011年7月开始,国家体育总局等五部委对包括天津在内的八省市进行《全民健身条例》贯彻落实情况进行调研,从客观实际上需要加快对《天津市全民健身条例》的修订。

三、本条例不适应当前全民健身工作面临的新形势

全民健身是一项社会系统工程,需要明确政府的责任,坚持政府负责的原则,明确政府的职责范围是哪些,需要管到什么程度,以便更好地发挥政府主导作用,尽可能释放社会和市场活力。政府要统筹协调完善全民健身公共服务体系,实现基本公共服务均等化,只有这样才是真正做到全民健身,实现全民健康,有利于小康社会的实现。全民健身公共服务体系健身的核心任务和目标,应当是建设全面覆盖的基本公共服务网络,以农村社区和城市社区为服务基地,综合平衡,保证全民健身服务的均等化实现。2009 年 12 月中央经济工作会议提出要继续推进基本公共服务均等化。2011 年总理政府工作报告中第一次提出了"实现基本公共服务均等化"的主张。"'十二五'规划纲要"首次提出建立健全基本公共服务体系,要求"推进基本公共服务均等化,努力使发展成果惠及全体人民。"可见,基本公共服务均等化问题已成为当前我国经济社会发展中的一个重大问题,逐步实现公共服务均等化已经成为当前我国改革和发展的重要目标。在建设公共服务型政府的背景之下,基本公共服务均等化是贯彻落实以人为本科学发展观、构建公平正义的和谐社会的前提和基本内容,基本公共服务均等化既是一国公民应有的权利,也是政府的一项重要职责,是缓解地区之间、城乡之间差距,使人们共享改革开放成果的重要战略举措。

由于本条例的定位问题,总体来看,规定的较为笼统,并没有结合天津的实际对政府职责进行明确具体的规定,有关条款多为倡导性,导致政府重视不够,投入相对不足,保障还不够到位,责任并不清晰,对于宣传和引导全民参与,广泛发展全民健身事业,指导和帮助全民参加体育健身方面力度还不够,全民健身公共服务体系健身还不完善,社区体育设施和场地不足,基础健身组织不健全,经费投入仍然不够,社会体育指导员上岗率不高。居民体质健康状况与学生体质健康

状况达标率持续下降,特别是成年人的超重率和肥胖率一直很高,学生肥胖率和视力不良检出率也很高。为了有效扭转这一局面,全面保障全民参与体育活动的权利,促进全民健身活动的开展,有必要进一步通过修订条例来加大全民健身工作力度,结合最新的社会经济法治发展需求,以及天津市的功能定位与价值取向,明确政府的主导责任和全社会参与的责任,提高天津市全民健身的保障水平,创造更加有利的体育发展环境和提高治理能力的法治环境。

四、本条例不能有效解决当前发展存在的主要问题

现代法治的核心是保障公民权利,限制国家权力,而限制国家权力的目的也是为了保障公民的权利。法治理念必然会对我国体育事业发展产生很大的影响。诚然,体育事业发展的根本任务是以满足广大人民群众日益增长的体育文化需求为出发点,把增强人民体质、提高全民族整体素质作为根本目标。要将增强体质,提高身体素质体现在体育立法上,最重要的是要通过确认和保障体育权利来实现。体育权利作为一种复合性的宪法权利,人们行使这些体育权利,一方面享有选择参加体育运动的自由,另一方面需要有场地设施、器材用品和经费投入,需要有人进行组织、管理、训练、指导,需要有一定的舆论导向、宣传教育和科技服务,还需要有政策、法规、制度以及其他各种政府和社会的保障。国家对公民负有推动体育运动发展和提供开展体育活动必要条件的责任和积极义务,以保护国民身心和谐发展的权利。天津市全民健身事业发展存在诸多问题,主要表现为:

财政投入不能有效保障全民健身基本需要。本市条例虽然规定在制定年度财政预算时,安排群众体育经费,但没有明确全民健身的具体保障要求。多年来,全民健身经费在整个体育支出中一直占比不高,没有明确的基数和标准,市、区预算草案报告和市、区预算执行情

况没有明确全民健身经费。近年来,天津市对群众体育的财政投入虽然在逐年增长,但由于原来的基数较低、基础较弱,投入仍显不足,没有做到群众体育和竞技体育全面、协调、并重发展。

全民健身场地明显不足,不能满足居民健身需求。《全民健身条例》规定,公共体育设施的规划建设应当方便群众就近参加健身活动。但本市近年来建设的大型体育场馆,体育公园,或公园健身绿道,步道等一般离居民区比较远,不方便群众就近参加健身活动。居住区的配套体育设施不完善,室外健身器材如全民健身路径功能单一,适用人群不够广泛,学校体育设施和大型公共体育设施的对外开放问题规定得较为原则,居民配套体育设施普遍存在漏建、少建和建后改变用途的现象,配套的面积普遍不达标。学校体育设施还没有做到完全开放,设施使用率相对低。

青少年体质健康状况持续下降,学校体育非正常开展。调查显示,天津市中小学生体质健康状况不容乐观,肥胖检出率和视力不良检出率仍然呈上升态势,学校为了减少体育伤害事故的发生,体育课教学质量大打折扣,体育活动开展也受限,具有风险性的体育活动都在规避或尽量减少,这严重影响青少年的体质健康状况,必须引起全社会的高度重视。国家和天津市颁布系列法规文件要求上好体育课,保证学生的体育锻炼时间,但由于应试教育以及体育影响力的不可量化等影响,使得这些政策法规文件执行并不好,依然存在重智育、轻体育的倾向。且很多学生为独生子女,体育伤害事故的发生也会使得学校不能大胆放手去组织,不能很好起到培养兴趣、强身健体、磨炼意志,完善人格的作用。

学校体育设施开放程度仍然滞后,未完全开放。《全民健身条例》明确规定,学校应当在课余时间和节假日向学生开放体育设施,公办学校应当积极创造条件向公众开放体育设施。天津市的中小学、大学都有体育设施,距离居民居住区也比较近,分布相对均匀,但并没有充分利用起来,曾经有过试点学校进行开放,但有的又不再开放。节假日学校的体育设施对外开放的很少,对学生开放相对也不多,固定向公众开放的学校则更少,天津市也下发系列文件促进学校体育设施向社会开放,但涉及校园安全管理问题、场地设施管理维护经费问题、伤害事故发生责任认定问题、学校收费标准及许可问题等等因素,致使学校开放体育设施顾虑重重。

全民健身组织建设和指导服务力度还不够。全民健身公共服务体系的构建与完善,离不开全民健身组织,特别是社区、单位体育健身组织如何开展需要进一步规范,在推动全民健身过程中,应发挥全民健身组织服务功能的枢纽和辐射作用。目前,在社区街道和乡镇普遍缺失负责全民健身工作的专职人员,兼职人员也不是很多,导致很多全民健身工作如计划制定,活动开展,居住区体育管理维护等工作很难落实,投入到全民健身组织的健身经费总体还是不足,其发展能力整体还不强。社会体育指导员的指导服务无论范围还是内容都更需精细化、专业化,要为其开展公益服务提供保障。

第二节 研究背景

一、全民健身上升为国家战略,为修订本条例提供指引

随着我国经济社会的发展,人们生活水平的提高,闲暇时间增多,越来越多的人体育健身意识增强,参与体育活动的积极性得到很大提高,体育已经成为人们的一种生活方式,体育是增进人们健康,增强体质的重要手段。因此参加体育运动并得到相关的公共服务和社会保障,是现代社会公民应享有的基本权利,也是关系到全体社会成员身体健康和生活幸福的切身利益。而全民健身更加突出了全体社会成员普遍参与的广泛性和增强体质和与增进健康的根本目的性,为实现

广大人民群众人人平等地享有体育改革发展的成果提供了更加充分的条件,需要政府提供为满足广大人民群众日益增长的体育健身需求的公共服务产品,认真履行为广大群众提供体育健身服务的公共服务职能。在党的十六大和党的十七大报告以及历年的政府工作报告中,均彰显了"体育为人民服务"的鲜明理念和开展全民健身活动提升国民身体素质和健康水平的亲民、利民、便民、惠民取向。

党的十八大以来,党和国家明确了"五位一体"总体布局和"四个全面"战略布局,全民健身作为全面建成小康社会的重要组成部分,上升为国家战略,具有新的时代内涵。中国体育正迎来前所未有的发展机遇和变革需求,体育同经济、社会、文化、健康等诸多领域产生融合,发挥作用越来越凸显,体育的综合价值得到充分发挥,体育的多元功能日益彰显。全民健身上升为国家战略,需要转变管理理念,运用法治手段治理体育,将全民健身纳入政府的民心工程,成为民生重要组成部分。习近平总书记在党的十九大报告中明确提出"广泛开展全民健身活动,加快推进体育强国建设"的动员令。习近平总书记关于体育工作的系列重要论述,从实现中华民族伟大复兴的战略高度,强调将体育工作纳入健康中国建设总体布局,彰显了"以人民为中心"的根本宗旨,为修改《天津市全民健身条例》提供了方向指引和根本遵循。

二、《全民健身条例》的颁布,为修订本条例提供依据

2009 年国务院颁布《全民健身条例》,这是我国第一部系统、专门的全民健身行政法规。该条例的立法宗旨是为了促进全民健身活动的开展,保障公民在全民健身活动中的合法权益,提高公民身体素质。该条例体现了保障法的基本性质,明确了政府的主导作用,规范了政府在全民健身基本公共服务方面的保障责任和保障范围。此外条例还对全民健身活动、全民健身工作所需经费、全民健身设施、社会体育指导员、高危体育项目等进行具体规定。《全民健身条例》首次规定,

"促进全民健身活动的开展,保障公民在全民健身活动中的合法权益",统一适用"公民"指称全民健身活动主体,将学生和残疾人纳入全民健身的弱势群体范围,并明确"制定全民健身计划和全民健身实施计划,应当充分考虑学生、老年人、残疾人和农村居民的特殊需求",要求国务院和县级以上地方人民政府"根据公民体质监测结果和全民健身活动状况调查结果,修订全民健身实施计划。"同时规定"国家鼓励全民健身活动组织者和健身场所管理者依法投保有关责任保险。国家鼓励参加全民健身活动的公民依法投保意外伤害保险。"同时还对经营高危险性体育项目的主体资格、保险、责任、罚则及相应监督检查主体等都做出了明确规定。

《全民健身条例》颁布后,北京、湖南、湖北、辽宁、甘肃等省市先后修改了本省市《全民健身条例》。《天津市全民健身条例》的修改,既需要调整相关条款,与上位法保持一致,又需要将国家立法的一般性规定结合本市实际具体贯彻、落地生根。同时还要广泛借鉴兄弟省市地方立法经验补充、完善相关内容,充分体现自身城市特色,使全民健身工作有特色有亮点,做到内容充实、针对性强、有创新意识、有实践价值。

第三节 研究综述

2009 年《全民健身条例》的颁布首次从立法上明确了公民体育健身的权益,并从计划、活动、保障、法律责任等方面进行全面规定。而在国务院颁布该条例前后,我国已有部分省市颁布了地方全民健身条例,如湖南省、安徽省、湖北省、陕西省、江苏省、浙江省、山东省、北京市、上海市、天津市、长春市、淄博市、唐山市等。有的地方早于国务院颁布的,也都及时修订或酝酿修订,如湖南省、江苏省、上海市等。《天津市全民健身条例》2006 年颁布至今,实施背景已经发生变化,需要及时进行修订。

我国全民健身事业已经走过了十多年的历程,从全民健身计划的推行到《全民健身条例》的颁布,有关全民健身法制的研究成果不少,但是有关地方全民健身法制的并不多,对地方全民健身条例进行专门研究的就更少。目前有关全民健身法制的国内外研究主要集中以下几个方面:

一、有关全民健身法制的宏观研究

董新光教授 2006 年申请的国家体育总局课题《全民健身立法的研究》和朱苏力教授 2007 年申请的总局课题《全民健身问题立法难点研究》都对全民健身立法的必要性及可行性进行分析,并从不同角度对涉及的相关问题进行分析。有的研究通过对《体育法》所确立体育工作方针的研究,认为全民健身是我国体育工作的法定基础,有的学者对全民健身法规建设的内涵、意义进行了阐述,提出了加强建设的构想(陈琦,胡佩卿.加强全民健身法规建设构想[J].广州体育学院学报,1998.2)。有的学者介绍我国大众体育的法律环境,并对大众体育立法针对性不强、层次较低以及法规体系不完善等现状问题,提出了构建大众体育法规体系的设想(赵芳.我国大众体育法规体系基本框架的构建[J].上海体育学院学报,2005.2)。有的反思《全民健身计划纲要》实施 10 周年,认为当前体育体制和运行机制的改革需要加大大众体育经费投入,只有大众体育与精英体育的协调发展,才符合现代体育发展观,才符合新时期国家和谐、科学的发展观(张小林等.和谐社会与当前大众体育难以承受之轻——《全民健身计划纲要》颁布 10 周年之反思[J].西安体育学院学报,2006.2)。有学者指出我国全民健身事业发展应逐步纳入法制化的轨道,而且其发展必将坚定地走法治之路,并探讨做出制度安排、合理配置资源等加强我国全民健身体育法治环境建设的主要对策(于善旭.论我国全民健身法治环境[J].体育文化导刊,2010.2)。有的学者对于我国群众体育政策的执行机制及其绩效提升策略研究,或对政策工具视角下《身体活动全球行动计划(2018 - 2030)》文本分析及对我国全民健身政策制定的启示进行研究。有的将 70 年来我国全民健身的依法推进划分为中华人民共华国成立后为群众体育初步奠定法律基础、改革开放以来全民健身立法的持续递进、进入新时代全民健身愈益纳入法治全局 3 个不同的阶段和样态,从国家提倡、国家保障和国家战略的不同性征和作为表现上,阐释了我国全民健身法制建设的逐步发展和法律地位的日益提升(于善旭. 从提倡到保障到战略:新中国 70 年全民健身事业的依法推进与提升[J]. 体育学刊,2019. 5)。有的学者专门对于群众"健身难",从政策制定、政策执行、政策评估对群众健身政策遭遇的实然困境进行分析发现,存在政策制定民主化程度和科学化水平低、政策执行碎片化、政策评估方法体系滞后等问题。据此,破解群众"健身难"问题的政策应促进政策文本的协同设计、提高政策制定民主化和科学化水平、保障政策执行效力、健全政策评估方法体系(王志华,卢文云. 破解群众"健身难"问题的政策分析[J]. 天津体育学院学报,2020. 4)。

二、有关《全民健身条例》的研究

《全民健身条例》颁布之后,相关研究逐渐增多,课题立项也增加。有的学者分析我国《全民健身条例》的立法宗旨、立法内容、立法思路,提出提高我国全民健身条例的立法质量,提高体育场地建设和利用效益,建立和完善全民健身体系等立法思考(张玉超,郑华. 对我国全民健身事业法制建设的思考[J]. 首都体育学院学报,2009. 4)。有的研究发现,在实施《全民健身条例》过程中存在条例内容不完善、法律配套陈旧滞后、资金短缺和执法力度不强等现象,要更好地实施《全民健身条例》,应不断完善条例内容,优化相关法律配套,合理优化资金配置,加大执法力度(阳剑.《全民健身条例》法律配套探讨[J]. 体育文化导刊,2010.6)。徐士韦等人对《全民健身条例》在法律责任主体、监督机制、农民工体育权利、全民健身保险制度以及相关法规制约等方面的缺失提出自己的看法与建议（徐士韦等.《全民健身条例》实施过程中的法律缺失[J].体育科研,2010.4)。有的学者就《全民健身条例》颁行对我国群众体育法制化建设的战略意义进行了探讨（蔡有志.《全民健身条例》颁布的战略意义[J].北京体育大学学报,2009.9)。有的学者认为从《全民健身计划纲要》到《全民健身条例》是一个"软法"硬化过程,解决了执行力弱的问题、规范了各管理主体的职责以及公民参加全民健身活动的法律"身份",同时确认了一系列法律制度（贾文彤."软法"硬化:从《全民健身计划纲要》到《全民健身条例》的思考[J].天津体育学院学报.2010.3)。有的学者指出《全民健身条例》是国家在推进公共体育服务中根据发展诉求作出的重要制度安排,归纳和分析了有关公共体育服务的各方面制度内容及其特点,提出了创造性地开展《全民健身条例》实施工作、促进全民健身公共服务制度化发展的有关思路（于善旭.论《全民健身条例》对公共体育服务的制度推进[J].天津体育学院学报,2010.4)。

有的课题是研究该条例的行政监督权（郭春玲.《全民健身条例》实施中行政权监督机制研究.国家体育总局课题.2010),有的课题是对该条例的执行力及其运行机制进行研究（韩会君.《全民健身条例》执行力现状及运行机制的研究——以广东为例.国家体育总局课题.2010)。有的对《全民健身条例》的公民健康权保障进行研究,重点是对农村体育、全民健身侵权、全民健身商业赞助存在的问题提出相应立法建议（卜君.论《全民健身条例》对我国公民健康权的保障[D].中国政法大学,2010)。有的学者对《全民健身条例》的渊源与价值进行研究,指出条例是我国全民健身事业法制化、规范化的重要标志,其体现了基本的法律价值:自由、人权、和谐、法治和公平正义,体现以人为本、执政为民的执政理念（谭小勇等.论《全民健身条例》的渊源与价值[J].体育科研,2010.4)。有的学者还对《全民健身条例》的法律效力及其实现进行详细分析。

有的学者通过在建设体育强国愿景下,对贯彻落实《全民健身条例》重要性做了分析,指出对《全民健身条例》进行全面解读的必要性,重点在《全民健身条例》是建设体育强国的法律基础等5个方面进行解读。试图通过解读,深化对《全民健身条例》本质的认识,进一步理解《全民健身条例》的工作重点、努力方向、奋斗目标、主要采取的措施和重要环节(栾开封.《全民健身条例》试解读[J].体育文化导刊,2011.1)。有的对《全民健身条例》的配套制度设计重心进行研究,强调要进行体育权利均等化,实现全体社会成员在参与体育活动上的机会均等,公平地享受体育发展成果的价值追求,具体包括主体均等化、客体均等化和空间均等化等三个维度(汪习根,唐 勇.论体育权利均等化——兼论《全民健身条例》配套制度设计的价值重心[J].政治与法律,2011.11)。还有的学者专门对《全民健身条例》的激励机制进行研究,重点分析政府、体育行政部门、学校、社区4个激励对象,构建以激励需要、激励目标、激励手段为核心内容的全民健身激励机制,充分调动全民健身各方主体的积极性,以促进和保障《全民健身条例》的有效实施(田思源,朗福资.激励机制在《全民健身条例》实施中的运用[J].体育学刊,2012.2)。有的进一步指出建立"四位一体"的激励机制,综合运用多种激励手段,满足多种需求,达到最佳激励效果(裘鹏.《全民健身条例》实施中的激励机制研究[J].体育文化导刊,2015.12)。有的学者基于《全民健身条例》,针对全民健身运动存在的问题,提出相应的解决措施(朱翼,詹晓燕.我国全民健身运动发展探讨——基于《全民健身条例》的思考[J],广西社会科学,2015.1)。还有系列《全民健身条例》背景下的城市体育服务变革、社会体育组织变革、社会体育管理体制变革等研究。

三、有关地方全民健身法制研究

关于地方全民健身法制的研究并不是很多,其中蒙雪具体分析了全民健身十年广东省群众体育政策、法规建设情况,指出其中存在的问题,并对"十一五"期间广东省群众体育政策、法规建设的发展趋势提出看法(蒙雪.全民健身十年广东省群众体育政策、法规建设情况分析[J].吉林体育学院学报.2006.3)。有的学者对地方全民健身法规建设进行研究,指出全民健身服务体系建设呼唤地方法规要提速建设,促进中层制度文化与外层物质文化、内层精神文化相互之间的推动与发展(黎晋添.地方全民健身法规建设研究[J].北京体育大学学报,2008.1)。

有的学者是对江苏省实施全民健身计划(2011—2015)提出了若干建议,明确指导思想、基本原则与目标体系(王正伦.江苏省实施全民健身计划(2011—2015)若干建议研究(一)(二)[J].南京体育学院学报,2010.3/2010.4)。侯令忠等人对陕西省全民健身条例立法进行研究,指出条例在实施过程中存还在一些不足及问题,需进一步修改完善;要充分体现全省开展农村全民健身的紧迫性、重要性及特殊性;进一步完善和上位法的衔接,使之更好适应陕西省全民健身发展的新形势、新任务、新目标(侯令忠等.陕西省全民健身条例立法研究[J].体育文化导刊,2010.12)。有的学者对长三角的江、浙、沪三地的全民健身地方立法进行法理研究发现,三地均由人大常委会制定条例规范全民健身活动,但在制定根据、调整对象、法律原则、负责机构、全民健身主体和权利义务等方面存有细节上的差异,立法技术比较成熟。建议地方立法应当宣告公民参与全民健身活动的权利,侧重政府公共服务的提供,设计符合本地实际情况的法条,并在学校开放体育设施方面创新制度(唐勇,林芳臣.长三角全民健身地方立法比较研究[J].浙江体育科学,2017.4)。还有的学者对北京市、京津冀等群众体育政策、南京市政府《全民健身条例》执行力评价指标等进行研究。

李慧萌等对安徽省全民健身法规政策从领导机构与组织建设、指导员队伍与国民体质监测、活动开展与经费投入、场地与设施配备几个方面进行研究,认为近年来安徽省全民健身政策法规建设取得了一定的成效,但地方法规未突出地方特点,针对性不强,全民健身各项事业的实施有利于全民健身运动的发展,但实施水平还需进一步提高(李慧萌,汪波. 安徽省全民健身政策法规建设与实施现状研究[J].皖西学院学报,2011.2)。还有对当前农村地区贯彻落实《全民健身条例》的困境进行调查分析,建议做好《全民健身条例》的宣传工作、落实责任制、开展体育强镇评比、大规模培训农村社会体育指导员、推进农村学校体育设施向社会开放等(马永明. 我国农村地区践行《全民健身条例》的困境与对策[J].体育与科学,2011.1)。有的学者对我国我15个省、市、自治区的全民健身条例进行研究发现,地方性全民健身条例具有较高的法律地位,对推进群众体育发展具有重要意义(黄文浪,褚文亚. 地方性全民健身法规分析[J].体育文化导刊,2011.9)。有的对我国现行省级、省辖市级全民健身条例立法现状进行分析,认为总体立法不足、立法的区域性结构失衡、立法尚未达到应有功效是我国地方性全民健身条例现存的主要问题。提出如下建议:尽快完善地方性全民健身条例立法布局,调整地域性结构失衡;更新旧有条例,完善地方性全民健身条例的操作性;结合地方实际,重视全民健身条例的因地制宜(王振中. 地方性全民健身条例的立法完善研究[J].体育科技文献通报,2015.4)。

有的对对地方政府全民健身政策执行力进行了探讨,建议进一步健全公民参与政策执行的多元渠道,提升配套政策的完整度与灵活度,强化政策执行主体的沟通与协作,创新全民健身政策执行的监督与评估机制(尤传豹等. 地方政府全民健身政策执行力指标构建及其应用研究[J].山东体育学院学报,2019.4)。有的学者对全民健身地方立法存在的问题及原因、全民健身地方立法质量提升进行研究认为,全民健身地方立法应该特别重视立法重复及法律责任模糊或缺失问题,造成这种问题的原因包括全民健身义务主体单一、立法技术技巧不完善、经费缺乏及地方利益本位等原因。据此,从法律关系主体多元化、立法内容强化地方特色、立法技术技巧规范化、立法效果强调可操作性等4个方面提出了全民健身地方立法从"有"转"优"的具体策略(郭恒涛等.全民健身地方立法从"有"转"优"的策略研究[J].武汉体育学院学报,2018.5)。有学者从立法调整的权责关系、与上位法的同质化程度、倡议性和宣示性条款的比例、立法意欲解决的问题及采取的措施、立法疏漏与修补等五个方面研究19部省级全民健身条例的可操作性。建议创新立法方式,提高地方全民健身立法的质量。完善立法内容,提升地方全民健身立法的针对性和适用性。健全配套设计,增强地方全民健身立法的实施效果(蒋云飞,省级地方全民健身立法的可操作性——基于19部省级全民健身条例的文本分析[J].武汉体育学院学报,2019.12)。还有的学者以31份省级《全民健身实施计划(2016—2020年)》为样本,采用内容分析法,借助软件NVivo 11 pro统计各种政策工具主要标志词的频数,并运用学者萨拉蒙的相关理论作为群众体育政策工具评估框架,评估当前群众体育政策工具选择对中国政府绩效标准的可能影响(韩永君.群众体育政策工具选择评估——基于省级全民健身实施计划的内容分析[J].成都体育学院学报,2019.5)。

四、国外有关全民健身的研究

有的学者通过介绍国外大众体育法制的成功经验和优秀成果,从立法、执法、宣传等方面分析我国社会体育法制现状存在的问题,提出了相应的对策(江亮.对国外大众体育与我国社会体育有关法制的比较研究[J].湖北体育科技.2005.4)。闫华对中日韩三国举办奥运会前后的大众体育法规政策进行研究表明,我国要尽快完善竞技体育与群众体育的平衡发展,完善群众体育法规体系,借鉴日、韩两国政府在奥运会结束后的做法,一方面继续增加财政投入扩大体育场地设施的建设规模,另一方面积极整合体育场地设施资源,加大学校体育场地的开放率,最大限度地发挥现有一切体育场地设施的作用,使之发挥最大效能(闫华.中日韩三国举办奥运会前后有关大众体育政策法规研究[J].北京体育大学报.2010.6)。有学者对美国《全民健身计划》进行研究,指出其在目标、内容、实施策略方面均与传统健康政策有所不同。对我国的启示有两方面:一是全民健康政策应逐步实现从"全民健康"向"全面健身"的回归;二是应从执行机构设置、社会资源整合、区分实施对象等5个方面提高国民健康政策的可操作性(边宇,吕红芳.美国《全民健身计划》解读及对我国的启示[J].体育学刊,2011.2)。有的学者对《2018年美国身体活动指南》进行解读并提出对全民健身、健康中国的重要启示,转变理念,以"体医融合"发展理念引领全民健身;分类指导,由"健全人群"向"特殊人群"覆盖;量化标准,提供可操作性的身体活动计划;协同发展,构建联动的全民健身锻炼环境(李良等.《美国人身体活动指南第2版(2018)》解读及启示[J].体育学刊,2019.5)。建议各部门明晰自身职责,构建层次分明的政策实施体系,设置全民健康委员会,整合跨界协同的部门机制,贴合目标人群的现实需要,组建运动处方数据库,运用主客观相结合的评价方式,构建身体活动的监测与评估体系,利用多媒体信息技术的介入,以促进政策效益的普及与推广(赵亚杰等.2018年美国身体活动指南的特征及其对"健康中国"战略实施的启示[J].吉林体育学院学报,2019.5)。

总的来看,关于《全民健身条例》的研究已形成了比较系统的理论,为本研究提供了基本理论思路和方法论方面的帮助。这些研究以各自不同的视角,从各个方面对我国和地方全民健身法规建设存在的各种问题及其原因进行了多样化的分析与探讨,为本研究提供了一定的基础和有益的参考。

第四节 研究意义与方法

一、研究的意义

(一) 本项目研究的理论意义

全民健身关系人民群众身体健康和生活幸福,是社会文明进步的重要标志,是社会主义精神文明建设的重要内容,是全面建设小康社会的重要组成部分。天津市要积极探索具有时代特征、天津特点的全民健身之路,目前天津获得 2012 年第九届大运会、2013 年第六届东亚运动会、2017 年全运会主办权的举办权,这为天津市全民健身事业的发展提供了历史机遇,全民健身设施会大量增加,全民健身意识会提高,维权意识也会增强,对天津市全民健身法制建设也会产生深远影响。同时全民健身体系与公共服务体系的构建,对我国和地方的全民健身体育事业的发展提出了新的要求与挑战,作为地方行政法规的《天津市全民健身条例》,在一定程度上保障了公民体育公共服务均等化的实现,维护了公民的体育健身权益,但由于与《全民健身条例》存在冲突以及缺失,在立法实践中还是产生了很多争议,需要及时解决。为了适应新的社会发展需求,体现天津建设体育强市的特点,本课题对于现行《天津市全民健身条例》存在的问题及成因进行客观分析,通过立法调研与专家访谈等,对于其中涉及的主要问题,例如:"三纳入"问题、公共体育设施建设、财政经费保障、社会体育指导员队伍建设、体育场馆向社会开放、高危项目的许可等一些关键点、重要环节上制定出具有针对性、可操作性的政策措施,切实维护公民享有的体育权益,并从立法体系上完善该条例,充实立法体例。该课题的研究不仅能够加强有关全民健身方面的理论研究,丰富体育法学的内容,而且能够促进天津市政府强化体育公共服务的职能、完善全民健身法规体系、保障全民健身事业的健康、有序发展,对于实现依法治市、依法治体,建设体育强市和体育强国具有重大的理论意义。

(二)本项目研究的实践意义

在立法实践方面,本课题通过对《天津市全民健身条例》的研究,探究目前天津市全民健身法规方面的不足,为我市各级立法机关进一步完善全民健身法规决策提供一定的理论支撑。同时通过对《天津市全民健身条例》涉及的主要问题的研究,明确天津市政府和体育行政主管部门的职能、范围、权限;确立全民健身事业发展的"三纳入"问题特别是财政预算;规定体育彩票公益金的投入比例、性质、应用范围;通过责任保险与财政补贴等方式来激励学校体育设施的对外开放;加强居民住宅区体育配套设施建设的标准、规划;明确公共体育设施的管理与维护;规范管理不同类型的社会体育指导员;加强对高危体育项目的管理、监督等;进一步完善法律责任、监管、救济体系,保障全民健身参与者的合法权益,促进天津全民健身事业的和谐发展。目前有关地方性全民健身条例的专门研究还很少,本课题的研究不仅能够为天津市体育相关部门提供立法依据与建议,而且对其他省市全民健身条例的修订提供一定的借鉴意义。

二、研究方法

(一)文献资料法

通过网络和书刊、报纸等途径,搜集、阅读、整理有关体育健身、全民健身、体育权利、公共服务均等化、公共体育服务、条例等方面的信息资料。

(二)专家访谈法

对体育行政部门领导、工作人员以及体育法学专家学者进行咨询、访问、了解专家的意见和建议。

(三)实地调研法

对天津市河西区、南开区、红桥区共 6 个小区进行调研,了解小区的居民配套体育设施实际配备情况,为天津市全民健身条例修订做实证分析。

(四)实证分析与规范分析相结合的方法

本课题既要对《天津市全民健身条例》需要着重解决的重要问题的各种因素进行客观描述,还要结合实际进行理性分析,以期提出合理的建议与对策。

(五)逻辑分析法

在运用以上几种方法的过程中,在综合分析与论文有关观点的基础上,笔者进行逻辑分析与反复的推敲论证。

第二章　本条例修订的可行性、解决的主要问题与思路

第一节　修订的可行性

一、为国家和天津相关立法提供重要依据和保障

近年来，国家陆续出台了一系列涉及全民健身方面的法律法规和政策文件，特别是《全民健身条例》的颁布实施，为修订本条例提供了上位法的依据。此外《公共文化体育设施条例》《全民健身计划(2011—2015 年)》《关于加强青少年体育增强青少年体质的意见》《关于进一步加强学校体育工作的若干意见》等为本条例修订提供政策支撑。同时，天津市为了加快发展全民健身事业，发挥政府在公共体育服务中的职能，保障天津市民体育健身的权益，天津市"十二五""十三五"规划以及天津体育事业"十二五""十三五"规划都对全民健身事业做出明确规定。《天津市体育事业发展"十二五"规划》明确健全体育管理的各项法规和制度，完善体育发展规划，按照建立办事高效、运转协调、行为规范政府的要求，推进体育行政管理的法治化。《天津市体育事业发展"十三五"规划》提到，党和政府会更加重视社会事业发展，各级政府对体育功能和作用的认识将不断深化，体育事业发展所需的各种条件和环境进一步改善。随着人民群众生活水平不断提高，居民消费结构会进一步升级，广大人民群众对体育的需求会更加强烈，体育已经成为广大人民群众日常生活的重要组成部分。深入贯

彻落实"全民健身上升为国家战略"的重大决策。以实施"全运惠民工程"为重要平台,推动群众体育全面上水平。强化公共体育服务职能,建立完善以设施建设、组织建设、活动开展、健身指导、健身服务、科学评估等为主要内容的全民健身公共服务体系。全民健身活动内容更加丰富,群众健身更加方便,市民身体素质和健康水平明显提高。《天津市全民健身实施计划2011—2015》的颁布也细化政府目标与责任,这些都为《天津市全民健身条例》的修订提供可行性。《天津市全民健身条例》有很多规定需要依照国家法律法规规定重新进行规范,如"三纳入"、公共体育设施规划建设管理、社会体育指导员分类管理、高危项目许可经营管理等方面。

二、有良好的群众基础和条件保障

《天津市全民健身条例》虽然存在一些问题,全民健身工作开展还有需要提高和完善的地方,但在整个落实条例和全民健身计划的过程中取得重要进展。人民群众的体育意识进一步增强,经常参加体育锻炼的人数显著增加,人数比例达到41.6%。体育场地设施不断增加,人均体育场地面积达到2.12平方米。社会体育指导员达到31000人。群众体育组织化、科学化、品牌化、常态化水平不断提高。全民健身活动形式多样丰富多彩,形成市、区、乡镇(街道)、社区四级办群体活动格局;社会体育组织和社会力量以及社会热心人群组织全民健身活动方兴未艾,人民群众身体素质和健康水平不断提高。天津市体育局从2011年就着手准备该条例的修订工作,"十三五"规划中还明确要修订《天津市全民健身条例》,天津市体育局党委对修改《天津市全民健身条例》高度重视,成立了局长挂帅、副局长亲自抓的工作领导组,下设工作组、专家组和课题组,制定了详细工作方案。全面搜集国家及各省市地方有关全民健身的法律法规,多次召开座谈会、专家咨询会、参加研讨会等形式认真听取专业人士的意见、建议,实地调研相关单位及工作人员,发现问题,尽职调查,制定对策。

三、其他省市全民健身条例修改为本条例提供借鉴

其他省市的全民健身条例自 2000 年颁布至今,根据国家颁布的一系列法规文件如《公共文化体育设施条例》《全民健身条例》《经营高危险性体育项目的管理办法》,各省市对相应的全民健身条例进行修改。除了个别的基于《全民健身条例》中的每年 8 月 8 日为全民健身日进行简单修订之外,大多数省市全民健身条例都进行了一定程度的修改或增加。内容涉及全民健身日、学校体育设施开放、公共体育设施规划建设维修与管理、居民配套体育设施的规划建设维修与管理、高危体育项目的管理、公益性与职业性社会体育指导员、法律责任制定等很多方面。如《上海市市民体育健身条例》2000 年颁布,2003年,2010 年,2012 年进行修改,整体进行大修。《江苏省全民健身条例》2002 年颁布,2010 年修订,主要对第八条全民健身日,第二十一条公共体育设施不得侵占、拆迁或改变用途,第二十六条法律责任进行修改。《哈尔滨市全民健身条例》2002 年颁布,2013 年对公共体育设施的规划、投入、管理,均衡城乡,高危项目责任及事故处理,建立公益滑冰场免费开放,中小学体质测试教育部门组织实施等方面进行修改。《湖南省全民健身条例》2003 年颁布,后废止,2012 年重新修订。

《杭州市全民健身条例》2004 年颁布,2010 年对第一条立法目的,第十一条第一款学校,第十四条第一款全民健身日,第二十三条社会体育指导员,第二十四条第四款公共体育设施全民健身日免费开放,第二十九条法律责任方面进行修改。2004 年《云南省全民健身条例》颁布,2010 年启动修订,共进行 11 条款的修改。《北京市全民健身条例》2004 年颁布,2015 年启动修订,对居民配套、学校体育设施开放、公共体育设施、群众体育组织、健身服务人员等方面修改。《山东省全民体育健身条例》2004 年颁布,2015 年启动修订,进行大修。《浙江省

全民健身条例》2007年颁布,2014年修订,进行大修。《四川省全民健身条例》2007年颁布,2010年进行修改。

《天津市全民健身条例》需要借鉴各省市的修改方式与内容,充分调研进行修订,在公共体育设施建设、财政经费保障、社会体育指导员队伍建设、学校体育场馆向社会开放等一些关键点、重要环节上,制定出具有针对性、可操作性的政策,切实维护公民享有的体育权益。搞好高危体育项目的行政审批工作,形成适应标准化管理的体育市场执法监管机制。加强对体育法律法规的普法工作,营造体育法治环境,提高全社会的体育法律意识。

第二节　需要立法解决的主要问题

通过与国务院《全民健身条例》的对比分析,发现其在制度框架和主要内容方面的不同,找出其存在的问题,如政府和有关体育部门的职责、全民健身事业发展的"三纳入"问题、体育设施的规划管理维护问题、社会体育指导员制度、高危险性体育项目的许可审批、全民健身日或周的确立问题,体育行政执法与监督问题、法律责任规制与法律救济问题等,并结合《全民健身条例》实施背景以及天津市发展背景与需求,探求其存在的问题成因。

一、天津市、区政府总体推行公共体育服务问题

政府总体推进公共体育服务的重要抓手是将全民健身事业纳入本级国民经济和社会发展规划,将全民健身工作所需经费纳入各级财政预算,将全民健身工作纳入各级政府年度工作报告(简称"三纳入")。这是《全民健身条例》明确要求的以及落实的核心,同时也是国家和地方检查的重点内容,体现了各级政府的执政能力。其中的财政预算是实施中的难点,天津市虽然也进行了规定,但是按照环境卫

生费来预算？还是按照各小区人均来预算？抑或其他方式？体育彩票公益金是否需要作为财政投入预算，投入全民健身的经费是否要达到60％？如何纳入量化需要在立法中明确。体育是否可以向像教育、文化、卫生等形成稳定的财政来源和固定的增长模式？省、市、县如何贯彻落实？这些问题都需要在修订时进行明确。

二、全民健身设施的规划、管理、维护等问题

全民健身设施是实现全民公共体育服务均等化的重要基础，包括公共体育场地设施、学校体育场地设施、居民住宅区配套体育设施以及公共场地体育设施等，但是在天津都存在一定的问题。尽管天津市公共体育场馆建设明显好于全国平均水平，但没有必要的场地仍是居民不参与健身的重要原因。存在的主要问题是：第一，公共体育设施布局不均；第二，公共体育设施规划不合理；第三，公共体育设施开放管理有待明确；第四，《天津市公共体育设施布局规划》需要上位法的确认与明确。第五，我市体育公共设施专项规划制定和落实滞后。

居民住宅区配套体育设施方面，也需要通过调查访谈来了解天津目前的现状，分析立法与实践存在的不足，明确天津市建立居民住宅区配套体育设施标准的必要性，明确开发商与体育行政部门等的责任，增强可操作性；公共体育场地设施等方面需要对目前争议比较大的如全民健身工程的管理维护做出立法规定，天津市体育局虽然通过捐赠给各街道社区，但是对于该器材的质量保证、损耗、维护、致害等问题是否需要进行明确？虽然该健身工程来源于体育彩票公益金，但是作为体育局如何均衡该部分资金并监督保证其实现？这些都需要通过问卷调查与专家访谈来分析，进行修订。

三、天津市学校体育设施对外开放问题

学校体育场地设施对外开放方面仍是制约全民健身活动的主要

问题,需要通过调查访谈了解其不足,并借鉴其他省市的做法,采取责任保险与政府补贴的方式来实现资源利用与监督。天津市的学校体育设施如在早晨和晚上这两个时间段向附近居民开放,会有效促进我市居民健身活动的开展。

但目前制约我市校园体育设施对外开放的问题主要有:第一,校园安全管理问题;第二,场地设施管理维护经费问题;第三,伤害事故发生责任认定问题;第四,收费许可问题。

四、社会体育指导员分类规范管理的问题

社会体育指导员分为公益性社会体育指导员与职业性社会体育指导员,对于二者分别有不同的法律进行规范,《天津市全民健身条例》并没有对此进行明确规定与区分,二者代表的性质是完全不同的。公益性社会体育指导员是实现全民健身体现的重要力量,需要国家的鼓励、支持,基于其自愿、无偿、公益等性质,县级以上地方人民政府体育主管部门应当免费为其提供相关知识和技能培训,并建立档案,需要立法规范,而职业性社会体育指导员由于具有职业性,国家颁布了专门的职业标准,不同于公益性社会体育指导员,《天津市全民健身条例》需要明确。

五、天津市群众体育组织问题

目前天津市群众体育组织主要包括社区、单位、体育部门等这些正规机构建立的健身组织,在社区、单位里或其他地方自发成立的组织以及商业组织。天津市群众体育组织存在的主要问题有:第一,经费总体不足;第二,组织机构不健全;第三,制度文化不够完善;第四,发展能力整体不强。根据目前我国有关社会组织的法律环境和体育管理体制实际状况,天津市在推动全民健身过程中,特别应注重正式组织服务功能的枢纽和辐射作用。

六、经营高危险性体育项目的问题

《全民健身条例》明确了经营高危险性体育项目的条件，以及申请和批准的部门，并且明确县级以上地方人民政府体育主管部门应当依法履行监督检查职责。天津市目前经营高危险性性体育项目存在的问题主要有：体育行政许可落实还不到位；体育行政执法职责不明、力度不足；市、区体育行政部门因编制限制，执法人员严重不足；职业技能鉴定工作进展较慢。《天津市全民健身条例》中并没有相关规定，需要立法明确实施行政许可层级的划分、申请许可的条件、高危险性体育项目的种类、许可部门的具体要求、实施核查的部门是自行实施还是委托行业组织等。

七、天津市体育赛事问题

天津市竞技体育项目种类较为多样，参赛规模适中，比赛水平较高，常规性质的体育系统内比赛较多。但职业性质的高水平体育赛事不多，赛事的影响力还不高。群众性赛事数量较多样，但群众身边喜闻乐见、自发组织的体育赛事较少，传统及特色的群众体育赛事不多。目前国家已经明确取消群众性赛事、商业性赛事审批，如何进行规范有序的赛事管理，已经提上议事日程。天津市存在的问题主要有：体育赛事发展的特色不够明显；体育赛事的整体数量与规模偏小；体育赛事的管理体制与运行机制尚待优化；体育赛事的事中和事后监管缺少法律依据。

八、有关立法体例完善的研究

《天津市全民健身条例》并没有按照章节的体例进行规定，而《全民健身条例》按照总则、全民健身计划、全民健身活动、全民健身保障、法律责任、附则的体例规定，修订后的《天津市全民健身条例》需要进一步完善体例结构与内容,特别是有关政府职责以及法律责任的规定。政府是实现全民公共体育服务的主要主体,只有明确其职责,并在法律责任中进行规制,才能增强法规的权威性与可操作性。

九、完善《天津市全民健身条例》的对策与建议

修订《天津市全民健身条例》需要在坚持地方立法与中央立法相协调,体育立法与体育改革发展相一致的原则下考量,这就需要加强对天津市全民健身体育法规内容方面的调查研究,广泛听取专家学者及相关利益者意见的基础上夯实理论,对该条例中涉及的有关"三纳入"、全民健身设施、社会体育指导员等基本问题作出符合实际的科学回答;并通过体育主管部门的努力和取得相关部门的配合,争取将《天津市全民健身条例》(修订)纳入地方立法规划议程,积极稳妥地推进全民健身事业的法治之路。

第三节 修订的指导思想和基本思路

一、修订的指导思想

《天津市全民健身条例》的修订要以保障公民参加全民健身活动的权利为宗旨,围绕建设体育强市的总体目标,转变体育发展方式,建立健全符合国情市情、覆盖城乡、可持续发展的基本公共体育服务体系为目标。坚持以人为本、政府主导、全民参与、科学有效的原则,按照保障公民健身权利的新要求和强化政府责任的新定位,紧紧抓住举办全运会的历史机遇,改革创新,全面提升我市体育综合实力和竞争力,按照构建基本公共体育服务体系和全面责任体系的新思路,促进体育事业全面协调可持续发展,全面健身事业得到大力发展。在全民健身保障、全民健身指导与服务、全民参与和全民健身宣传等方面

进行新的制度设计,为满足人民群众不断增长的体育需求,为提高全市人民身体素质和健康水平,为健康天津、美丽天津建设作出积极贡献。

二、修订的基本思路

(一)以上位法和国家相关政策为依据

《天津市全民健身条例》制定相对早,需要根据之后国家颁布的一系列法规政策及时调整,体现公益性、均等性、便利性和基本性的原则。应当坚持政府主导、部门协同、全社会共同参与的基本思路,明确以人民为中心的发展思想,全民健身是公民的合法权益,国家和社会有义务保障其健身权益的实现。需要明确各级政府负有统筹规划、组织领导、服务保障、宣传引导、监督检查等基本职责。全面贯彻公共服务理念,将全民健身服务体系纳入基本公共服务体系建设,明确政府在全民健身工作中的主导责任,推动政府切实履行公共体育服务职能,为建立健全天津市全民健身公共服务体系提供法律依据和行动准则,满足人民群众日益增长的美好生活需要。《天津市全民健身条例》的修订需要兼顾立法的稳定性,既要与时俱进,又要尊重现行立法的成功经验,在形式、体例、内容上保持合理稳定性,体现法规的规范性和权威性。

(二)坚持以问题为导向进行制度设计

修改完善《天津市全民健身条例》要坚持以问题为导向,针对天津市全民健身实践中存在的主要问题,进行制度设计,寻求解决问题的对策、方案,并通过立法技术,将条件成熟、具有可行性的部分措施上升为地方性法规条文,以实现可持续发展。在以上位法为依据的基础上,同时广泛借鉴其他省市的成功经验,提出立法建议。争取在完善

"三纳入"制度、建立健全全民健身部门联席会议制度、政府主导公共体育设施总体规划和专项规划建设、政府主导学校体育设施对外开放、对接慈善法和志愿服务条例促进群众体育组织及社会体育指导员不断增强自我发展实力、保障群众性和商业性赛事举办者合法权益以及完善高危险体育项目管理与执法制度等方面有所创新和突破。《天津市全民健身条例》在问题导向基础上修改,必然会对提升天津市居民健身意识,保障健身权利,促进体育消费等方面起到积极的推动促进作用。

(三) 以法治思维和改革精神修订条例

要贯彻法治思维和改革精神,突出天津特点,克服行政思维,解决好立法、执法、守法相衔接的问题,破解有法不依、有法难依的现象,厘清具体问题。进一步改进执法工作,提升法治建设水平,牢固树立法治观念,将守法作为执法的必要前提,将履行职责作为行使权力的必然要求,强化法律至上、公平公正、权责一致、执法与守法相统一的执法理念。以法治思维深化行政管理体制和执法体制改革,建立健全有效的执法体系,重视发挥公众的主体地位和作用,建立起全社会共同参与的公共治理体系和全面责任体系,使得执法方式更加科学化、规范化和常态化。在修订的内容上,明确政府的主导责任,保障责任和范围,完善居民配套体育设施,明确学校体育设施向社会开放的条件、范围和形式,明确社会体育组织参与全民健身公共服务的范围和方式,加大违法行为的行政处罚力度,以及相应的责任追究。

第三章　天津市全民健身事业"三纳入" 问题研究

　　《全民健身条例》明确规定县级以上地方人民政府应当将全民健身事业纳入本级国民经济和社会发展规划;应当将全民健身工作所需经费列入本级财政预算,并随着国民经济的发展逐步加大对全民健身的投入,由体育主管部门分配使用的彩票公益金,应当根据国家规定用于全民健身事业;体育主管部门应当在本级人民政府任期届满时会同有关部门对全民健身计划实施情况进行评估,并将评估结果向本级人民政府报告。(简称"三纳入")。对于"三纳入",《天津市全民健身条例》仅仅规定了两种,其中第四条规定"市和区、县人民政府应当加强对全民健身工作的领导,将全民健身工作纳入国民经济和社会发展计划,在制定年度财政预算时,安排群众体育经费,并随着经济的发展逐步增加",第九条规定"彩票公益金应当按照国家规定的支出范围和比例用于公共体育设施的建设、更新和维护。"《天津市全民健身条例》并未规定对全民健身计划实施情况进行评估,并将评估结果向本级人民政府报告,对于体育彩票公益金的规定,虽然有提到但是并不全面。

第一节　天津市国民经济和社会发展规划中全民健身的立法体现

一、2006—2011 年天津市国民经济和社会发展"十二五"规划

从 2006 年颁布《天津市全民健身条例》以来,天津市、区、县将全民健身工作纳入规划从形式上基本能做到,而且会对执行情况进行评价,并提出下一年的规划,虽然提到的并不多但比以前来说有了比较大的进步。从规划里面提到的内容来看,2011 年之前大部分是简单规划,要开展全民健身运动会,但更多是提到竞技体育。从竞技体育和全民健身的排序就可略见一斑,绝大部分规划里面是把竞技体育放在前面,而把全民健身放在后面。

2011 年是重要的一年,这一年天津市、区、县都颁布了"国民经济和社会发展第十二个五年规划纲要",对全民健身工作进行较为详细的介绍。《天津市国民经济和社会发展规划第十二个五年规划纲要》的报告中明确指出,要"促进体育事业蓬勃发展,广泛开展群众体育事业活动,提升竞技体育整体水平。"在 2011 年《天津市国民经济和社会发展统计公报》中明确,群众体育活动取得的成就,"新建和更新改造 1500 个健身园和 30 个体育公园",体育彩票取得好收益等。2012 年统计公报中又强调新建一批群众健身活动设施,开展一些全民健身活动。在对 2012 年国民经济和社会发展计划执行情况和 2013 年国民经济和社会发展计划草案的报告中明确,要组织好全民健身运动会及其系列活动。

当时天津市各区、县在针对各自地区情况制定的"国民经济和社

会发展第十二个五年规划纲要"的报告中也各有不同。西青区在报告中写得最多,分为三类分别是大力发展群众体育、不断提高竞技体育水平、做大做强体育产业。其中对于群众体育的规划中明确要加强公共体育设施建设和管理,新建小区全部配备健身器材,开展多种模式,培养社会体育指导员,并专门指出全区经常参加体育活动的人数比例达到43%,群众体质总体达标率超过90%。和平区在2012年和2013年国民经济和社会发展主要目标工作安排中也强调要完善全民健身服务体系,搞好社区健身路径器材管理,搞好国民体质监测等。河东区在报告中要求完善社区体育设施,广泛开展活动,兴建场馆。东丽区的报告写的内容也很丰富,从群众体育、竞技体育和体育产业三个方面提出,而且对群众体育着笔最多,提出明确的目标,要求完成区、街两级国民体质监测站建设。完善区、街、社区三级群众体育组织网络,力争9个街全部达到全国群众体育先进街乡标准,70%的街达到全国城市体育先进社区标准,创建1—2个国家级群众健身体育俱乐部,创建全国健身示范城市(区)。宝坻区要求多渠道多形式建设城乡体育健身设施和公共体育活动设施,提高群众身体素质。宁河区则是从体育组织建设、体育场馆设施、体育网络等方面提出要求,全面提高体育人口的数量和质量。

二、2016年天津市国民经济和社会发展"十三五"规划

"十三五"时期是天津市贯彻落实"四个全面"战略布局,全面建成高质量小康社会的关键五年,也是建设体育强市、推进体育事业实现新发展、新跨越的重要五年。《天津市国民经济和社会发展第十三个五年规划纲要》提出:"广泛开展全民健身运动,提升竞技体育水平,加快发展体育产业,高水平办好第十三届全国运动会、第十届全国残运会"。此外,还要构建现代服务经济新体系,推动生活性服务业向精细和高品质转变,积极扩大居民消费,培育休闲旅游、文化消费、体育

健身等消费业态,优化商贸流通、住宿餐饮等网络布局,促进快递业加快发展,提升社区服务能力,构建安全、智慧、便捷的居民消费服务体系。《天津市体育事业发展"十三五"规划》指出"十二五"规划期间,全民健身活动蓬勃开展,保障体系进一步完善健全,体育产业总体规模不断扩大,"十三五"规划要以举办和参加2017年全运会和2019年全国第十届残疾人运动会暨第七届特殊奥林匹克运动会为契机,全面提升体育发展整体水平和质量,初步建成具有天津特色的全民健身公共服务体系。群众体育迈上新台阶,群众的体育意识提高,更多的人享受体育发展的成果。以实施"全运惠民工程"为重要平台,推动群众体育全面上水平。强化公共体育服务职能,建立完善以设施建设、组织建设、活动开展、健身指导、健身服务、科学评估等为主要内容的全民健身公共服务体系。全民健身活动内容更加丰富,群众健身更加方便,市民身体素质和健康水平明显提高。

天津市各市区制定的国民经济和社会发展第十三个五年规划纲要相比"十二五"规划更详尽,涉及的范围更广。东丽区规划纲要提到,体育事业蓬勃发展,率先实现天津市体育设施建设"四个一"目标,成功创建全国全民健身示范区,体育事业体制机制创新取得新进展,体育公共服务设施布局合理,体育服务体系更加完善。东丽区对于体育的发展规划更全面,要求促进体育与文化等行业的融合发展,实现农村城镇化同时要同步建设体育等公共配套服务资源,深化体育事业改革,鼓励社会力量、社会资本参与体育服务体系建设,开展全民健身暖心服务计划,体育场馆免费开放,体育下基层、下社区,社会体育指导员免费指导等。东丽区大力发展全民健身事业,实施三级体育设施网络布局,打造全民健身活动品牌。北辰区"十二五"期间,全民健身事业取得良好开展,体育设施建设逐步完善,修建多功能健身场所60个,建立区、镇街、村居三级公共体育健身设施网络,经常参加体育锻炼人口比例达到44%以上,"十三五"期间,北辰区加快推进产城融合示范区建设,建设体育健身场馆,推进共享发展,以提高群众生活水平作为发展的出发点和落脚点,加强体育事业健身,促进城乡公共服务均等化,深入贯彻实施《全民健身条例》和《天津市全民健身实施计划(2016—2020年)》,广泛开展全民健身活动,加强体育硬件设施建设,以"三个一"工程为重点,建立区、镇街、村居三级公共体育健身场地设施网络,力争每个镇街建设文体中心1处,完善残疾人的体育公共服务体系。

和平区的"十三五"规划纲要针对全民健身内容相对少,主要是肯定了全民运动会,要求加快体育设施建设,完成全民健身活动中心提升改造,深入开展全民健身系列活动。河西区则明确全民健身意识和身体素质明显提高,体育作为民生建设的重要内容,其公共服务设施仍存在缺口,公共服务资源、产品配置和布局仍需优化,重点发展体育健身等服务业。建立和完善覆盖全区、组织健全、活动经常、设施完备、服务深入、满足需求的全民健身公共服务体系,河西区还在规划中明确居民和学生体质达标水平,统筹规划体育设施建设,达到一场、一馆、一池、一中心和一公园的建设标准。广泛开展全民健身运动。此外还专门强调要加强体育教育,办好阳光体育品牌活动。红桥区群众体育工作开展得很好,"十二五"期间被评为"全国群众体育先进单位",针对本区的人群特点,要求做好民族体育的传承与发展,大力实施惠民工程,广泛开展面向基层的公益性群体活动,保障群众基本体育权益。完善体育设施,加强社区体育设施建设,推动现有公共体育设施及中小学校体育设施向社会开放,形成功能互补、分布合理的体育休闲和训练基础设施网络等。静海区主要围绕城区功能特点进行规划,团泊城区作为健康产业园,以体育健身为主,推动全民健身发展,加快关联产业发展,全面实施"全运惠民工程",构筑群众体育的核心发展区。结合重大赛事,常态化开展社区、农村、广场、公园等群众体育活动,举办内容丰富的假日体育活动。实施群众体育活动"三边工程",实现 15 分钟健身圈的目标等。西青区民生建设显著增强,"十二五"期间被评为全国群众体育先进区,该区重点将全民健身工作作为核心来做。"十三五"期间强调要加强健身服务业发展,促进旅游休闲与体育旅游相结合发展,加强体育设施建设,建成区体育中心,推进街镇健身路径工程和体育公园全覆盖,多渠道提供高标准、多功能的群众健身场所。进一步壮大社会体育指导员队伍,坚持每年培训至少 200 名社会体育指导员。认真落实青少年体质健康工程,广泛开展校园足球活动。提高全民健身活动的质量和群众参与度,开展群众性体育赛事。

第二节　天津市有关全民健身的财政预算分析

一、国家与天津市全民健身实施计划相关规定

《全民健身条例》《天津市全民健身条例》都明确规定要将全民健身经费纳入财政预算。《全民健身计划(2011—2015 年)》进一步指出,县级以上地方人民政府要按照《全民健身条例》规定,将全民健身事业纳入本级国民经济和社会发展规划,将全民健身工作所需经费列入本级财政预算。留归各级体育主管部门使用的彩票公益金,应当根据国家有关规定主要用于全民健身事业,并加强监督管理。加强基础建设和重大全民健身活动的经费投入,对公益性全民健身事业单位和服务机构给予必要的经费保障。中央财政通过加大转移支付,支持农村、贫困地区和民族地区发展全民健身事业。有条件的地区可建立个人缴费和政府资助相结合的筹资机制,加大对全民健身事业的投入。2011 年颁布的《天津市全民健身实施计划(2011—2015 年)》也在工作保障中的资金保障进一步强调,区县人民政府要将全民健身工作经费

列入本级财政预算,对全民健身工作的经费投入要随着经济发展逐步加大。加强对体育基础设施建设和重大全民健身活动的经费投入,对公益性全民健身事业单位和服务机构给予必要的经费保障。完善财政、税收、金融和土地等优惠政策,大力支持鼓励企业、事业单位、社会团体和个人以捐赠等形式资助体育健身活动和体育设施建设。

《全民健身计划(2016—2020 年)》要求加大资金投入与保障,县级以上地方人民政府应当将全民健身工作相关经费纳入财政预算,并随着国民经济的发展逐步增加对全民健身的投入。安排一定比例的彩票公益金等财政资金,通过设立体育场地设施建设专项投资基金和政府购买服务等方式,鼓励社会力量投资建设体育场地设施,支持群众健身消费。依据政府购买服务总体要求和有关规定,制定政府购买全民健身公共服务的目录、办法及实施细则,加大对基层健身组织和健身赛事活动等的购买比重。完善中央转移支付方式,鼓励和引导地方政府加大对全民健身的财政投入。落实好公益性捐赠税前扣除政策,引导公众对全民健身事业进行捐赠。社会力量通过公益性社会组织或县级以上人民政府及其部门用于全民健身事业的公益性捐赠,符合税法规定的部分,可在计算企业所得税和个人所得税时依法从其应纳税所得额中扣除。《天津市全民健身实施计划(2016—2020 年)》规定则同国务院规定一样。

全民健身上升为国家战略后,全民健身与全民健康要深度融合,全民健身公共服务体系进一步完善,需形成政府主导、部门协同、全社会共同参与的全民健身事业发展的新格局。各区相应的全民健身实施计划也对财政预算投资进行详细规定。北辰区对于经费保障方面进一步明确,将全民健身工作相关经费纳入财政预算,区级全民健身经费投入每年每人不少于 4 元,镇街每年每人不少于 2 元,逐步增加投入力度,带动社会力量投资建设体育场馆设施,支持群众健身消费。创新政府购买服务方式,完善全民健身公共服务目录、办法,加大对基层健身组织和健身赛事活动等的购买比重。河西区规定,将全民健身工作相关经费纳入区财政预算,逐步增加投入力度。创新政府购买服务方式,完善全民健身公共服务实施办法,加大对基层健身组织和健身赛事活动等的购买比重。加强体育基础设施建设和重大全民健身活动经费投入,对公益性全民健身事业单位和服务机构给予必要经费保证。南开区要求将全民健身事业经费纳入年度财政预算,并随着国民经济的发展逐步增加对全民健身的经费投入。严格落实《中央集中彩票公益金支持体育事业专项资金管理办法》,依法确保市财政拨付的彩票公益金中70%以上专项资金用于全民健身,并加强监督管理,确保专款专用。制定南开区政府购买全民健身服务目录,逐步加大对智库、基层健身组织和健身赛事活动等服务的购买比重,促进体育产业的发展。落实国家财税相关优惠政策以及公益性捐赠税前扣除政策,引导公众对全民健身事业进行捐赠。西青区明确逐步增加对全民健身事业的经费投入,保证体育事业资金投入的稳步增长。鼓励和引导社会资本加大对全民健身的资金投入,建立多元化资金筹集机制,引导公众对全民健身事业进行捐赠。武清区建立多元化资金筹集机制,优化投融资引导政策,推动落实财税等各项优惠政策。将全民健身工作相关经费纳入区、镇街财政预算,逐步增加投入力度。创新政府购买服务方式,加大对基层健身组织和健身赛事活动等的购买比重。落实好公益性捐赠税前扣除政策,引导公众对全民健身事业进行捐赠。

二、天津市全民健身经费财政预算分析

财政预算不到位是全民健身落实难点,也是全民健身"三纳入"的重要环节。基于国家体育总局对全国部分省市体育局调研结果可以看到,地方全民健身设施短缺,主要是经费纳入地方政府财政预算不够到位造成的,有的地方还把体育彩票公益金作为财政投入。有的

市、县为了应付上级搞形式,没有把体育经费纳入财政预算,而且纳入的数量也没有基数和标准,更没有随着国民经济发展逐步增加投入,不能与教育、文化或卫生等相比形成稳定的财政来源和固定的投资增长模式,这些行为直接导致全民健身设施短缺或不足,影响全民健身工作开展,不利于全民健身素质的提高,不能很好地保障全民健身权利。

为了解决天津市存在的区县全民健身经费不足的实际问题,市体育局 2011 年及时推出了《关于实行区县全民健身活动经费配比保障办法》,明确规定:区县政府全民健身活动经费财政预算 50 万元以上,资金到位后,市体育局给予 50 万元的经费配比;区县政府财政预算低于 50 万元的,资金到位后,市体育局将以 1:1 比例配比经费。仅此一项,市体育局每年要拿出 900 多万元,保障全民健身工作的长久开展。2011 年,全市、区县用于全民健身活动的专项经费达 1600 多万元,2012 年达 2200 多万元。同时,各区县用于全民健身事业发展的其他经费投入也大幅增加。在《关于天津市 2010 年预算执行情况和 2011 年预算草案的报告》中,指出关于全民健身活动方面,建成 30 个体育公园和 1350 个城市社区、农村健身园。而在 2011 年预算执行情况和 2012 年预算草案报告中,则进一步强调 2011 年是新建改造了一批市民健身园和体育公园,支持开展全民健身运动,2012 年预算是促进体育事业加快发展,新建改造 1500 个健身园、30 个体育公园,支持第三届全民健身活动等系列活动。可以看出 2011 年和 2012 年的预算执行情况有所重复,也有所出入,但是对于基本的涉及全民的健身设施相对举办赛事的大型体育场馆设施来说,投入的还是相对少。

在天津市市级财政一般支出 2011 年和 2012 年的决算明细表中可以看出,2011 年运动项目管理是 16206 万元,体育训练 2000 万元,体育场馆 4292 万元,群众体育支出为 140 万元,其他体育支出 9423 万元。2012 年运动项目管理是 19002 万元,体育训练 2000 万元,体育场馆 15660 万元,群众体育 140 万元,其他体育支出 3835 万元。对于群众体育的财政支出实际上相比体育训练还是很少的,对于体育场馆的支出很难说是用于竞技体育还是全民健身,这也是在政府报告时会打擦边球的一项,对于运动项目管理而言也是如此,虽然很多时候是基于要承办大型赛事而支出的,但是并不能起到很好的有效作用。在 2011 年的其他体育支出中也可以看到花费接近 1 亿元,这种预算支出如果没有明细,不能好好审核的话,那将是一种损失。而到 2012 年,其他支出就明显少了很多,但是与群众体育比还是多了很多。所以财政预算不仅要预算合理、明确,还要在支出时严格审核,之后还要严格审计,必须按照申报的要求来控制。

在《关于天津市 2012 年预算执行情况和 2013 年预算草案的报告》中,对于 2012 的执行情况提出要推进体育设施综合利用和对外开放,完善街道社区体育设施,支持第三届全民健身运动会及其系列活动。2013 年预算中除了关注几大赛事以外,还提到加快市健康产业园团泊体育基地建设,支持开展全民健身运动,新建和更新改造一批健身园和体育公园,推动校园体育设施向社会开放。《关于天津市 2013 年预算执行情况和 2014 年预算草案的报告》,对于 2013 年执行情况提到,成功举办第六届东亚运动会,新建一批大型体育场馆,改造提升 30 个体育公园和 1500 个市民健身园。2014 年预算中明确要健全公共服务体系,继续强调要改造一批健身园和体育公园,推动学校和企事业单位体育设施向社会开放。《关于天津市 2014 年预算执行情况和 2015 年预算草案的报告》,要求加快全运会场馆建设,推动大型体育场馆免费向社会开放。2015 年预算报告指出,推进全运会场馆建设和维修改造,启动全运惠民工程,新建更新一批健身园和体育公园,支持体育产业发展,促进健康消费。在《关于天津市 2015 年预算执行情况和 2016 年预算草案的报告》中并未对 2015 年体育预算执行情况介绍,2016 年的预算草案报告指出,要加快培育体育健身等消费业态,实施"全运惠民工程",推进公共体育设施开放利用。在《关于天津市2016年预算执行情况和2017年预算草案的报告》中,2016年的预算执行情况明确全运会场馆基本竣工,全民健身设施网络不断完善。2017年预算草案报告要求,实施全运惠民工程,办好第十三届全运会,推进全民健身活动。在《关于天津市2017年预算执行情况和2018年预算草案的报告》中,2017年主要发行体育惠民卡,新建更新800个健身园,创建200个"绿色健身站",2018年预算草案强调要深入实施"全运惠民工程",促进全民健身和竞技体育发展。《关于天津市2018年预算执行情况和2019年预算草案的报告》提出,关于2018年预算执行情况表明,一批健身园、街乡镇健身中心等体育设施投入使用,但2019年预算报告并没有关于全民健身的规定。

具体到天津市各区县对于全民健身的财政预算执行情况和下年预算报告看,实际上提到的都很少,只有和平、南开、北辰等几个区提到一两句,其余的很少提。所以对于天津市有关全民健身的财政预算,每年重点会不一样,需要从长计议,严格审计,对于全民健身专项经费要明确哪些可以列为全民健身经费,全民健身经费人均是多少,以常住人口为基数还是以流动人口为基数,是否能像环境卫生费那样来预算。实际上关于全民健身经费包括哪些,各省市做法也不一,《湖北省全民健身条例》(草稿第二稿)提到,县级以上人民政府要将全民健身工作纳入政府绩效考评体系,将全民健身活动、公共体育设施建设、群众体育组织建设等全民健身工作所需经费列入本级财政预算,并随着经济和社会的发展逐步增加。内蒙古自治区将全民健身专项资金列入本级财政预算,主要用于开展全民健身活动,以及全民健身组织建设、健身指导员队伍建设、公共体育服务、学校体育设施开放等工作。为了鼓励各类体育设施对外开放,内蒙古还规定地方要依法落实由所在地政府办理公共责任保险、给予财政补贴的规定,并且收取相关设施的水、电、气等费用时要按照公益性场所给予优惠。内蒙古将通过自治区、盟市、旗县分级负担和差别分担的方式,在今后 5 年内使列入每年各级财政预算的全民健身专项资金达到不低于人均 1 元的标准。上海市近几年做得比较好,2013 年市区两级政府加大了对全民健身工作的投入,人均全民健身日常工作经费为 9.4 元,较上年增长 154.1%。这些经费主要用于区级市民体质监测中心和社区百姓健身房、百姓健身步道、百姓游泳池等市政府实事工程项目建设,社区公共运动场、健身苑点等社区体育设施建设、更新和维修,全民健身活动、比赛的开展,社会体育指导员培训,市民科学健身指导和社区体育服务配送,市民体质监测以及体育社会组织扶持等。当年,市、区两级政府还投入 80193.6 万元的专项建设经费,用于公共体育设施的改扩建。因此《天津市全民健身条例》应当对列入财政预算的全民健身专项资金进行明确规定,哪些是应当列入的,这样才能更好地制约与鼓励。

第三节　天津市体育彩票公益金的法律规制研究

一、体彩公益金的提取和分配

体育权利作为自由权是人人享有的权利,作为社会权是国家提供充分保障的权利。要实现体育权利的均等化,国家需要从各个方面提供保障,而中国体育彩票公益金(以下简称体彩公益金)是实现体育权利均等化的重要资金保障,经费投入不同,享受的权利程度就会产生差异。无论是国家体育总局还是各省地方行政机构,对于体彩公益金的处理会对体育权利的保障产生直接的影响。我国先后颁布了《体育彩票公益金管理暂行办法》《国务院关于进一步规范彩票管理的通知》《彩票管理条例》《彩票管理条例实施细则》《彩票公益金管理办法》《中央集中彩票公益金支持体育事业专项资金管理办法》《体育彩票公益金资助项目宣传管理办法》等,但是在实际运作中还存在很多问题需要解决。

(一)体彩公益金的提取

2001 年,体育彩票为国家筹集公益金 27 亿多元。截止到 2012 年12 月 4 日,体彩筹集公益金达到 266 亿元,是 11 年前的将近 10 倍。2012 年国家体育总局至少将有超过 3 亿元的本级体彩公益金用于全国各地全民健身设施的援建。利用体育彩票公益金建设的健身工程为广大人民参与体育活动提供了重要的物质条件,体育彩票公益金在体育权利实现中的作用也越来越大。体彩公益金实际上已经成为推动全民健身事业发展和公共体育服务体系建设的重要资金保障之一。

体育彩票公益金是专项用于发展体育事业的资金,按照政府性基金管理办法纳入预算,专款专用,结转和结余按规定使用。体育彩票公益金作为从体育彩票销售额中按规定比例提取的专项用于发展体育事业的资金,原有立法对于中央和地方提取比例并不一致,存在冲突。如 1998 年颁布的《体育彩票公益金管理暂行办法》规定,从体育彩票销售总额中按不低于 30% 的比例提取的资金,而 2001 年《国务院关于进一步规范彩票管理的通知》明确规定彩票公益金提取比例不低于 35%。《体育彩票公益金管理暂行办法》第八条明确规定,各级体育行政部门要严格按照国家法律、法规和制度所规定的范围、比例提取公益金,不得违反国家有关规定擅自或随意调整范围和比例。

但是随着体育彩票发行类型的增多,"自 2005 年开始,财政部批准足球彩票返奖比例提高到 65%,公益金调整为 22%,发行费降低为13%"。基于立法冲突,2012 年财政部修订了《彩票公益金管理办法》,指出"根据国务院批准的彩票公益金分配政策和财政部批准的提取比例,按照每月彩票销售额据实结算后分别上缴中央财政和省级财政。逾期未兑奖的奖金由彩票销售机构上缴省级财政,全部留归地方使用。"2013 年 12 月 23 日,财政部、国家体育总局联合发布《中央集中彩票公益金支持体育事业专项资金管理办法》,取代了 1998 年颁布的《体育彩票公益金管理暂行办法》。2020 年 6 月 10 日,财政部、体育总局联合发布《中央集中彩票公益金支持体育事业专项资金管理办法》,取代了 2013 的规定。

(二)体彩公益金的分配

2006 年《财政部关于调整彩票公益金分配政策的通知》规定彩票公益金按 50% 比 50% 的比率在中央与地方之间分配,而且这一通知还规定,以体彩公益金为重要组成部分的中央彩票公益金,在社会保障基金、专项公益金、民政部和国家体育总局之间,按 60%、30%、5% 和 5% 的比率进行分配。地方留成的彩票公益金,由省级人民政府财政部门、体育部门研究确定分配原则。对于各地体彩分成比例,规定由各地制定,因此也存在不同,如昆明市规定按市、区体育彩票销售额的 0.6% 分配。对于体彩公益金,任何人不得截留,但是实际中还是会存在未将其纳入管理的事情发生,如山东省审计厅报告体彩公益金有 3.58 亿元未纳入管理。

2009 年颁布的《彩票管理条例》第三十五条规定,彩票公益金的分配政策,由国务院财政部门会同国务院民政、体育行政等有关部门提出方案,报国务院批准后执行。2012 年颁布的《彩票管理条例实施细则》第五十八条再次强调,彩票公益金按照国务院批准的分配政策在中央与地方之间分配,由彩票销售机构分别上缴中央财政和省级财政。由于各级地方政府的计提比例不同而出现差异,正是这种差异直接影响了体育权利均等化的实现。因此留归各级体育主管部门使用的彩票公益金,需根据国家有关规定主要用于全民健身事业,增加对公共体育设施建设的投入,并加强监督管理。国家体育总局安排本级体育彩票公益金,需要根据中央财力情况来处理。

2012 年财政部修订的《彩票公益金管理办法》规定,上缴中央财政的彩票公益金,用于社会福利事业、体育事业、补充全国社会保障基金和国务院批准的其他专项公益事业,具体使用管理办法由财政部会同民政部、国家体育总局等有关部门制定。特别是对于各地弃奖奖金将由彩票销售机构上缴省级财政,全部留归地方使用。这一调整,使得中央与地方"50∶50"的彩票公益金配比关系被打破。

二、体彩公益金的使用范围

(一)体彩公益金使用范围比例

1998 年颁布的《体育彩票公益金管理办法》明确规定,公益金主要用于落实《全民健身计划纲要》和《奥运争光计划纲要》。国家体育总局在安排公益金时,用于落实《全民健身计划纲要》的资金为年度公益金收入总额的 60%,用于弥补落实《奥运争光计划纲要》经费不足的资金为 40%。省级以下(含省级)的体育行政部门要按本办法规定的使用范围,根据实际情况参照上述比例执行。2013 年颁布的《中央集中彩票公益金支持体育事业专项资金管理办法》则进一步提出彩票公益金补助范围包括群众体育和竞技体育,其中:用于群众体育的比例不低于 70%,用于竞技体育比例不高于 30%。而且明确指出群众体育和竞技体育包含的范围。

2004 年体彩公益金使用情况公告表明,国家体育总局调控使用体育彩票公益金 42,886.5 万元,用于全民健身计划 27,100 万元,占总支出的 63.2%用于奥运争光计划 15,786.5 万元,占总支出的 36.8%。各地方体育部门 2004 年体育彩票公益金收入共 263,880 万元用于全民健身计划 142,483 万元,占总收入的 54%,用于奥运争光计划 118,179 万元,占总收入的 44.8%。从该公告可以看出国家体育总局依法执行力度比较大,但是各地方体育部门没有严格按照《体育彩票公益金管理办法》的规定比例进行使用。特别是 2008 年奥运会的举办,对于各地方体育部门将公益金用于全民健身的比例都有所降低,有的是完全颠倒,重竞技体育而轻全民健身。虽然到 2011 年有的省份能够按照办法规定严格执行使用规定,将 60% 以上的体彩公益金用于全民健身,如江苏省,但是到了地市或县区则执行的效果就会差一些,由于《体育彩票公益金管理暂行办法》并没有明确规定不按照此比例使用要承担什么样的法律后果,所以单靠体育行政部门的法律意识去执行相对来说比较难,因此财政审计部门要加强对同级地方体育行政部门的审查与监督。

据不完全统计,国家体育总局对于体育彩票公益金使用范围公告显示都能依法进行,但是从各省市区县的执行来看,有的省市执行的比较好,能够更好地保障人民的体育权利,如贵州省、广东省、江苏省、黑龙江省、南京市、济宁市、沧州市、东方市、谷城县等;但是也有的并不完全能按照《体育彩票公益金管理暂行办法》的规定执行,有的还是侧重于竞技体育,如陕西省、江西省、吉林省、北京市、湖南省、内蒙古自治区、河南省、浙江省、保定市、安庆市、蚌埠市、荣昌区等,在资金一定的情况下,投入竞技体育的资金过多,势必导致全民健身的资金减少,不利于公共体育服务均等化的实现,不能从根本上保障体育权利。由于中央和地方的财政预算和决算之间会存在差距,需要体彩公益金管理使用部门进一步细化开支,明确使用目的。

从公布的体育彩票公益金用于《全民健身计划》数额来看差距比较明显,江苏省是 60946 万元,内蒙古自治区是 1831.2 万元,相差 33 倍;南京市是 4432.43 万元,东方市是 13.29 万元,相差 333 倍;荣昌区是 23 万元,谷城县是 3.8 万元,相差 6 倍。投资数额不同势必影响人们享受体育权利的质量,造成了不均等。而且可以发现经济越发达的地方,筹集的公益金数额越多,公益金数额层级越高分到的越多,越是基层反而分到越少,实际上越是基层的人民越是更加需要加大资金投入与保护,这样势必会加剧体育权利享有的不均等。

(二)体彩公益金超范围支出

对于体彩公益金的使用范围,1998 年颁布的《体育彩票公益金管理暂行办法》并没有进行详细的规定,这样导致有的体育行政部门超范围使用公益金的现象比较多,如珠海市在 2004—2007 年审查体育局公益金中列支接待餐费、专项业务费、差旅费等共 646.437 元,其中有 444.55 万元超出了规定的使用范围,这样就不能体现体彩公益金的大众公益性。上海市 2008—2009 年审计体彩公益金时发现用于场馆改造公益金共计 1643 万元,但有 543 万元用在场馆办公房改造及场馆出租房屋的修缮、办公设备购置等方面,超出规定范围,占总支出33.05%。2013 年徐州市审计局对徐州市 2012 年体育彩票资金使用及管理情况进行了审计,指出全民健身活动经费投入偏少只占到15.4%,未按照预算使用体彩公益金如徐州市体育局在承办中国武术套路王中王争霸赛中,将结余的 171099.1 元用于其他事项支出,省拨资金计入往来核算未上缴财政专户,资金支付不规范,未按照规定进行政府采购等。

因此应该详细明确使用范围,各地方政府也应该制定相应的体育彩票公益金实施管理办法,履行对体彩公益金的行政管理职能,加强对体彩公益金的管理和监督检查;同时应建立公益金收入使用跟踪问效制度,加强公益金的收支管理,提高公益金的整体效益,加大对违规行为的处罚力度。基于此,2013 年新颁布的《中央集中彩票公益金支持体育事业专项资金管理办法》明确了体彩公益金的补助范围和支出内容,明确群众体育和竞技体育主要用于那么方面,以及不得用于哪些方面的支出,特别强调了不得用于公务接待、公款用车、行政支出等。

三、体彩公益金的公告与宣传

（一）体彩公益金公告主体与时间

《体育彩票公益金管理暂行办法》明确规定，省级以上（含省级）体育行政部门要按中国人民银行的规定，在每年 7 月份将上一年度的公益金的收支、使用情况在指定的新闻媒介上（国家体育总局在人民日报、省级体育行政部门在省级报刊）向社会公告，接受公众监督。这里向社会公告的主体是省级以上（含省级）体育行政部门。《彩票管理条例》规定，国务院财政部门和省、自治区、直辖市人民政府财政部门应当每年向本级人民政府报告上年度彩票公益金的筹集、分配和使用情况，并向社会公告。这里向社会公告的主体是中央和地方的财政部门。《彩票公益金管理办法》则在第四章宣传公告中分别规定省级财政部门和财政部要向社会公告彩票公益金的筹集、分配和使用情况。《彩票管理条例实施细则》则规定，彩票公益金的管理、使用单位，应当及时向社会进行公告或者发布消息，依法接受财政部门、审计部门和社会公众的监督。这里向社会公告的主体是彩票公益金的管理、使用单位。

从这四个文件可以看出向社会公告的主体并不完全相同，而实施细则则涵盖范围更广，既有管理单位，也有使用单位。2012 年新修订的《彩票公益金管理办法》规定：省级财政部门每年 6 月底前，向社会公告上一年度本行政区域内彩票公益金的筹集、分配和使用情况。财政部每年 8 月底前，向社会公告上一年度全国彩票公益金的筹集、分配和使用情况。省级以上民政、体育行政等彩票公益金使用部门、单位，应当于每年 6 月底前，向社会公告上一年度本部门、单位彩票公益金的使用规模、资助项目、执行情况和实际效果等。"以全国的 34 个省级行政单位的财政、民政、体育部门官方网站为主的公告发布数据显示,自 2011 年 12 月底至 2012 年 7 月 22 日,全国公告 2011 年彩票公益金使用情况的单位为 31 家。其中,部级行政单位 1 家,省级行政单位 30 家。这 30 家做出公示的省级单位中,体育部门有 13 个,民政部门 8 个,财政部门 9 个。"

　　据不完全统计的结果,从公告年份来看,2011 年进行公告的比较多,但是相对来说还不是很全,即使是省级也有没尽到公告义务的,有的地市县区也进行了公告。但 2010 年之前甚至更早进行公告的省市就很少了。截止到 2014 年 6 月中旬,对体育彩票公益金筹集分配使用情况公告的也并不多,仅有天津、安徽、湖南等省。公告实际上对于公益金更加科学合理的使用及预决算机制的完善起到重要作用,同时晒账单体现了对公众的知情权和监督权的维护和尊重,能更好地促进体育权利均等化的实现。但是也可以发现,这四个相关文件并没有对于如果体育行政部门或者财政部门未依法向社会公告要承担什么样的法律责任,进行什么程度的处罚,这样不利于公共体育服务职能的履行,需要立法进一步明确责任。《彩票公益金管理办法》规定,彩票公益金资助的基本建设设施、设备或者社会公益活动等,应当以显著方式标明"彩票公益金资助—中国福利彩票和中国体育彩票"标志。这样能够进一步宣传体彩公益金的使用,增强广大人民的体育权利意识,了解体彩公益金是干什么的,这样能更好地监督体彩公益金的管理与使用等。

(二)体彩公益金公告形式与内容

　　由于立法并没有对于公告详细规定,对公示的内容和格式缺乏统一要求,对于公示不到位的情况又没有相应的制约机制,所以各地、各部门对彩票公益金的公告形式千差万别,时间不一、内容详略不一,存在各自为政、应付了事的现象。一些地方迟迟不予公示,公示时也是寥寥数笔,草草带过,根本没有详细的说明,妨碍了公民知情权和监督权的实施。例如2013年8月15日贵州省民政厅在其官网发布《2012年度贵州省福利彩票公益金安排使用情况》的公告,这则全文171个字的公告公示了贵州省2012年省级福利彩票公益金8052万元的去向,引发很多质疑。国内还有一些省份关于2012福利彩票公益金安排使用情况的公告也都不足300字,仅列举出涉及款项的总额和实施大项涉及的金额,对具体执行情况和执行效果等内容都鲜有涉及。2012年财政部对于彩票公益金使用情况公告虽然公告落款日期是2013年8月23日,但是在财政部官网上公告确是2013年9月5日,与法律规定日期也有出入。

对于体育彩票公益金的公告形式与内容,也是千差万别。最早的《体育彩票公益金管理暂行办法》对于公益金的支出内容仅仅列举了4个方面,这4个方面分布是资助开展全民健身活动;弥补大型体育运动会比赛经费不足;修整和增建体育设施;体育扶贫工程专项支出。该办法对于这4个方面也进行简单阐述,虽然对于体彩公益金的使用范围提出群众体育占60%,竞技体育占40%,但是并没有详细规定哪些是作为群众体育,哪些是竞技体育,所以导致有的部门在公告时候表述笼统,或将二者范围混同,特别是关于体育设施建设,到底是用于竞技体育还是群众体育没有明确的表述,很多是用于赛事训练的,但是也纳入了全民健身经费中。

据不完全统计,国家体育总局对于体彩公益金使用情况公告的比较详细,也能按时公告,各省市体育局公告千差万别,其中以江苏省公告的最为详细,2012年江苏省体育局公告不仅列出明细,而且将群众体育和竞技体育分开罗列,使得公众更加清晰明了;重庆市的公告虽然没有江苏省的详细,但是它将结余的公益金金额也公告,这是少有的进行公告结余的;其余省市体育局进行公告的,没有进行详细区分群众体育和竞技体育支出,而是罗列在一起,有写详细的,如安徽省

2013 年公告;但也有简单陈述的,如 2012 年广西壮族自治区、天津市、云南省、青岛市等。《中央集中彩票公益金支持体育事业专项资金管理办法》明确了群众体育、竞技体育支出的内容,以及不得支出的方面,为今后体彩公益金的公告提供重要依据。但是对于公告形式和内容由于法律并没有统一规定,以及不及时规定要承担的责任,所以在实施上还存在很多不足,亟须解决。

四、体彩公益金的绩效评估和监管

历年"两会"中,彩票公益金都是热点,2013 年和 2014 年两会对于彩票公益金的绩效评估和监管更加重视,针对彩票公益金使用的透明化与标准化,大多数专家学者民众都提议建议公益金使用情况的评估制度,建立统一的公示平台以方便公众及时对彩票公益金的使用效率进行监督,从而鼓励、鞭策使用单位更加有效、成熟地使用彩票公益金。实际上最早有关体彩公益金的管理办法就规定,各级体育行政部门"要建立公益金收入使用跟踪问效制度,加强公益金的收支管理,提高公益金的整体效益。""要加强对公益金的管理和监督,不断完善公益金管理和核算制度,建立健全内部审计制度,定期或不定期地对公益金的收取、使用和账户管理情况进行检查。""应自觉接受上级主管部门和同级审计、监察、财政、金融监管等部门对公益金的收取、使用等资金活动进行的监督和检查。"

《彩票管理条例》也明确"彩票发行费、彩票公益金的管理、使用单位,应当依法接受财政部门、审计机关和社会公众的监督。"《彩票公益金管理办法》则进一步要求"省级以上民政、体育行政等彩票公益金使用部门、单位,应当建立彩票公益金支出绩效评价制度,将绩效评价结果作为安排彩票公益金预算的依据。""彩票公益金的使用部门、单位,应当按照同级财政部门批准的项目资金使用计划和预算执行,不得挤占挪用彩票公益金,不得改变彩票公益金使用范围。省级以上财政部门应当加强对彩票公益金筹集、分配、使用的监督检查,保证彩票公益金及时、足额上缴财政和专款专用。"《中央集中彩票公益金支持体育事业专项资金管理办法》也明确彩票公益金使用单位和部门按照"谁使用,谁受益,谁负责"的原则,加强彩票公益金使用管理,确保专款专用,充分发挥资金使用效益。财政部和国家体育总局应当逐步建立彩票公益金支出绩效评价制度,并将绩效评价结果作为安排彩票公益金预算的依据。

目前来看对于体彩公益金的监督管理以及绩效评价实施效果不一,从中央到地方的绩效评价、审计、监管做法都不统一。国家体育总局能按照规定依法执行,但是很多地方的体彩公益金筹集分配使用公告就不明确,更不用说绩效评估了。由于监管力度不一,机构不一,效果也就不同。有的是由财政部门监管,有的是体育行政部门监管,审计主动介入的并不是很多。就本课题搜集的资料来看,珠海、上海、徐州、山东、河南、广东等省市对体彩公益金进行审计,还有不少省市并没有公布或没有进行关于体彩公益金的审计。这样不利于体彩公益金的合理发展,审计部门应当把彩票公益金作为审计的重点,并通过主流媒体和官方网站公布,以保证彩票公益金合理安全的使用,避免挪用、挤占彩票公益金等问题出现,同时财政部门应当严格审核有关体彩公益金的预算与决算,监督体彩公益金的使用情况与实施效果,保证体彩公益金的正常有序流动。

五、天津市体彩公益金筹集分配的实证分析

天津市的体育彩票公益金为全民健身工作以及整个体育工作起到重要的保障与支持作用,特别是在政府没有完全将全民健身经费纳入财政预算作为专项经费之前。天津体育彩票公益金支持下的全民健身设施、健身公园、健身场所遍布全市。2010年,市体育局投入体彩公益金3000多万元用于全民健身场地设施建设,其中建成健身园

1350 个、健身公园 30 个,为 12 个新建的乡镇文体活动中心配建了室内外健身设施。2011 年在体彩公益金的支持下,全市建设体育公园 30 个,更新、配建健身园 1500 个,配建、改建篮球场、羽毛球场、健身路径等计划陆续实施。

但是对于体育彩票公益金的管理还需要立法进行明确。目前我国关于彩票公益金的管理规定逐年增多,并且在 2014 年关于全民健身经费的投入又发生了变动。我国先后颁布了《体育彩票公益金管理暂行办法》《国务院关于进一步规范彩票管理的通知》《彩票管理条例》《彩票管理条例实施细则》《彩票公益金管理办法》《中央集中彩票公益金支持体育事业专项资金管理办法》,但是在实际运作中还存在很多问题需要解决。天津市也结合我国法律法规的颁布及时制定新的有关体育彩票公益金的管理办法,例如:2013 年制定《天津市彩票公益金管理办法》,2014 年制定《天津市体育彩票公益金支持体育事业专项资金管理办法》,2019 年制定《天津市中国体育彩票全民健身工程建设和管理规定》。天津市的规定明确彩票公益金补助范围包括群众体育和竞技体育,其中:用于群众体育的比例不低于 70%,用于竞技体育的比例不高于 30%,而且明确指出群众体育和竞技体育包含的范围。群众体育主要用于援建公共体育场地、设施和捐赠体育健身器材,资助群众体育组织和队伍建设,资助或组织开展全民健身活动,组织开展全民健身科学研究与宣传。对于体育彩票公益金不得用于哪些方面也进行了列举说明。

从 2010 年进行公告以来,天津市体育彩票公益金发挥重要作用,但由于立法并没有对于公告详细规定,对公示的内容和格式缺乏统一要求,对于公示不到位的情况又没有相应的制约机制,天津市体育彩票公益金筹集分配的公告内容与形式上还是有很多问题存在。天津市的公告内容是按照一字排开列入说明的方式,但是并没有进行归类,哪些是用于全民健身,哪些用于竞技体育,这样就很难对他的体彩

公益金使用范围进行合理的评价与反馈。国家体育总局的公告内容
比较可取,它在大的分类下又明确列入用于全民健身的都是哪些方
面,占到多少百分比,使公众能够一目了然。《体育彩票公益金管理暂
行办法》明确规定,省级以上(含省级)体育行政部门要按中国人民银
行的规定,在每年 7 月份将上一年度的公益金的收支、使用情况在指
定的新闻媒介上(国家体育总局在人民日报、省级体育行政部门在省
级报刊)向社会公告,接受公众监督。2012 年新修订的《彩票公益金
管理办法》规定:省级财政部门每年 6 月底前,向社会公告上一年度本
行政区域内彩票公益金的筹集、分配和使用情况。财政部每年 8 月底
前,向社会公告上一年度全国彩票公益金的筹集、分配和使用情况。
省级以上民政、体育行政等彩票公益金使用部门、单位,应当于每年 6
月底前,向社会公告上一年度本部门、单位彩票公益金的使用规模、资
助项目、执行情况和实际效果等。2010—2019 年天津财政局对体彩公
益金使用情况公告的日期分别是 2011 年 10 月 28 日,2012 年 7 月 6
日,2013 年 7 月 1 日,2014 年 6 月 4 日,2015 年 6 月 30 日,2016 年 6
月 20 日,2017 年 6 月 30 日,2018 年 6 月 29 日,2019 年 6 月 30 日。对
于 2012 年体育彩票公益金使用情况天津市体育局公告日期是 2013
年 7 月 16 日,但是发文日期是 2013 年 8 月 29 日。从调查可以看出,
2010 年前没有进行正式公告,2014 年之前公告的日期也是没有完全
按照法律规定的要求做,2014 年之后体育局的公告都在法律规定时间
内完成。但从已颁布的相关文件看,并没有对于如果体育行政部门或
者财政部门没有依法向社会公告要承担什么样的法律责任,进行什么
程度的处罚,这样不利于公共体育服务职能的履行,需要立法进一步
明确责任。

为了使得彩票公益金的使用更加透明化与标准化,应当建立公益
金使用情况的评估制度,建立统一的公示平台以方便公众及时对彩票
公益金的使用效率进行监督,从而鼓励、鞭策使用单位更加有效、成熟

地使用彩票公益金。天津关于体育彩票公益金的审计报告很少,这样不利于体彩公益金的合理发展,审计部门应当把彩票公益金作为审计的重点,并通过主流媒体和官方网站公布,以保证彩票公益金合理安全的使用,避免挪用、挤占彩票公益金等问题出现同时财政部门应当严格审核有关体彩公益金的预算与决算,监督体彩公益金的使用情况与实施效果,保证体彩公益金的正常有序流动。

六、立法建议

(一)立法规范体彩公益金的提取和分配

体育彩票公益金经历由部门彩票向国家彩票的发展,从最早规定的 30% 提取比例增长到 35%,从部门分配政策转变到中央与地方按比例分配,促使了体育彩票公益金与体育彩票市场良性互动的发展机制。但是由于目前我国体育彩票公益金类型众多,并不是所有的体彩公益金提取比例都在 35% 以上,各类体育彩票的公益金提取比例有很大不同。虽然体育彩票发行量增大,但是体育彩票公益金却不可否认存在提取比例减少的情况,如即开型体育彩票的提取比例仅为 20%,以足球彩票为主的竞猜型彩票,大部分彩票游戏的彩票公益金提取比例仅仅为 18%,传统足彩提取比例也只为 22%;只有乐透数字型彩票,绝大部分彩票公益金提取比例能够达到 35%。这一立法要求的有出入,1998 年制定的办法于 2013 年底被《中央集中彩票公益金支持体育事业专项资金管理办法》所取代,但是新办法的规定并没有详细说明各种类型的提取比例以及分配,这样不利于立法的执行,因此需要进一步明确规则,特别是地方也要结合国家最新政策法规及时制定相对应的管理办法,明确其提取和分配细则。2012 年结合新修订的《彩票公益金管理办法》进行及时颁布省市体育彩票公益金管理办法的还很少。天津虽然颁布相应的法规文件进行制约管理,但仍需进一步细化,加强立法监督。

(二)立法明确体彩公益金的使用范围和禁止支出内容

1998 年制定的办法明确体彩公益金的使用范围,指出四个方面,规定群众体育占 60%,竞技体育占 40%,2013 年颁布的新办法明确体彩公益金的使用范围就是群众体育和竞技体育,群众体育占 70%,竞技体育占 30%,以及不得支出的内容,该办法与旧办法有冲突,在使用领域、比例、不得支出方面都有不同,虽然新办法取代了旧办法,但是由于现有分配政策的改变,使得地方在制定管理办法规定使用范围方面也有出入,有的还是按照旧办法进行体彩公益金管理办法的制定,如 2012 年《安徽省省级体育彩票公益金使用管理暂行办法》,虽然明确规定了群众体育和竞技体育包含哪些方面,但是并没有规定使用比例。由于体彩公益金的使用效率的高低是紧密关于广大人民的体育权利实现好坏,所以立法要明确其使用范围以及比例,保证体彩公益金能有效为广大人民服务,保障公民体育权利的实现。同时还要立法明确禁止支出内容,从审计体彩公益金的公告可以看出,体育行政部门超范围支出的情况也很多,因此更需要立法明确,禁止体育行政部门滥用体彩公益金,制约体育行政部门的权力,以保障公民体育权利。2014 年《天津市体育彩票公益金支持体育事业专项资金管理办法》,在新办法基础上增加了禁止支出的内容,体现立法的科学性。

(三)建立体彩公益金信息的公开披露制度

由于各地的公益金使用情况不一,使用项目和资金数额也都有所不同,因此,全国各地在向社会公布的彩票公益金流向方面,大都是粗线条,既没量化,也没细化。虽然立法明确了体彩公益金的管理、使用部门每年要定期向社会公告体彩公益金的筹集分配使用情况,但是对于公告的形式与内容并没有统一的规定,对于公告主体与期限的责任认定也并不明确,所以导致公告形式千差万别,很多省市的公告是流于形式,或者仅仅是罗列一下,并没有明确体彩公益金的筹集、分配、使用的详细情况,特别是对于体彩公益金的使用情况没有明确区分群众体育与竞技体育,打擦边球,很难区分哪些是群众体育,哪些是竞技体育,公众并不能明确了解体彩公益金到底用在哪些方面,使用效果如何等。因此不利于体彩公益金的健康发展。因此从中央到地方要建立体育彩票公益金信息的公开披露制度,体育行政部门要公告体育彩票公益金的预算与决算,公告体育彩票公益金的使用范围与比例,特别要区分开群众体育与竞技体育的支出内容与比例,要分地区和项目领域公开每一个实施项目的具体信息,包括投资总额、资金的拨付计划、项目审批人、项目负责单位、项目进度计划以及项目的实施情况。此外,设立举报电话和电子邮箱,以确保实现对体育彩票公益金实施中的违法和腐败情况进行监督。而且对于体彩公益金每年的结余也要进行公告,目前仅有个别省市进行公告。

(四)完善体育彩票公益金的绩效评估和监管机制

为了使得体育彩票公益金透明化、标准化,需要对体育彩票公益金的很多方面进行规范管理,特别是要完善体育彩票公益金的绩效评估和监管机制。不仅要将体育彩票公益金纳入各级财政预算,而且体育行政部门要做出合理的预决算,财政部门要监督检查,并根据体育行政部门体育彩票公益金的使用效果等情况决定下一年度体育彩票公益金的预决算,督促体育行政部门合理预算与控制,有效配置体彩公益金。而且要建立体育彩票公益金年度审计公告制度,目前各省市对于体育彩票公益金的审计并不是每年都主动进行审查并公告,体彩公益金的审计要纳入审计部门的审计重点,通过审计部门的监督检查公告来预防与控制体彩公益金的不合理与非法使用,并通过主流媒体和官方网站公告,接受公众监督。还要建立体育行政部门的问责制,对于违规违纪使用体育彩票公益金的单位或人员严格追责。立法也要进一步对于有关体彩公益金的违法行为进行明确规定,只有责任制定到位,才能真正督促各相关管理与使用单位严格依法管理、使用体彩公益金,这样才能从根本上保障公民体育权利。

第四节　天津政府工作报告对于全民健身的着重点分析

全民健身工作要实现"三纳入",还有重要的一环即要纳入政府工作报告。切实推进各级政府实现"三纳入"是贯彻落实《全民健身条例》和推动政府履行公共服务职能的重要手段。虽然《全民健身条例》2009 年正式颁布并明确规定要求各级政府实现"三纳入",但是实际运行过程中,前期阶段实现的并不是很理想。由于各区域经济发展水平差异,传统的城乡二元分割结构,导致各级政府之间提供公共体育服务的能力与水平并不均等,越是经济发达的地方,财政投入相对就越多,筹集的体育彩票公益金也比较多,社会引资也比较多,而越是经济不发达的地方,财政总投入就越少,要拿出一定的财政经费用于全民健身就比较困难。即使是同一省份里面各级政府之间的投入也有所差别,因为我国分税制的改革造成各级政府财权与事权不对称,越是基层政府越是需要加大财政投入,公共体育服务水平相对较差,而基础政府实际是享受的财政投入最低,却要承担更多的责任,这样势必造成了不均等。

相对经费纳入,将全民健身事业发展纳入各级国民经济和社会发展规划,和将全民健身工作内容写入年度《政府工作报告》则执行的相对好些。因为全民健身事业并不仅仅是体育行政部门的事业,它涉及很多部门,需要政府重视与协调。国务院为了贯彻实施《全民健身条例》和《全民健身计划(2011—2015 年)》,专门召开电视电话会议强调,要求各级政府履行职责,制定实施计划,贯彻落实"三纳入",做好民生工程的重要抓手。在 2011 年,实现纳入规划和政府工作报告的省、地市、县区全覆盖的有 20 个省,实现省、地市覆盖的有 28 个省,有 14 个省实现了省、地(市)和县(区)三级政府"三纳入"的全覆盖,有 25 个省实现了地(市)级政府"三纳入"全覆盖。福建省实现"三纳入"做得比较好,在各省市积极贯彻落实《全民健身条例》,并向县市级推进"三纳入"的时候,福建省的村一级已开始"纳入"了,而且把"三纳入"列入各级政府政绩考评指标,发改委将全民健身体系建设纳入到"十二五"规划纲要。

自从《全民健身条例》颁布以来,天津市政府的工作报告中都对体育工作做出肯定与提出要求。2010 年的政府工作报告中提到,"重点整治后的 8 个公园免费向市民开放,群众休闲健身的场所更多了,条件更好了,环境更美了",建成了 32 个乡镇文体中心,全民健身蓬勃开展。社区建设得到加强,提高了居委会工作经费和工作人员生活补助标准,一批社区获得全国示范荣誉称号。同时该报告还指出目标是"广泛开展群众性体育活动,举办首届全民健身运动会。"虽然没有明确提到全民健身工作的详细内容,但是已经提到就是一种进步。2011 年国务院颁布实施《全民健身计划(2011—2015)》,提出了"三纳入"的工作要求。天津市委、市政府对此高度重视,他们认真贯彻落实并把发展全民健身事业写入了《天津市国民经济和社会发展第十二个五年规划纲要》。

2011 年对天津全民健身工作来说是一个重大转机,在"大群体,大格局"的理念指导下,天津市群众体育工作坚持全民健身事业公益性,坚持理性惠民、方便市民、创新务实,切实抓好群众身边的场地、组织、活动三个关键环节,提高全市人民身体素质、健康水平和生活质量。"理性惠民"是天津市群众体育工作提出的新要求,它不仅体现了一种理念的转变,而且是实实在在的行动。年初,发展群众体育写进了市委工作要点和天津市政府工作报告,全民健身列入天津市 20 项民心工程,全市体育系统上上下下转变思想观念,积极行动,形成了政府主导、依托社会、群众参与的"大体育"格局。在国民经济和社会发展规划中也明确提到要"建设体育公园 30 个,配建、改建篮球场、羽毛球场、健身路径等全民健身设施。更新、配建健身园 1500 个。"2012 年的政府工作报告中肯定了体育事业取得的成就,有关全民健身方面主要是举办了第二届全民健身运动会、第七届农民运动会,新建改造一批市民健身园和体育公园等。在这一年的工作报告中还明确指出,"促进体育事业发展。举办第三届全民健身运动会及其系列活动,新建改造 1500 个健身园、30 个体育公园"。

2012 年的全民健身工作相比 2011 年有了很大的进步。在 2013 年的政府工作报告中,首先肯定的还是竞技体育比赛所取得的成绩,然后提到"全民健身运动广泛开展"。在展望中提出"积极发展群众体育和竞技体育,建设健康产业园区,办好第六届东亚运动会和第十三届全国运动会。"相比 2012 年,2013 年重点还是更多放在竞技体育比赛中,全民健身工作相对关注的不是很多,主要还是以活动或竞赛为主。当然与市级政府工作报告相比,区、县的政府工作报告也能看出特点来,河北区 2013 年的政府工作报告中首先关注全民健身工作取得的成就,"加强社区体育设施建设,开展了丰富多彩的群众性体育、健身活动"。在今后目标中也更明确工作重点:"促进群众体育和竞技体育全面发展。提升社区体育设施建设水平,健全群众性体育组织,广泛开展体育进学校等六进活动,着力提高青少年的体育素质,建立健全各级学校训练网络,培养、锻炼、输送更多优秀的体育人才。"

2014 年到 2017 年是天津市全民健身工作的重要转折点。在政府工作报告中重点突出,特别是第十三届全运会从筹备到举办,以及带来的影响与全运惠民工程的实施都促使全民健身事业蓬勃发展。2014 年政府工作报告总结,天津市成功举办第六届东亚运动会,天津市体育健儿在第十二届全运会上取得好成绩,全民健身运动广泛开展。2014年要求着力发展社会事业,不断完善社会公共服务,统筹协调发展,优化资源布局,加大投入力度,积极发展体育事业,更好满足人民群众需求。2015年政府工作报告强调全面做好第十三届全运会筹备工作,广泛开展全民健身运动。2016年为了更好推进全民健身工作,重点实施全运惠民工程,大力开展全民健身运动,要求高水平办好第十三届全运会等重大赛事。2017年在此基础上,政府工作报告明确要求积极推进基本公共服务标准化、均等化发展,不断提升体育事业发展水平。深入开展全运惠民工程,完善市、区、街镇、社区(村)四级全民健身设施网络,构建亲民、便民、惠民的公共体育服务体系。动员和组织全市上下积极行动起来,充分调动和发挥广大群众的积极性和创造性,当好东道主,热情迎嘉宾,全力做好各项筹备工作,以环境优美、服务优良、安全有序、文明和谐的城市形象迎接全运会召开,确保办成一届"安全、节俭、绿色、精彩"的体育盛会。

2018年政府工作报告重点围绕天津体育强市建设,进一步要求广泛开展全民健身活动。2019年天津市政府工作报告,极大肯定了全民健身工作的成就,全民健身活动丰富多彩,新建改造健身园、健身广场、体育公园1200多个,成功承办中俄青少年冰球友谊赛等重大赛事活动,天津女排第11次勇夺全国联赛冠军。进一步提出2019年需要广泛开展全民健身,新建更新社区健身园1000个、乡村健身广场100个,做强做大天津健康产业园,打造环团泊湖国际体育圈,办好全国第十届残运会暨第七届特奥会。2020年的政府工作报告,则是对于全民健身基础设施推进提出明确要求,推动公共体育设施和社会足球场地建设,积极推进中国篮球博物馆建设,建成国家冬季运动专项训练基地,开展天津冰雪嘉年华活动,广泛开展全民健身。所以从政府工作报告中也可以看出对全民健身工作的重视程度,以及着力解决的方面。政府工作报告直接关系着政府工作重点与方向,需要加强对全民健身工作的关注,只有真正关注全民真正所需的,而不仅仅是做政绩或表面工程,那么全民健身工作才能可持续发展,全民健身素质才能真正提高,天津市民的健身权利才能得到有效保障。

综上所述,《天津市全民健身条例》不仅要规定将全民健身事业纳入国民经济和社会发展规划,全民健身工作经费列入本级财政预算,还要将政府工作报告纳入条例规定中。对于全民健身经费要明确是用于全民健身活动、公共体育设施建设、群众体育组织建设等方面,并进行专项资金设定,严格控制财政预算与支出。明确按照天津市常住人口每年每人多少元的标准来设定全民健身专项经费,东丽区实施计划明确是按照人均 8 元计算,这是全民健身实施计划绩效评价中的A 类标准,而宝坻区规定是按照人均 1 元的标准来设定。全民健身工作经费必须全部用于全民健身工作,并随着国民经济的发展和财政收入的增长逐步增加。按照国家和市有关规定,要将分配给本级使用的体育彩票公益金按不低于 70% 的比例,用于组织开展群众性体育活动、培训社会体育指导员、国民体质监测以及全民健身设施的健身、管理和维护等,任何单位和个人不得挪用体彩公益金。彩票公益金的管理、使用单位应当依法接受财政部门、审计机关和社会公众的监督,每年向社会公告公益金的使用情况。体彩公益金应当安排一定比例的资金用于全民健身设施的建设和维护。政府工作报告需要加强对全民健身工作的重视程度以及着力解决的方面,关注全民真正所需要的,才能切实保障公民的体育健身权利,推动全民健身事业的发展。

第四章 天津市公共体育设施规划建设的法律问题研究

　　随着经济社会的快速发展和人民生活水平的不断提高,城乡居民体育锻炼意识不断增强,体育健身已经成为人们重要的生活方式。体育设施作为城乡居民参与体育锻炼的重要载体,在保障群众体育健身权益、满足群众体育健身需求方面日益发挥着更加重要的作用。加强和改善公共体育设施服务,是各级政府履行公共服务职能的重要内容。根据第六次全国体育场地普查公告,截至 2013 年 12 月 31 日,全国共有体育场地 169.46 万个,人均体育场地面积 1.46 平方米,远低于日、韩等周边国家的平均水平。总体公共体育设施供给不足,城乡、区域之间发展不平衡,结构不合理,大型场馆比例较高,群众性健身场馆比例偏低,设施利用率不高,社会开放度不够。虽然国家颁布一系列法规文件来保障,天津市也颁布地方法规进行专门规划与保障,但实践中还存在很多问题,需要立法进行修改。

第一节　天津市公共体育设施规划建设现状

一、2003 年至今天津市公共体育设施规划建设规定

　　2003 年,天津市就决定将在为期三年的全市旧楼小区综合整修工作中,首次把配建全民健身设施纳入城市整体规划之中。在旧小区改造中,体育设施、健身广场作为总体规划中必备的公共设施,与楼间花园、便利商店、医疗站等共同纳入社区服务和管理之中。到 2010 年,

全市体育设施总面积达到 2300 多万平方米,人均达到 2.23 平方米。2010 年以来,天津市坚持每年把全民健身场地设施建设纳入市委、市政府的 20 项"民心工程",截止到 2011 年底,已建成健身园 5000 多个,体育公园 60 多个,遍布城乡免费使用的健身器材设施已经初具规模。全民健身路径覆盖全市 1075 个社区,占社区总数 77.34%,85%的行政村建了全民健身路径,总数达 3100 多个。2011 年《天津市全民健身实施计划(2011—2015 年)》明确提出,要建立健全四级公共体育场地设施网络,人均占有体育场地面积 2.7 平方米以上,区县体育设施达到"四个一"建设标准,即一场(体育场)、一池(游泳池)、一馆(体育馆)和一个全民健身中心。天津市市委还筹备建设 100 个体育公园和 10 个外来务工人员健身基地。实施计划还明确要加大全民健身工作的经费投入,区县人民政府要严格落实国家关于城市公共体育设施用地定额规定,把城乡公共体育健身设施建设纳入城乡建设规划和土地利用总体规划。新建居住区要按照国家有关标准,设计建造体育健身设施。任何单位和个人不得侵占体育场地设施或挪作他用。2012 年天津市体育局进一步强调,加大群众体育设施的建设,力争做到想参与体育锻炼的每一名市民在一公里之内就能享受到社会公共体育设施锻炼的条件。2012 年天津市新建改造 1500 个健身园,30 个体育公园。体育公园以"便民、亲民、利民"为原则,多建设在大型社区或居民聚集区附近,平均投入在 20 万元左右,因地制宜建有篮球场、羽毛球场、乒乓球场、健身路径、器械场地等均免费开放。这些新建的体育公园主要包括,滨海新区的汉沽河西公园、塘沽体育场公园、大港湿地健身公园、大港晨辉北里公园,河北区的宜景公园、宜春公园,河东区的体育公园,红桥区的西沽街正源小区公园,东丽区的华明镇、新市镇、华湖苑休闲广场、军粮城健身广场,西青区的中北镇、曹庄子健身公园、大寺镇健身公园、张家窝杰盛里公园、张家窝滨河体育公园,津南区的双港镇健身公园、北闸口镇健身公园(东园)、北闸口镇健身公园(西园)、小站镇红旗路健身广场,北辰区的集贤里健身公园。

天津各区县的公共体育设施建设也依照相应的全民健身实施计划取得一定进展。《河北区全民健身实施计划(2011—2015年)》要求街道、社区的健身园建设和更新改造工作达到98%以上的社区建有健身园。西青区全民健身实施计划要求到2014年,已建成的村民住宅区全部配装健身器材,人均占有体育场地面积2.7平方米以上,建成10个体育公园。2012年西青区实施全民健身工程以来,已经在张家窝镇、辛口镇、李七庄镇、精武镇、大寺镇、中北镇建成7个大型体育公园。增建群众健身场所是天津市2015年20项民心工程之一,西青区在王稳庄镇、西营门街和开发区新建3个体育公园,为周边市民提供休闲娱乐场所。东丽区全民健身实施计划规定到2015年建立区、街道、社区(行政村)三级公共体育健身设施网络,人均占有体育场地面积3平方米以上,比天津市全民健身实施计划要求的还要高,实现社区(行政村)健身园建设、管理和更新改造工作保持100%全覆盖。到2012年滨海新区塘沽已经建成4个体育健身公园,体育人口达到46%。2014年底滨海新区已建成和正在启动建设的21个街镇服务中心、已建成和正在启动建设的100个社区服务站全部配有体育健身室或体育健身设施,使社区群众不出小区就可以满足健身、活动需求。武清区2012年底修建乡镇文体中心15个,城区居民社区及基层村街健身广场健身路径450个,2013年修建高标准健身广场30个,配建100个社区村街健身设施。总体上看各区县在法规计划指导下,有条不紊地进行,有一定成效。河东区2012年体育器材安装共涵盖河东区10个街道、36个社区、51处安装点,共计安装体育器材518件,拆除破旧器材249件。2013年涵盖12个街道,49个社区,80处安装点,共计安装器材1025件,拆除破旧器材191件。2014年河东区体育局积极争取市体育局支持,投入资金124.22万元,在大直沽、中山门等10个街道,36个社区居委会,56个安装点安装更新社区体育健身器材631件。

2015 年至今,围绕全运惠民工程以及体育强市的建设,天津市各区的全民健身实施计划有关公共体育设施的规定进一步完善。《天津市全民健身实施计划(2016—2020 年)》指出,2011—2015 年天津市的全民健身公共服务体系日趋完善,健身设施明显增加,城市社区体育设施"15 分钟健身圈"初步形成,体育场地面积达到人均 2.28 平方米以上,城市社区、乡镇行政村基本公共体育设施实现全覆盖,全民健身组织服务网络不断完善。2016—2020 年,重点加强设施建设,提升供给能力和服务水平。出台全市公共体育设施空间布局规划,统筹建设全民健身场地设施,促进基本公共体育服务均等化。加大投资力度,着力构建市、区、街镇、社区(村)四级全民健身设施网络,打造城市社区"15 分钟健身圈"。促进体育设施与园林建设有机融合。新建居住区和社区严格执行国家规定的"室内人均建筑面积不低于 0.1 平方米或室外人均用地不低于 0.3 平方米"配建全民健身设施的规划标准,确保与住宅区主体工程同步设计、同步施工、同步验收、同步投入使用。老社区场地设施未达标的,要因地制宜配建全民健身场地设施。充分利用旧厂房、仓库、老旧商业设施和空闲地等闲置资源,改造建设全民健身场地设施。推进学校等体育场地设施向社会开放,建立健全学校体育场地设施开放工作机制和保障政策,保证开放工作规范、有序、长效运行。完善大中型体育场馆免费或低收费开放政策,确保公共体育场地设施和符合开放条件的体育场地设施向社会开放。建设公共健身休闲设施,提升全民健身重点设施建设管理水平。

天津市《和平区全民健身实施计划(2016—2020 年)》强调,科学规划和统筹建设我区全民健身场地设施。着力构建区、街道、社区三级群众身边的全民健身设施网络和城市社区"15 分钟健身圈",建设一批便民利民的中小型体育活动健身场所,积极打造体育生活化街道和体育生活化社区。把建设体育健身休闲设施纳入城市公园、公共绿地、广场、景区等建设规划,与相关部门联手制定"推窗见景、出门健身"方案,逐步打造楼群里巷"健身步道"、社区街道"健身公园"格局。秉承"政府支持,全民参与,惠民双赢"理念,做好全民健身场地设施的科学管理和提档升级,为群众提供更加便利、安全的健身场地设施。支持鼓励社会力量投资兴建全民健身设施,积极参与体育场地设施的管理运营。确保公共体育场地设施和符合开放条件的学校、企事业单位、政府机关等的体育场地设施积极向社会开放。

《河西区全民健身实施计划(2016—2020 年)》明确总目标是,实现全民健身事业与我区经济社会发展相协调,建立和完善覆盖全区、组织健全、活动经常、设施完备、服务深入和能够更好地满足人民群众健身需求的全民健身公共服务体系。体育场地面积达到人均 2.28 平方米以上,基本公共体育设施实现全覆盖。河西区的建设任务与天津市的建设任务相近,此外还特别关注了老年人和残疾人。老年人活动中心设置适合老年人体育活动的设施。鼓励、支持社会组织和个人兴办老年人体育机构和体育设施。加大公共财政投入,动员社会力量实施"助残健身工程",为残疾人建设便捷适用的体育健身设施,方便残疾人参加体育活动。

《东丽区全民健身实施计划(2016—2020 年)》指出,全民健身政府主导、各部门协同、社会组织共同参与的"大群体"格局基本明晰,全民健身设施明显增加,体育场地面积达到人均 2.28 平方米以上。到2020 年,达到建有 8 个全民健身活动中心、12 个全民健身公园、60 个足球场、300 个社区健身园的目标。加强设施建设,落实惠民举措。完善公共体育设施布局专项规划,科学规划和统筹建设全区全民健身场地设施,保持全民健身设施动态全覆盖。构建区、街道、社区三级群众身边的全民健身设施网络,实施"民心工程"和"沃土计划",加快推进"1112"全民健身设施建设:一个全民健身公园、一个多功能运动场、一个全民健身活动中心和每个社区建设两个社区健身园。积极创建体育生活化街道和体育生活化社区。加强全民健身设施质量监管,建立群众健身设施信息和维护管理平台,确保群众的健身权益和人身安全。培育多元主体,引导社会力量参与健身设施建设运营,打造健身休闲综合服务体。推进学校等体育场地设施向社会开放的试点,建立健全工作机制和保障措施。实施区属体育场馆免费或低收费开放,确保公共体育场地设施和符合开放条件的体育场地设施向社会开放。

《北辰区全民健身实施计划(2016—2020 年)》提到,到 2020 年体育场地面积达到人均 2.4 平方米以上,基本公共体育设施实现全覆盖,该计划标准高于天津市的计划标准。在任务建设方面与天津市总的计划一样,明确加大投资力度,构建全民健身设施网络,积极推进城市社区体育,实施"15 分钟健身圈"建设。结合北辰区各镇街场地条件,着重建设一批便民利民中小型体育健身场馆,加快镇街综合性健身场馆设施建设进程,重点在有条件的社区新建一批多功能运动场,更新和配建"健身园",实现社区(村)基本公共体育设施全覆盖。《西青区全民健身实施计划(2016—2020 年)》要求到 2020 年,体育场地面积达到人均 2.5 平方米以上,城市社区公共体育设施实现全覆盖,比北辰区的标准高一些,街镇、社区(村)对已配建的各类全民健身场地以及健身器材设施,做好科学管理和定期维护,不得闲置,确保正常使用,为健身群众提供更加便利、科学、安全、灵活的健身场地设施器材。《武清区全民健身实施计划(2016—2020 年)》要求,到 2020 年体育场地面积达到人均 2.30 平方米以上,比天津市制定的标准要高,同时不仅要求实现城市社区基本公共体育设施全覆盖,还专门指出农村社区的基本公共体育设施也要实现全覆盖。

《南开区全民健身实施计划(2016—2020 年)》要求,科学规划和统筹建设全区全民健身场地设施,配合实施"全运惠民工程",着力构建区—街—社区三级全民健身设施网络,全面推进体育设施"五个一工程"和城市社区体育设施"15 分钟健身圈"建设。创建体育生活化街道和体育生活化社区,实现街道、社区基本公共体育设施全覆盖。

此外南开区有别于其他区,强调要开辟全民健身设施工作新方向,侧重于结合群众喜爱的集体球类项目和基础大项(足球、篮球、乒乓球、羽毛球等),布局建设社区多功能运动场,提高公共体育设施的综合服务能力和水平。老城区与已建成居住区无全民健身场地设施或现有设施未达到规划建设指标要求的,要因地制宜配建全民健身设施。强化对场地设施的政策研究、标准制定、规范建立、服务提供和监管。加强全民健身场地设施的科学管理和提档升级,支持鼓励社会力量投资兴建和管理运营全民健身设施,为群众提供更加便利、科学、安全、灵活、无障碍的健身场地设施。

二、第六次天津市体育场地普查数据公报

根据《第六次天津市体育场地普查数据公报》的结果显示,截止到2013 年 12 月 31 日,天津市共有体育场地 16233 个,场地面积约为3118.70 万平方米。以 2013 年底天津总人口 1472.21 万人计算,人均体育场地面积为 2.12 平方米,每万人拥有体育场地数量为 11.02 个,人均投入体育场地建设资金为 1171.31 元。其中天津市的体育场、田径场、田径房(馆)和小运动场共 676 个,占 4.79%;体育馆 25 个,占0.18%;游泳馆(池)和跳水馆(池)共 92 个,占 0.65%;大众室内运动场地共 1226 个,占 8.69%;大众室外运动场地共 6178 个,占 43.78%;赛车场(馆)和室外马术场共 6 个,占 0.04%;射击房(馆)和室外射击场共 2 个,占 0.01%;海上运动场和天然游泳场共 2 个,占 0.01%;滑雪场共 7 个,占 0.05%;高尔夫球场共 16 个,占 0.11%;攀岩场(馆)和攀冰馆共 6 个,占 0.04%;登山步道和城市健身步道共 37 个,占0.26%;全民健身路径共 5332 个,占 37.79%;其他类体育场地共 505个,占 3.58%。

2004 年到 2013 年十年间,天津市体育场地建设取得了较大成绩,新建场地 14110 个,占天津市总场地个数 87%。但是从体育场地设施

规划建设看,全民健身路径作为社区居民最简便实用的场地器械,仅仅占到 37.79%,与实施计划要求的 90% 以上社区和乡镇政府应当组织规划设置健身园的目标还是比较大的,还需要进一步完善,并进行立法保障,将实施计划中的有关规定上升为法规,在《天津市全民健身条例》中进行强化与保障。从场地设施建设类型看,大众室外运动场地占到 43.78%,而室内运动场地仅仅占到 8.69%。还需要进一步加强对室内运动场地设施的建设。室外场地设施其他系统占有量最多,占到 8601 个,接近天津市体育场地总数的一半,对于天津市来说更需要加强对其他系统的引导与开放。隶属于街道/镇/乡的室外体育设施占 23%,室内占 2.7%,属于居民/村民委员会的室外体育设施占 1.6%,室内占 0.5%。

2019 年,天津市体育局、天津市第四次全国经济普查领导小组根据国家体育总局、国务院第四次经济普查领导小组的总体部署,以 2018 年 12 月 31 日为标准时点,组织开展体育场地统计调查工作。天津市共有体育场地 24903 个,体育场地面积 3528.42 万平方米,人均体育场地面积 2.26 平方米,其中企业和事业单位的体育场地面积占比最多,全市田径场地 1310 个,场地面积 886.94 万平方米,其中,设有 400 米环形跑道的田径场地 312 个,占 23.82%;其他田径场地 998 个,占 76.18%。全市游泳场地 300 个,场地面积 30.81 万平方米,其中,室外游泳场地 6 个,占 2.00%;室内游泳场地 293 个,占 97.67%;天然游泳池 1 个,占 0.33%。全市球类运动场地 13096 个,其中,足球、篮球、排球"三大球"场地共 7766 个,占 59.30%;乒乓球和羽毛球场地 4346 个,占 33.19%;其他球类场地 984 个,占 7.51%。全市冰雪场地 18 个,场地面积 78.56 万平方米。其中滑冰场地 10 个,占 55.56%;滑雪场地 8 个,占 44.44%。全市全民健身路径 7934 个,场地面积 49.14 万平方米。全市健身房 1260 个,场地面积 44.21 万平方米。全市健身步道 260 个,长度 753.77 公里,场地面积 254.96 万平方米。

所以对于天津市体育场地设施来说,还需要进一步加强社区、小区级的体育场地设施建设,严格控制大型体育场馆的建设,使得天津市体育场地设施规划建设是"正三角",而非"倒三角"。对于适合群众需求的小型室内体育场馆如羽毛球馆、乒乓球馆还需要有计划地建设。第六次全国体育场地普查显示,天津市现有体育场地多分布在乡镇/村内,占全市体育场地总数的32.62%;其次主要分布在校园中,占总数的30.6%;分布在居住小区/街道的体育场地占总数的21.19%;分布在广场内的场地,占总数的6.96%等。从分布布局来看,乡镇/村和居住小区/街共占到一半以上,是因为将全民健身路径作为统计的重点,实际上的分布布局或配套规划建设远未达到实施计划要求或者城市社区配套建设标准。2018年的调查结果显示,有一定好转,球类场地逐渐增多,但是场地设施的开放与利用仍是重点关注需要解决的问题。

第二节　天津市公共体育设施规划建设的立法保障

一、国家关于公共体育设施规划建设的相关规定

(一)法律法规的相关规定

关于公共体育设施规划建设,我国《中华人民共和国体育法》《公共文化体育设施条例》《全民健身条例》等都明确进行规定。《中华人民共和国体育法》第四十五条规定,县级以上地方各级人民政府应当按照国家对城市公共体育设施用地定额指标的规定,将城市公共体育设施建设纳入城市建设规划和土地利用总体规划,合理布局,统一安排。城市在规划企业、学校、街道和居住区时,应当将体育设施纳入建设规划。乡、民族乡、镇应当随着经济发展,逐步建设和完善体育设

施。《全民健身条例》第二条规定,县级以上地方人民政府应当有计划地建设公共体育设施,加大对农村地区和城市社区等基层公共体育设施建设的投入。第二十七条规定,公共体育设施的规划、建设、使用、管理、保护和公共体育设施管理单位提供服务,应当遵守《公共文化体育设施条例》的规定。公共体育设施的规划、建设应当与当地经济发展水平相适应,方便群众就近参加健身活动;农村地区公共体育设施的规划、建设还应当考虑农村生产劳动和文化生活习惯。

《公共文化体育设施条例》第四条规定,国家有计划地建设公共文化体育设施。并在第二章专门规定规划和建设,要将公共文化体育设施的建设纳入国民经济和社会发展规划。第十条规定,公共文化体育设施的数量、种类、规模以及布局,应当根据国民经济和社会发展水平、人口结构、环境条件以及文化体育事业发展的需要,统筹兼顾,优化配置,并符合国家关于城乡公共文化体育设施用地定额指标的规定。公共文化体育设施用地定额指标,由国务院土地行政主管部门、建设行政主管部门分别会同国务院文化行政主管部门、体育行政主管部门制定。明确建设选址要符合人口集中、交通便利的原则,设计要实用、安全,并采取无障碍措施。第十四条规定,公共文化体育设施的建设预留地,由县级以上地方人民政府土地行政主管部门、城乡规划行政主管部门按照国家有关用地定额指标,纳入土地利用总体规划和城乡规划,并依照法定程序审批。任何单位或者个人不得侵占公共文化体育设施建设预留地或者改变其用途。因特殊情况需要调整公共文化体育设施建设预留地的,应当依法调整城乡规划,并依照前款规定重新确定建设预留地。重新确定的公共文化体育设施建设预留地不得少于原有面积。

(二)国家基本公共服务体系"十二五"规划

为了实现体育基本公共服务的均等化,国务院于 2012 年 7 月 11

日发布《国家基本公共服务体系"十二五"规划》,要求政府主导,坚持公益,统筹城乡,强化效率。"十二五"时期,国家保证建立公共文化体育服务制度,保证公众体育健身的权益。政府提供如下公共文化体育服务:一是向全民免费开放基层公共文化体育设施,二是为城乡居民参加全民健身活动提供免费指导服务。加快建设一批面向群众、贴近基层的中小型全民健身中心和灯光球场,充分利用城市绿地、广场、公园等公共场所和适宜的自然区域建设全民健身活动设施。继续实施农民体育健身工程,改善农村公共体育设施条件。"十二五"时期,体育场馆向城乡居民开放,保障标准为有条件的公办体育设施(含学校体育设施)向公众开放,免费项目或有关收费标准由地方政府制定;开放时间与当地公众的工作时间、学习时间适当错开,不少于省(区、市)规定的最低时限,全民健身日免费开放,国家法定节假日和学校寒暑假期间,应当适当延长开放时间,地方政府负责,中央财政适当补助,覆盖水平为可供使用的公共体育场地(含学校体育场地)占全国体育场地总数的比率达到53%左右。城乡居民免费享有健身技能指导、参加健身活动、获取科学健身知识等服务;免费提供公园、绿地等公共场所全民健身器材,地方政府负责,中央财政适当补助,经常参加体育锻炼人数比率达到32%以上,残疾人免费享有体育健身指导服务,中央和地方财政共同负担,覆盖水平为建立1200个残疾人体育健身示范点,经常参加体育健身的残疾人比率达到15%以上。

(三)"十二五"公共体育设施建设规划

2012年7月19日,国家发改委,体育总局联合发布《关于印发"十二五"公共体育设施建设规划的通知》,该规划是为了贯彻落实《国民经济和社会发展第十二个五年规划纲要》和《全民健身计划(2011—2015年)》,依据《中华人民共和国体育法》《公共文化体育设施条例》《全民健身条例》而制定的。规划建设的基本原则是面向基层、服务群众,以群众喜闻乐见、普遍参与的项目为重点,方便城乡居民就近参加体育健身活动。政府在规划制定、资金投入、政策扶持、监督管理方面起主导作用,要增加公共体育设施供给与开放,通过购买服务、委托管理等方式,提高场馆利用率和运营能力。到 2015 年,人均体育场地面积达到 1.5 平方米以上,50% 以上的县(市、区)建有"全民健身活动中心",50% 以上的街道(乡镇)、社区(行政村)建有便捷、实用的体育健身设施,有条件的公园、绿地、广场建有体育健身设施。

各地要按照《全民健身条例》等相关规定,将公共体育设施建设纳入本地区国民经济和社会发展规划,各级人民政府是体育基本公共服务设施建设的责任主体,要强化支持责任,加大资金投入。纳入本规划建设的公共体育设施应保持公益性质,向公众开放。原则上,室外体育设施要创造条件免费开放,室内体育设施可依据《公共文化体育设施条例》等相关规定,适当收取服务费用,收费项目和标准应当经县级以上人民政府有关部门批准,并对外公布。为学生、老年人和残疾人参加体育健身活动提供便利条件,并对其优惠或免费开放。

(四)"十三五"推进基本公共服务均等化规划

基本公共服务是由政府主导、保障全体公民生存和发展基本需要、与经济社会发展水平相适应的公共服务。基本公共服务均等化是指全体公民都能公平可及地获得大致均等的基本公共服务,其核心是促进机会均等,重点是保障人民群众得到基本公共服务的机会,而不是简单的平均化。享有基本公共服务是公民的基本权利,保障人人享有基本公共服务是政府的重要职责。推进基本公共服务均等化,是全面建成小康社会的应有之义,对于促进社会公平正义、增进人民福祉、增强全体人民在共建共享发展中的获得感、实现中华民族伟大复兴的中国梦,都具有十分重要的意义。"十三五"推进基本公共服务均等化规划要求积极推进公共服务体系建设,通过全民健身公共服务体系的构建,促进全民健身基本公共服务标准化、均等化,更好地满足人民群众体育健身需求,提高全民身体素质,全面实施青少年体育活动促进计划,培养青少年体育爱好和运动技能,推广普及足球、篮球、排球和冰雪运动等。在乡镇(街道)和村(社区)统筹建设含有体育健身等功能于一体的综合性文化服务中心。重点支持足球场地设施、中小型全民健身中心、县级体育场、农民体育健身工程、社区多功能运动场、冰雪运动设施、科学健身指导服务平台等建设。充分利用体育中心、公园绿地、闲置厂房、校舍操场、社区空置场所等,拓展公共体育设施场所。有条件的公共体育设施免费或低收费向城乡居民开放,推进学校体育设施逐步向公众开放,由地方人民政府负责,中央财政对部分事项予以补助。向城乡居民提供科学健身指导、群众健身活动和比赛、科学健身知识等服务;免费提供公园、绿地等公共场所全民健身器材,由地方人民政府负责,中央财政对部分事项予以补助。

(五)"十三五"公共体育普及工程实施方案

党和国家高度重视公共体育普及工作,把扩大体育服务有效供给作为满足群众体育健身需求的物质基础和必要条件。地方各级政府加大对公共体育服务设施投入,推动体育健身事业和体育产业发展,城乡公共体育服务设施得到明显改善,公共体育普及水平明显提高。截至2015年底,我国人均体育场地面积达到1.57平方米,全国经常参加体育锻炼人数比例达到33.9%,健康文明的生活方式正在形成。但目前,我国公共体育普及程度仍然较低,服务设施未能满足群众快速增长的体育健身需求,具体表现在:一是总量不足,人均体育场地面积仍远低于日、韩等周边国家平均水平,特别是缺少便捷实用的体育健身设施。二是结构欠合理。城乡之间、区域之间设施数量和质量水平存在较大差异,中西部的一些农村地区、贫困地区普遍缺少体育设施;体育设施中大中型体育场馆占比较高,群众性健身场馆占比偏低。

三是设施利用率不高,社会开放度不够。四是社会力量调动不足,投资主体单一,建设管理理念相对落后,专业运营管理人才比较缺乏。加强公共体育服务设施建设,提高公共体育普及水平,不断满足人群民众日益增长的体育健身需求,是各级政府履行公共服务职能的重要内容,是贯彻落实《国民经济和社会发展第十三个五年规划纲要》和《全民健身计划(2016—2020 年)》的具体行动,对于提升国民身体素质和健康水平、增强全体人民获得感都具有重要意义。

(六)城市公共体育场馆用地控制指标

实施全民健身计划是决胜全面建成小康社会的内在要求和重要内容,是国家的重要发展战略。党的十九大报告明确要求:广泛开展全民健身运动,加快推进体育强国建设。为贯彻党的十九大精神,促进土地资源全面节约和循环利用,更好保障竞技体育和全民健身活动开展。自然资源部制定《城市公共体育场馆用地控制指标》,要求严格执行标准控制,落实绿色发展和资源共享要求,城市公共体育场馆建设应当优先利用存量建设用地,与已有的公共体育场馆、学校体育场馆等统筹布局,科学利用地上地下空间,合理确定建设用地规模。压缩地面停车场用地,除保证赛事需要外,各类社会车辆停放应当以利用地下空间为主。

二、天津市颁布的相关规定

(一)《天津市全民健身条例》的规定

《天津市全民健身条例》第八条规定,市体育行政部门应当会同市规划行政主管部门,按照国家对城市公共体育设施建设的规定和本市城市总体规划,编制本市公共体育设施设置规划,报市人民政府批准后实施。按照国家规定纳入城市规划的公共体育设施预留地,任何单

位或者个人不得侵占或者改变用途。因特殊情况需要调整公共体育
设施建设预留地的,应当依法调整城市规划,以不少于原有面积的标
准重新确定建设预留地。第九条第一款规定,市和区、县人民政府应
当根据开展全民健身运动的需要,按照公共体育设施设置规划,投资
兴建公共体育设施。第十一条明确规定,因城乡建设确需拆除公共体
育场馆或者改变其功能、用途的,应当按照国家有关规定征得体育行
政部门同意,并严格履行审批手续。

从《天津市全民健身条例》的相关规定可以看出,其依照体育法等
法律法规进行了规定,要求编制天津市公共体育设施规划,并要求不
得侵占或改变预留地的用途。县级以上人民政府要根据开展全民健
身运动的需要,依照规划来投资兴建公共体育设施。但是对于公共体
育设施规划的设置并没有进行详细说明,对于公共体育设施的种类、
功能、性质等没有明确说明,并且没有相关的法律责任的设定,在实践
中不利于监督约束,因此需要立法明确公共体育设施规划的目的,并
说明设置规划的策略。如前述,实际上在《天津市全民健身条例》颁
布之后,我国相继颁布了《城市社区体育设施建设用地指标》《国家
基本公共服务体系"十二五"规划》《"十三五"推进基本公共服务均
等化规划》《"十二五"公共体育设施建设规划》《"十三五"公共体育
普及工程实施方案》,天津市颁布《天津市居住区公共服务设施配置
标准》《天津市公共体育设施布局规划(2014—2020)》《天津市公共
体育设施布局规划(2016—2030)》《天津市公共体育设施布局规划
(2019—2035)》等。这些都对公共体育设施的规划建设提出了新的
要求,需要立法及时进行修订。

(二)《天津市公共体育设施布局规划(2014—2020)》

为了贯彻落实国务院和天津市全民健身实施计划(2011—2015 年),
执行天津市体育事业发展"十二五"规划,基本建立覆盖城乡的全民健

身体系,天津市体育局、规划局和城市规划设计研究院组织编制了《天津市公共体育设施规划》,该规划发表于 2013 年,但是该规划并未正式公布。规划期限中的近期为 2010—2015 年,远期为 2015—2020 年。要求完善五级公共体育设施用地配置,形成"一主、两辅、多点、网络化"的布局体系,完善场馆设施配置,分为区域级"4 + 1",城市及"4 + 1",城区级"3 + 1",市镇级"2 + 1",社区级"1",加强社区体育设施建设。规划提出新增独立占地的社区级体育中心用地,落实小区级体育设施的配置标准,并作为住宅项目规划审批的前置,保证新建小区体育设施满足标准要求,有条件社区进行改造,适当增建体育运动场地和设施。

天津体育局于 2014 年官网公布《天津市公共体育设施布局规划(2014—2020)》。该规划是经过立法通过的正式公共体育设施布局规划,《天津市国民经济和社会发展第十二个五年规划纲要》中明确提出了"加快体育强市建设,加强公共体育设施建设和管理,基本建立覆盖城乡的全民健身服务体系"的奋斗目标。体育设施的合理设置和布局是天津市竞技体育提升和群众体育发展的关键性要素之一,为此市体育局编制了《天津市公共体育设施布局规划(2014—2020)》。其中近期为 2014—2016 年,远期为 2017—2020 年。可以看出该规划与 2013年的规划在时间节点上上有明显区别,从颁布时间 2014 年看,起点时间为 2014 年是比较合理的。因为原来 2013 年颁布的时间节点从2010 年开始,这显然是不合理的,因为 2010—2013 年很多已经建成的是很难要求进行规划。2014 年规划目标是,到 2020 年,人均公共体育用地达到 0.6—0.7 平方米。

体育设施在"区域级—城市级—城区级—市镇/社区级—小区级"五级配建体系的基础上,结合天津市城镇体系规划,形成"一主、两辅、多点、多层次网络化"的空间布局结构。根据居住人口规模和服务半径,结合行政管理单元,形成以市镇\社区级公共体育设施为核心,小区级体育设施为辅助、教育及社会系统体育设施为补充的多层次网络化布局结构。主要服务目标为,区域级配建目的是应用于国际性、综合性,大型竞赛,服务范围为全市域及周边区域的大型体育设施,需要统筹配置;城市级配建目的是应用于综合性、单项竞赛,服务范围为中心城区和滨海新区的大型体育设施,需要统筹配置;城区级配建目的是应用于满足举办大型单项赛事同时兼顾全民健身需要,服务范围为中心城市各行政区及近郊地区新城,规划每个区设置一处及以上区级体育中心,包括体育场、体育馆和游泳馆等公共体育设施(可分散布局);市镇/社区级主要满足全民健身需求,服务范围为近郊地区各个中心镇及规划城镇人口在 3 万以上的一般镇;社区级以每 5 万—8 万人为单位配置;小区级主要用于全民健身居住小区内的公共体育设施,可与小区绿地结合设置,选址灵活选用,以 1 万—1.5 万人为单位配置。

从目前《天津市公共体育设施布局规划(2014—2020)》的规定看,公共体育设施主要分为群众体育设施、赛事体育设施和竞技体育训练设施三类,其中群众体育设施主要集中在小区级、市镇(社区级)和城区级。赛事和竞技体育训练设施是按照区域级和城市级进行统筹配置。但是对于具体的五级场馆设施配建目标并没有明确说明,2013 年版进行说明,如区域级"4 + 1"即体育场、体育馆、游泳馆和配套体育中心加体育公园,城市级同区域级,城区级"3 + 1"指的是体育场、体育馆、游泳馆加健身中心,市镇级"2 + 1"指的是体育场、游泳馆加健身中心,社区级"1"指健身中心。到底这 5 级近期和远期的目标是多少? 如果没有明确说明就很难起到规划配置的作用,也很难约束行政部门。毕竟公共体育设施规划配置的目的就是为了保证公民体育健身的权益,促进体育事业的发展。所以《天津市公共体育设施规划》从总体上看,还需要进一步细化内容,从全民健身条例的角度也需要进一步明确,规划与实施计划、条例要紧密衔接起来。

(三)《天津市公共体育设施布局规划(2016—2030)》

2014 年国务院出台的《国务院关于加快发展体育产业促进体育消费的若干意见》将全民健身上升为国家战略,明确了新时期体育工作的目标、任务和政策措施。从 2015 年开始,天津市总体规划、各区县总体规划和控制性详细规划进入到新一轮的修编和调整阶段,编制公共体育设施专项规划,是满足群众日益增长的体育健身需求、建立覆盖城乡的全民健身体系的需要,也是配合规划修编的需要。本次规划结合天津市"全国先进制造研发基地,北方国际航运核心区,金融创新运营示范区,改革开放先行区"的国家定位,结合天津市发展情况,优化调整公共体育设施空间布局,健全城乡体育设施服务体系,整体提升体育服务能力和水平,形成以区域、城市级体育中心为龙头、以城区级、社区、市镇级体育中心为主体、以小区级、教育系统和商业经营性体育设施为基础的体育设施服务体系,满足城乡居民多样化、多层次的需求,使我市具备举办大型国际性综合赛事的能力和服务于全民健身,为全面建立健全覆盖城乡的基本公共体育服务制度奠定坚实基础。

规划布局与2014 年的相近,建立起"区域级—城市级—城区级—市镇/社区级—小区级"五级配置的体育设施体系。新的配置体系既能满足大型赛事比赛要求又有利于服务全民健身。但对于社区级和小区级的人口数未明确列举。本次规划的公共体育设施在"区域级—城市级—城区级—社区、市镇级—小区级"五级配建体系的基础上,结合天津市城镇体系,形成"一主、两副、多点、多层次、网络化"的均衡布局结构。该规划提出的实施建议主要包括,将公共体育设施建设纳入市经济社会发展计划及社区建设范围,逐步建成一批与区域发展水平相适应的公共体育设施,重视和加强社区级、市镇级公体育设施的建设,完善全民健身服务体系。要对各级各类体育设施用地,尤其是对公益性体育设施用地在规划上给予严格保护。对于公共体育设施建设要逐步增加财政投入,重点投向公益性体育设施,鼓励社会资本投入,对商业性公共体育设施的建设给予减免税收等支持,努力形成一个全社会共建体育设施的良好局面。鼓励教育系统体育设施向社会开放,对于教育系统体育设施向社会开放的项目、形式、场地设备安全、居民安全等问题明确责任和义务,规范教育系统体育设施向社会开放的管理体制,推动教育系统体育设施向市民开放等。

(四)天津市公共体育设施布局规划(2019—2035)

2016 年天津市陆续出台了《关于推进健康天津建设的实施意见》《天津市全民健身实施计划(2016—2020 年)》《天津市冰雪运动发展规划(2016—2025 年)》,为加快实施全民健身国家战略,迎接 2022 年冬季奥运会,推动天津市全民健身事业发展,提高天津市人民的身体素质和健康水平提供了指引。目标为到 2035 年,基本建成覆盖城乡、方便快捷、层次分明、布局合理的全市公共体育设施布局体系;充实、完善、提升区域级、城市级、城区级、社区、市镇级、小区级五级公共体育设施网络;全市公共体育设施覆盖率达到 100%,人均公共体育用地面积达到 0.55~0.79 平方米;形成居民市区 10 分钟体育生活圈和农村 30 分钟体育生活圈。2019 年颁布的《天津市公共体育设施布局规划(2019—2035)》仍是以立足于公共体育资源的统筹,考虑天津市的城市结构,按照服务人群和辐射范围不同,建立起"区域级—城市级—城区级—市镇/社区级—小区级"五级配置的体育设施体系。以上天津市公共体育设施规划针对天津市的国家定位以及自身发展情况做的规划,以及配置的五级体育设施体系,应当及时纳入到《天津市全民健身条例》中,明确各级服务范围以及选址标准与应用人群。

第三节 公共体育设施规划的
借鉴与分析

一、上海市公共体育设施布局规划

2014年上海公布了《上海市公共体育设施布局规划(2012—2020)》,明确表示到2020年,本市规划新增各类公共体育设施(场地)面积2200万平方米,其中群众体育设施面积占七成以上,将兴建区级体育中心、体育主题公园、体育休闲基地、市民健身活动中心、自行车健身绿道等新型群众体育设施,加快全市公共体育服务体系建设。规划新建和改扩建23个区级体育中心,确保每个区县有1至2个区级体育中心;并结合郊区基本生态网络以及郊野公园建设,规划约20个体育主题公园,面积100万平方米;同时还将规划体育休闲基地17个;每个街、镇规划建设一个中型或小型的市民健身活动中心;建设自行车健身绿道800万平方米;逐步实现社区公共运动场全覆盖,居(村)委会体育场地覆盖率达到95%。规划新建座位在30000以上的体育场3处;座位在10000—30000座位的体育场馆9处;座位在4000—10000之间的体育场馆14处;远景布局10万座位市级体育场1个,满足举办奥运会等国际大型综合体育赛事的需求;此外布局马术比赛场、激流回旋等专业比赛场馆各1个。

《上海市公共体育设施布局规划(2012—2020)》重点体现在体育设施均等服务上,突出了群众体育设施项目的布局规划,并按照轻重缓急、易难程度,提出了近期和远期相结合的规划原则,强调了分步实施,并且考虑到上海城市特点,本次布局规划根据城市面积小、人口多的实际,强调必须走资源整合、融合建设之路,走具有上海特色的体育设施建设之路。将自行车健身绿道建设、30分钟体育生活圈建设等具有城市特色的项目纳入布局规划。

对于天津市的公共体育设施布局规划来说,更需要重视的也是群众体育设施项目的布局规划,特别是关于具体的建设目标和区域都应该像上海规定的那样详细,同时结合天津的居民健身特点与需求,建设群众需要的场地设施,这样才能真正为民服务。对于比赛和训练场馆要严格控制,现在最需要的是建设简便易用的场地设施,《上海市公共体育设施布局规划(2012—2020)》明确要坚持"以人为本,融合发展,集约节约,综合利用和近远期结合"的规划原则,以满足城乡居民多层次的体育需求为基本目标。所以天津市公共体育设施规划也需要明确基本的规划原则,将居民健身利益放到首位。

二、广州市公共体育设施布局专项规划

2015 年 4 月,广州市公布《广州市公共体育设施及体育产业功能区布局专项规划(2013—2020)》(草案),该规划从总则、公共体育设施布局规划、体育产业功能区布局规划、规划实施保障措施、附则、附表共 37 页进行了详细的介绍,明确依据《中华人民共和国城乡规划法》《中华人民共和国体育法》《广州市城乡规划条例》等法律法规,制定本规划。

(一)对象

明确了规划对象中的公共体育设施、体育用地、体育产业功能区的定义。指出公共体育设施是指由政府投资、筹集或引导社会资金兴建,向大众开放的,满足大众体育锻炼、观赏赛事以及运动员训练竞技需求的社会公益性体育活动场所。体育用地是指体育场馆和体育训练基地等用地,包括体育场馆、游泳场馆、各类球场及其附属的业余体校等室内外体育运动用地,以及为体育运动专设的训练基地用地,不包括学校等机构专用的体育设施用地。

(二)规划目标与原则

以"实现基本公共体育服务均等化""全面提升群众体育、竞技体育及体育产业的发展规模与水平"为目标,以人为本,完善设施,聚焦群众体育设施,促进公共体育设施与人口分布相协调。以发展群众体育为重点,以落实体育用地为抓手,到 2020 年,市域人均体育用地达到 0.75 平方米以上,公共体育设施服务覆盖率达到 100%,形式"城市10 分钟体育圈"和"农村 10 里体育圈"。

(三)规划策略

着力贯彻实施全民健身的国家战略,改变以大型场馆建设等为目标的竞技体育发展导向,更加注重面向居民日常使用的全民健身活动中心、社区体育设施等群众体育设施的规划建设,改变单一功能的公共体育设施建设模式,实现功能多元、对象多元、布局多元等模式,大幅提升人均社区体育用地指标,超前预控社区级体育用地。

(四)规划布局

广州市规划公共体育设施 502 处,省级 8 处,市级 23 处,区级 82处,街道(镇)级 389 处,居委(村)级按照 0.6 万人—0.75 万人/处进行配置,选址灵活,并明确了各区的具体建设项目、面积、人口、人均体育用地面积等。这样的规划是天津市需要进行明确并借鉴采纳的,只有这样才能有利于公民知情权、监督权的充分利用。

(五)保障实施

广州市明确了实施该规划的具体保障措施,严格落实责任,并按照规划内容进行详细的执行与监督,将重要体育设施及体育产业功能区纳入各级国民经济和社会发展规划等,在立项、用地、报建和配套建设等方面给予优惠支持。同时还要开展定期实施评估及反馈机制,确定制定各区和各部门的实施计划,同时要及时公开规划的主要内容,实施效果。

对于天津市的公共体育设施布局规划来说,需要着重关注的也是群众体育设施的建设,特别是明确各个级别体育设施建设的具体规模、功能、数目、目的等方面,要注重对群众体育设施的配置与维护,像广州市那样明确到村具体要建设哪些,位置在哪里,会有利于公民知情权的充分利用,从而更好监督公共体育场地设施的监督管理。从规划策略上应当避免像以前那样注重大型体育场馆的建设,要以社区体育设施配套建设为核心,真正实现公共体育基本服务的均等化。

三、有关天津市公共体育设施规划建设的提案或建议

(一)住宅区兴建大型体育设施的提议

实际上近几年天津市关于公共体育设施规划的提议或提案都不少,其他省市也很多,2013年就有市民向天津市体育局反映,基于《天津市公共体育设施规划》即将颁布,登州路地区有大片空地,且规划是大型住宅区,希望能在登州路地区兴建大型体育设施。2013年10月15日市体育局回复说《天津市公共体育设施规划(2012年至2020年)》,是参照《天津市城市规划管理技术规定》《天津市居住区公共服务设施配置标准》制定,该规划已经按照服务人群和辐射范围不同,制定出"区域级—城市级—城区级—市镇级—社区级五级体育设施体系"。但是市体育局没有详细说明登州路附近的规划建设情况,或所在的社区的规划建设情况,从一定程度上也反映天津市公共体育设施规划建设存在的问题。而且前文在讲规划制定时也提到,2013年该规划并没有通过实施,而是于2014年又重新进行修订,但仍不明晰,需要立法保障。

（二）规划建设室内体育场地并开放场地的提议

2014 年,有居民给天津市委书记孙春兰提出,新建公园里面有好多是没有室内公众体育场馆的内容,因此建议在建新公园时,规划建设乒乓球馆、羽毛球馆等。同时在老公园中也逐步实现改造建设。同时呼吁市政府要求全市大中小学和国有企、事业单位体育场馆全部开放并低价收费。每天费用 2 元。如果经营亏空则建议通过体彩公益金和社会医疗保险部门来核查后予以适当补偿。各单位采取身份证登记或会员注册和建立收费与违规处罚制度进行监管。市体育局在回复时提到,对全市公共体育设施进行了整体规划,并将其上升为法律、法规。加强与市教委、市容园林等单位的配合,在有条件的公园广场建设体育设施,同时呼吁政府部门在规划公园、广场、小区和小城镇建设时预留一定土地用于文体设施建设。通过政府购买服务的方式,将具有开放条件的学校和企事业单位体育场馆实行公益性开放。

（三）2015 年人均体育场地面积提前 10 年达标,但居民仍无处健身

目前天津市人均场地面积 2.12 平方米,远远超出《"十二五"公共体育设施建设规划》要求的到 2015 年,人均体育场地面积达到 1.5 平方米以上,也超过了国家体育总局提到的到 2025 年人均体育场地面积达 2 平方米的标准。但实际上天津市居民无处健身仍然存在。王顶堤居住区是天津最大的居住区之一,常住人口超过 10 万人。但这里除了几所学校的体育场地,一直没有供市民健身锻炼的公共体育场馆设施。区域里仅有一个面积不大的南苑公园,是附近居民散步、跳广场舞的最近去处。像王顶堤这样的老居住区由于历史等原因没有规划公共体育场馆设施很普遍。而很多新建的居住区,也因为寸土寸金,规划部门和开发商也不愿意建设公共体育场馆设施。市中心本来就不多的体育场馆还被改建为商业设施。天津市内 6 区中,除了南开

区没有体育场外,其余 5 个区原本都有区级体育场馆,但近几年,这 5 个区级场馆要么被拆了,要么停止使用等待被拆,大多改为商业用地。而很多新建的场馆设施都位于人烟较少的郊区,造成场馆分布极其不均,有效使用严重不足。近几年,天津为举办大学生运动会、东亚运动会等,修建了不少体育场馆,但这些场馆基本建在外环线以外,在团泊湖地区新建的几座体育场馆,距离市中心 20 多公里,而市中心的市民也很难前往。教育和其他系统拥有丰富体育场馆资源,但利用不足,很少对外开放。因此要对体育场地设施进行科学规划和合理布局,根据居民的居住分布和实际需求来合理规划建设体育场地设施,同时要严格明确法律责任,侵占或改变场地用途,或未预留场地的,或未进行配套体育设施建设的都需要法律明确承担的责任。

综上所述,《天津市全民健身条例》第八条规定的编制天津市公共体育场地设施规划于 2014 年已经制定,但是前文已经从国内外公共体育场地设施规划的制定方面分析了其存在的问题,所以对于即将修订的《天津市全民健身条例》来说,更需要从制定原则、建设标准、选址布局等方面进行详细要求,要以全民健身设施为重点,并以小区、社区为中心,严格控制大型体育场馆设施的建设,提高体育场馆的利用率。对于纳入公共体育设施的预留地要严格监督,加大违法处罚力度。公共体育场地设施建设要纳入国民经济和社会发展规划,纳入城市规划和土地利用总体规划。规划、城建部门应当会同体育行政部门编制公共体育设施建设规划,合理确定选址、规划用地等事项。规划建设要方便群众、合理布局,选址要在人口集中、交通便利的地方选址,大型公共体育场馆的选址要举行听证会。公共体育场馆的设计要符合国家有关标准,并且使用符合国家标准要求的设备。乡镇、街道办事处要根据实际情况建设小型多样、方便使用的健身场所。县级以上人民政府要规划建设便民利民的场地设施,满足各类人群锻炼需求。任何单位和个人不得侵占公共设施或改变用途,不得擅自拆除公共体育设施。

第五章　天津市公共体育设施开放管理的法律问题研究

第一节　天津市公共体育场地设施管理的法律问题研究

一、公共体育设施开放管理相关法规规定

《天津市全民健身条例》对于公共体育设施的开放与管理进行了一系列的规定,其中第12—17条都分别规定了管理者的职责,应当公布的内容,以及是否收取费用等,还特别规定公园应当对晨练的公众免费开放等。总体上看,其规定在一定程度起到规范的作用,但仍需进一步细化、明确。2013年体育总局等八部门发布《关于加强大型体育场馆运营管理改革创新提高公共服务水平的意见》,2014年国家体育总局、财政部还专门发布《关于推进大型体育场馆免费低收费开放的通知》,相关细化文件有《大型体育场馆基本公共服务规范》《大型体育场馆运营管理综合评价体系》《大型体育场馆免费低收费开放补助资金管理办法》,这些都为天津市公共体育设施的开放管理提出新的要求。

2015年国家体育总局发布《体育场馆运营管理办法》,明确体育场馆应当在坚持公益属性和体育服务功能,保障运动队训练、体育赛事活动、全民健身等体育事业任务的前提下,按照市场化和规范化运营原则,充分挖掘场馆资源,开展多种形式的经营和服务,发展体育及

相关产业,提高综合利用水平,促进社会效益和经济效益相统一。体育场馆应当按照以体为本、多元经营的要求,突出体育功能,强化公共服务,拓宽服务领域,提高服务水平,全面提升运营效能。鼓励有条件的体育场馆发展体育旅游、体育会展、体育商贸、康体休闲、文化演艺等多元业态,建设体育服务综合体和体育产业集群。同年财政部、国家税务总局发布《关于体育场馆房产税和城镇土地使用税政策的通知》,明确国家机关、军队、人民团体、财政补助事业单位、居民委员会、村民委员会拥有的体育场馆,用于体育活动的房产、土地,免征房产税和城镇土地使用税;经费自理事业单位、体育社会团体、体育基金会、体育类民办非企业单位拥有并运营管理的体育场馆,同时符合条件的,其用于体育活动的房产、土地,免征房产税和城镇土地使用税;企业拥有并运营管理的大型体育场馆,其用于体育活动的房产、土地,减半征收房产税和城镇土地使用税;享受上述税收优惠体育场馆的运动场地用于体育活动的天数不得低于全年自然天数的70%。

2017年教育部、国家体育总局发布《关于推进学校体育场馆向社会开放的实施意见》,指出当前我国面临着体育场馆的教学属性和社会健身要求不相匹配,学校体育场馆设施的资源不足、使用效益不高与学校、社会需求之间的供求矛盾;面临着教学时间和社会开放时间冲突,服务运行的盈利性和公益性难以平衡及责任的认定难以区分等严峻形势。各地要提高认识,把学校体育场馆开放作为贯彻落实《"健康中国2030"规划纲要》和《全民健身条例》的重要举措。要坚持政府统筹、多方参与,因地制宜、有序推进,校内优先、安全为重,服务公众、体现公益的原则。该实施意见明确了开放范围、开放条件、开放时间、开放对象、开放场馆名录、人群准入制度、收费标准、运营模式等。

2018年天津市人民政府办公厅印发《关于推进我市学校体育场馆向社会开放实施方案的通知》,要求2018年,符合开放条件的公办中小学校体育场馆要全部开放。到2020年,经过改造符合开放条件的公办中小学校体育场馆全部开放。公办中小学校(寄宿制学校除外)用于体育活动的室外场地设施,如操场、球场、田径场跑道等要先行开放;室内场馆设施原则上应对外开放。鼓励民办学校向社会开放体育场馆。每周开放时间原则上不低于 25 小时,国家法定节假日和学校寒暑假期间适当延长开放时间。开放具体时段、时长由各区、各学校根据实际情况予以明确规定。区财政部门负责统筹学校体育场馆开放所需资金。街道办事处、乡镇人民政府、社区居民委员会与辖区内中小学校签订体育场馆资源共享协议,并公布学校体育场馆开放时段、区域、项目、容量、收费标准、管理须知等。根据签订协议的学校体育场馆容量,负责为辖区内居民办理校园健身电子智能卡,并与居民签署安全协议书等。以上相关内容需要在条例基础上进行增加。

二、公共体育场地设施管理人的职责

公共体育设施是由政府投资兴建的公益性体育场地设施,因此需要在公共体育设施投入使用前,明确管理者及其职责。管理和维护责任人无法确定的,产权人是管理和维护责任人。利用体育彩票公益金捐赠建设的公共体育设施,受赠单位是管理和维护责任人。天津专门规定有关体育彩票公益金资助建设的全民健身工程,明确受赠单位就是管理维护的主体。前面在分析公共体育场地设施的规划建设中也有提及。

对于社会捐赠建设的公共体育设施,受赠单位是管理和维护责任人。向全民健身事业捐赠资金、设施和器材的,捐赠人可以依法享有留名纪念和税收优惠等权利。无法确定受赠单位的,则依据属地原则,由所在地的镇人民政府、街道办事处或者其指定的组织为管理和维护责任人。公共体育设施管理单位应当自公共体育设施工程竣工验收合格之日起 30 日内,将该设施的名称、地址、服务项目等内容报所在地县级以上人民政府体育行政部门备案。已建成公共体育设施的管理单位也应当在法规颁布之日 30 日内,向当地县级以上人民政府体育行政主管部门备案。关于捐赠和备案的相关内容需要在条例修订时增加。这样能更全面保障全民健身事业的发展。

公共体育场地设施的管理单位不得将设施的主体部分用于非体育活动,但因举办公益性或大型文化活动等特殊情况需要临时出租的除外,临时出租时间一般不得超过 10 日,租用期满,租用人应当负责恢复原状,不得影响该设施的功能、用途。这部分也需要在《天津市全民健身条例》中进一步明确。因为从天津实际情况看,天津市大型体育场馆用于演唱活动或商业活动的情况时有发生,需要在条例中明确。而对于公共体育设施管理单位在提供服务过程中有服务成本开支的,可以适当收取成本费用,用于公共体育设施的日常维修、保养和管理,不得挪作他用。具体收费项目和收费标准应当报经天津市人民政府财政、价格主管部门批准,并在显著位置公示收费依据和标准。同时县级以上人民政府体育、财政、审计等主管部门应当加强对公共体育设施管理单位收支的监督管理。基于公共体育场地设施的公益性质,必须要保证取之于民,用之于民,这样才能真正保护公民的体育健身权利。

作为公共体育场地设施的管理人,应当履行以下责任:建立健全安全管理制度和服务规范;使用符合国家安全标准的设施,并在显著位置标明设施的使用方法、注意事项以及安全提示;定期对设施进行保养、检查并及时维修,确保公共体育设施的安全及卫生;按照国家标准配备安全防护设备以及社会体育指导人员,为全民健身活动提供科学指导,管理人员应当具备设施使用、维护及管理的相关知识;在设施所属场地公示管理单位及其联系方式。只有管理单位明确以上责任,才能更加有效约束其行为,这也是《天津市全民健身条例》进行修订时急需增加的。

第二节　天津市公共体育场地设施开放的法律分析

一、公共体育场地设施开放的时间

《公共文化体育设施条例》第十七条规定,公共文化体育设施应当根据其功能、特点向公众开放,开放时间应当与当地公众的工作时间、学习时间适当错开。公共文化体育设施的开放时间,不得少于省、自治区、直辖市规定的最低时限。国家法定节假日和学校寒暑假期间,应当适当延长开放时间。第十八条规定,公共文化体育设施管理单位应当向公众公示其服务内容和开放时间。公共文化体育设施因维修等原因需要暂时停止开放的,应当提前 7 日向公众公示。从该条例可以看出,公共体育场地应当向公众开放,开放时间不得少于各省市规定的最低时限,同时应当公示开放时间和内容,以及注意事项。

而《天津市全民健身条例》只有第十三条进行规定,要求公布开放时间和服务项目,停止开放需要提前 7 日向公众公示,并告知使用方法和注意事项。但是天津市并没有按照《公共文化体育设施条例》的规定明确开放的最低时限,也没有明确国家法定节假日和学校寒暑假期间,应当延长开放时间。《上海市市民体育健身条例》第二十条规定,公共体育场馆应当全年向市民开放,每周累计开放时间不得少于56 个小时;社区文化活动中心的体育健身活动场地和设施应当全年向市民开放,每周累计开放时间不得少于 56 个小时。《广州市全民健身条例》第二十五条规定,公共体育设施应当向公众开放,但因维修、保养、训练、举办比赛或者季节因素关闭的除外。公共体育设施每天开放时间应当不低于 12 小时,但因气候以及安全因素关闭的除外。《山东省全民健身条例(修改稿)》也明确规定公共健身设施每周累计开放时间不得少于 56 个小时。

　　由于天津市没有专门的关于公共体育场馆设施的开放规定,也没有对于公共体育场地设施开放时间做出最低时限要求,所以在实践中公共体育场馆开放利用率并不高。除了依照《全民健身条例》规定,在全民健身日开放外,其余开放程度都不是很高。2009 年 8 月 8 日,天津市部分体育场馆免费开放,后续体育局一直在推动公共体育场馆的开放,到 2011 年底,共有 22 个公共体育场馆进行开放。但是对于开放时间和服务内容并没有明确的公示,开放也未形成体系化。2014 年,在国家体育总局和财政部推动大型公共体育场馆免费或低收费开放的要求下,2015 年天津市相继进行了公共体育场地设施免费或低收费开放的公示。4 月 30 日,天津市体育局公示了 10 个大型公共体育场馆免费或优惠开放的时间和服务项目,并标有联系人电话以及预约时间等。这 10 个大型公共体育场馆主要有:天津奥林匹克体育场,开放项目为场内 6 块五人制足球场,开放时间为周一至周日,惠民时段为寒暑假期间周一至周五 12:00—16:00 以及寒暑假期间为学生场,免费开放时间为全年周一至周五上午 8:00—12:00,每年 8 月 8 日 8:00—22:00;人民体育馆,开放项目有篮球、网球和羽毛球,惠民时段为上午 9:00-11:00,网球 40 元/小时,羽毛球 20 元/小时;天津奥林匹克中心游泳跳水馆,开放项目游泳,暑假期间,每周三上午 9:00—11:00 学生凭学生证半价;天津体育馆开放项目比较多,有篮球,乒乓球,太极拳,跆拳道,击剑,羽毛球,瑜伽,开放时间为周一到周日,惠民时间及收费标准每个项目不同,如太极拳是周日 8:00—12:00,每人每次 40 元,羽毛球是周日 18:00—22:00 每小时 30 元;海河教育园足球训练场,周一至周五惠民时间段是 200 元/场,室外篮球场周一至周日 14:00—18:00,10 元/小时;海河教育园游泳馆,开放时间为周一至周日 6:00—21:00,惠民对象为海河教育园区学生 28 元/人,其中 6 月 1 日至 9 月 30 日,每人 20 元,羽毛球场周一至周日 14:00—18:00,

30 元/小时;东丽体育馆开放项目为乒乓球和羽毛球;塘沽体育馆的开放项目为羽毛球、乒乓球和网球,开放时间为周一至周日,惠民时间段只有网球是媒体造成 6:00—9:00,其余项目大多收费;汉沽体育馆的开设项目、针对人群都比较广,有太极拳、广场舞、健身气功、综合群众晨练、对社区人员各种健身活动、羽毛球、篮球、毽球、跆拳道、武术、乒乓球,其中比较羽毛球、篮球等没有专门的惠民时间段,都是指定之间付费;大港体育馆开设项目有篮球、乒乓球、羽毛球,惠民时间段一般是周六、日,或周一半天。

2015 年 6 月 13 日,中华全国体育总会在天津奥林匹克体育中心举行活动纪念毛泽东同志题词 63 周年暨 2015 年"我爱足球"中国足球民间争霸赛启动仪式。当天,天津市人民体育馆外大院篮球场、健身器材,东丽体育馆羽毛球、网球项目,塘沽体育馆乒乓球、网球项目,天津奥林匹克中心游泳跳水馆,天津海河教育园体育中心足球训练场和羽毛球场,天津体育馆室内篮球、击剑、太极拳、跆拳道项目,汉沽体育馆太极拳、柔力球、广场舞、篮球项目等项目场馆对公众开放。

但是与天津市公众的体育健身需求来说,这些开放还远不能满足公众的需要。而且从天津市体育局网站上看,关于场馆开放的信息并不全面。天津市需要借鉴其他省市做法,制定专门的推广公共体育场馆免费或低收费开放的实施办法,如北京市 2009 年颁布了《北京市体育局关于北京奥运场馆设施向公众开放的指导意见》,广东省 2015 年发布了《关于推进广东省公共体育场馆免费低收费开放的通知》。国家体育总局、财政部 2014 年颁布《关于推进大型体育场馆免费低收费开放的通知》,明确要求大型体育场馆和区域内的公共体育场地和设施应免费、低收费向社会开放。每周开放时间不少于 35 小时,全年开放时间不少于 330 天。公休日、法定节假日、学校寒暑假期间等,每天开放时间不少于 8 小时。因此天津市需及时进行相应规定,并在条例中明确,特别是要做出关于开放时间的最低时限规定。同时还应当规定在国家法定节假日和学校寒暑假期间,适当延长开放时间。学校寒暑假期间,公共文化体育设施管理单位应当增设适合学生特点的文化体育活动。

二、公共体育场地开放是否收费

对于公共体育场地设施到底是免费还是收费,法律法规中也进行了不同情况的介绍与规定。

(一)免费

天津市大型公共体育场馆的开放政策日趋完善,更加亲民,便民。相比 2015 年,2019 年天津市开展免费低收费开放工作的 12 处大型体育场馆,即天津奥林匹克中心体育场、天津市海河教育园体育中心体育场、天津体育馆、天津市人民体育馆、天津东丽体育馆、天津市滨海新区大港体育馆、天津市滨海新区汉沽体育馆、天津市滨海新区塘沽体育馆、天津武清体育中心综合体育馆、天津宝坻体育馆、天津市海河教育园体育中心游泳馆、天津奥林匹克中心游泳跳水馆,免费开放时间与提供的免费开放项目更多。如天津奥林匹克中心体育场,室外健身路径、室外儿童游乐区、二层环廊,全年 24 小时免费开放;室外田径场,早 6:00—10:00,晚 18:00—22:00,全年免费开放,每年会有 12 次免费的"水滴"宝力豪俱乐部进行的体育知识讲座和 12 次免费的体育健身培训,开放项目更多,开放群体更多,活动内容更加丰富。天津市海河教育园体育中心体育场增设国民体质监测中心,周一至周五09:00—16:00,为市民免费监测。此外 2019 年还增加了两个体育场馆,分别是武清体育中心综合馆,低收费项目为室内篮球馆、室内羽毛球馆,免费开放日是每月 8 号及每年农历大年初一、初三、初四,场馆自营所有项目免费对市民开放,开放时间为 9:00—21:00,室外免费开放项目是田径场(全天免费开放),室外篮球场、室外足球场(每工作日 9：00—14：00）对外免费开放，每月 8 号全天对外免费开放，国民免费体质监测是每月的 8 号，9：00—21：00（不限人次）。天津宝坻体育馆，开设体育项目有羽毛球、篮球、乒乓球、陆地冰壶，有收费也有免费的，每周一至周五 9：00—13：00 这四个项目都是免费的。

　　《全民健身条例》明确要求每年的 8 月 8 日全民健身日，公共体育场馆设施应当免费向公众开放。公园、绿地等公共场所的管理单位，应当根据自身条件安排全民健身活动场地。县级以上地方人民政府体育主管部门根据实际情况免费提供健身器材。《天津市全民健身条例》关于这方面内容制定还比较合理，第十四条规定，公园应当对晨练的公众免费开放，并公布开放时间。暂不具备条件的，由行业主管部门向社会公布。第十五条规定向公众开放的绿地，应当考虑全民健身的需要，修建必要的全民健身路径，方便公众开展健身活动。但是需要进行修订的是，2007 年开始，天津公益性文化场馆、公园、健身广场成批开放，到 2012 年底，天津市各区县的 209 个街乡镇文体中心（文化站），公共空间设施场地全部免费开放，所提供的基本服务项目全部免费，修建的体育公园、健身园都免费开放。《天津市体育彩票公益金资助全民健身工程资金管理暂行办法》专门明确，全民健身器材为免费使用，不得进行收费。所以公园相当于公益性的健身场所，公众无论什么时间都可以去进行健身。基于此，条例的第十四条可以考虑删除，与第十五条进行合并编写。对于第十五条规定的绿地，修建必要的健身器材应当明确，是由同级体育主管部门根据实际情况免费提供健身器材并承担维修保养更新经费。此外除了公共绿地、公园，还有广场也要结合自然条件，配备公共体育设施。《上海市市民体育健身条例》还规定，属于国家规定基本服务项目的体育健身项目应当免费开放，这些为《天津市全民健身条例》修订提供有益参考。

(二)收费

《公共文化体育设施条例》第二十条规定,公共文化体育设施管理单位提供服务可以适当收取费用,收费项目和标准应当经县级以上人民政府有关部门批准。实际上公共体育设施向社会开放,有的需要消耗水、电、气或器材,可以适当收取费用,但是不能以营利为目的,收费标准要由天津市财政、物价部门会同有关部门确定,并在公共体育场馆设施管理单位进行公示告知。而对于收取的费用,在公共体育设施管理单位的职责中也有提到,要专门用于公共健身设施的维护、管理和事业发展,不得挪作他用。审计、体育等部门都要加强对收费公共体育场馆的监督。

目前天津市还没有专门对公共体育场地设施进行统一的定价。从2015年天津市体育局公布的天津市大型体育场馆开放信息公告可以看出,天津市大型体育场馆收费并没有统一的收费标准,具体的收费物价部门也没有进行明示。2019年根据《体育总局办公厅关于做好2019年大型体育场馆免费或低收费开放工作有关事宜的通知》,天津市体育局公布的12处大型体育场馆既有免费也有收费,但是收费规定不一,如东丽区体育馆,室内羽毛球低收费时间:8:30—17:00,收费标准为35元/片/小时;17:00—21:30的收费标准为45元/片/小时;天津市人民体育馆,主馆羽毛球场地收费标准,低收费开放时段是周一至周五早9:00至晚18:00,30元每小时,正常开放时段为周一至周五的晚18:00至晚21:00,50元每小时,公休日及法定节假日,全天50元每小时。武清体育中心综合馆,则区分会员和非会员,价格有所区别。

天津市可以借鉴广东省的做法,完善关于对市属公共体育场馆向社会开放的收费项目和标准。广东省物价局2015年5月公布了对于市属公共体育场馆向社会开放的收费项目和标准,规定公共体育场馆

的室外乒乓球台、羽毛球场、门球场、排球场、健身路径、健身广场和田
径场跑道等应免费向社会开放等。而且各体育场馆不单设节假日期
间收费标准,节假日期间收费标准与平时收费标准保持一致。室外篮
球场每天上午 6 时至 9 时免费开放;体育馆、足球场、网球场每天免费
开放不少于两小时。从天津市体育局 2015 年公布的信息来看,开放
的这 10 所公共体育场馆与广东省的 20 所还是有差距,对于室外健身
项目并不是全时段免费开放,很多时候因项目和地点而异。例如海河
教育园体育场的室外篮球场,因为位置比较偏,很少有公众去活动,所
以免费开放时间就很长,是周一到周日的 8:00—11:00,而对于人口相
对集中,运动需求比较多的天津体育馆室外篮球场,则仅仅规定是每
周一 8:00—12:00。所以开放要真正为民、便民才能提高公众的身体
素质,保障体育权益。对于节假日收费可以看出天津市的规定还是有
出入的,需要天津市物价局尽早对天津市公共体育场馆的收费项目和
标准制定专门规定。

　　《公共文化体育设施条例》第二十一条规定,需要收取费用的公共
文化体育设施管理单位,应当根据设施的功能、特点对学生、老年人、
残疾人等免费或者优惠开放,具体办法由省、自治区、直辖市制定。
《天津市全民健身条例》也进行了相应的规定,指出"需要收取费用的
公共体育设施应当对未成年人、老年人和残疾人免费开放或者给予优
惠。"那么对于学生、老年人、残疾人等弱势群体到底应该如何规定?

　　广东省物价局制定的对于市属公共体育场馆向社会开放的收费
项目和标准规定,公共体育场馆每天须提供不少于两小时的 6 折优惠
开放时段;对低保对象、学生实行 6 折优惠开放;对伤残人士、60 周岁
(含 60 周岁)以上的老年人,以及体育考试和学生运动会等学生集体
用场项目实行 5 折优惠开放。从天津市体育局 2015 年公布的信息可
以看出,免费开放时段的体育项目和场馆对于学生来说,几乎无法进
行,一般都是上午 8:00—1:00,对于学生来说正是学习的时候,很难有

时间去进行运动。而周末又不是免费开放的时段。即使是收费的时段,也并不是对所有学生都进行优惠,只有天津奥林匹克中心体育场和游泳跳水馆是对学生实行半价优惠,其余 8 个场馆都没有专门对学生的优惠开放。对于老年人和残疾人更是没有进行专门的规定。2019 年天津市 12 处大型体育场馆免费或低收费开放信息公告看,对于学生、老年人和残疾人优惠的还是较少,天津市海河教育园体育中心游泳馆规定海河教育园区范围内的教师、学生以及老年人、残疾人享受低收费价格,教师 38 元/人/场,学生 30 元/人/场、老年单次卡 30 元/人/场、残疾人单次卡 30 元/人/场。滨海新区汉沽体育馆内场地在指定时间段对老年人、残疾人实行免费开放。所以天津市还需要进一步细化优惠规定。

三、开放的公共体育场馆信息目录

实际上对于广大公众来说,体育行政部门开放体育场馆不仅要做到开放,还要告知公众,只有公众了解才能真正投入到健身中来。对于县级以上体育行政部门应当建立全民健身信息服务平台,为公众提供全民健身指导信息,并通过广播、电视、报刊、互联网等途径公布本行政区域内免费和收取成本费用的公共体育设施名录以及向公众开放的学校体育设施名录,对公共体育设施的管理和使用情况进行监督检查。设施名录应当包括设施名称、地址、开放时间、收费方式、管理单位、联系方式等信息。

目前广东省关于公共体育场馆信息目录做得非常好,不仅有专门的场馆信息介绍,还有环境、服务评分,告知地点、联系电话以及提供服务类型,并且有地图明示,就连附近的场馆设施都可以点击查找。而天津市体育局网站虽然有专门的场馆信息,对于场馆信息仅仅是列举了 20 多个场馆情况基本介绍,以及乘车路线,对于具体提供的服务项目、联系电话、收费标准等并没有规定。截止到 2015 年,天津市、区县体育局的网站建设仍不完善,除了河东区体育局有专门网站,南开区体育局开设微博与微信之外,其余体育局都很难直接查到相关信息,只能通过天津市体育局或各区县体育局的政务网查找相关公开信息。其中河东区体育局在体育设施一栏中专门进行了体育场馆和健身路径各个街道办事处的统计一览表,但是对于场馆开放信息还需要明确。

所以对于天津市公共体育场地设施收费项目和标准需要通过物价部门进行专门制定,并通过管理部门公示告知。体育行政部门要建立相应的全民健身信息平台,公告公共体育场馆开放信息、联系电话、服务项目、收费标准、优惠条件、开放时间等等。各体育局要完善网站建设,及时完善信息服务,让公众能更便捷地了解开放信息,乡镇政府和街道办事处也要拓宽渠道公告开放的公共体育场馆信息,为居民提供服务。综上所述,《天津市全民健身条例》在修订时,要明确规定公共体育场地设施管理人员的职责,对于场地临时出租、社会捐赠体育场地设施、建成公共体育场地设施管理进行备案等方面明确规定。对于收费的公共体育场馆设施,要明确其项目和标准,应当经价格主管部门批准,并在显著位置公示收费依据和标准。要明确告知公共体育场馆设施开放的最低时限,明确对学生、老年人及残疾人的具体优惠条件。对于公园、广场、绿地应当由体育行政部门根据实际情况来免费配置健身器材。体育行政部门要建立公共体育场馆信息目录,告知场馆名称、地址、开放时间、收费方式、管理单位以及联系方式等。

第六章　天津市居民配套体育设施法律
问题研究

近年来,体育行政部门利用体育彩票公益金在居民区建设大量的全民健身工程,从一定程度上缓解了居民健身难的问题。但从法律实施要求看,这些全民健身工程都是为解决居住区没有按照相关规定配套建设体育设施而采取的一种补救措施,实际运行中居民配套体育设施建设问题始终是全国以及各省市两会的热点与难点问题。我国《中华人民共和国体育法》《公共文化体育设施条例》《全民健身条例》等法律法规明确对居民配套体育设施提出要求,2005 年国家体育总局也颁布了《城市社区体育设施建设用地指标》,天津市也颁布了《天津市全民健身条例》《天津市居住区公共服务设施配置标准》等。虽然天津市2015 年人均体育场地面积已经提前 10 年达到国家要求的人均体育场地面积,但是对于居民配套体育设施建设依然匮乏,需要立法进行规制。

第一节　我国居民配套体育设施的
法律规定

《全民健身条例》的颁布以及《全民健身计划(2011—2015 年)》的有效推进实施,极大地激发了居民参与体育的热情,体育人口增加,体育场地设施也增建很多,在一定程度上有效地保障了居民参加体育运动权利。而中国冬奥会的申办也积极推动了全民健身的发展,吸引更多居民进行体育锻炼。奥运会的举办与冬奥会的申办都极大地推动了全民健身的发展,全面保障居民的体育权利,但在实际以社区为中心的城市居住区中居民配套体育设施还存在很多问题,远低于日、韩等周边国家的平均水平。

从 2008 年奥运会之后,全国各省市地方政协对城市居住区体育配套设施建设的提案逐渐增多,2008 年武汉市、襄阳市等提案《体育设施不配套 不应批建新小区》,2009 年吉林政协委员提案要考虑分层、分区、分段布局,2010 年遂宁市、宁波市政协委员提案《关于居民小区规划配套建设体育设施的建议》,2011 年全国两会期间,原国家女子短道速滑运动员杨杨提案《强制在城市社区中设置体育用地及体育设施》,沈阳政协提案《关于完善我市社区体育设施配套建设的建议》,杭州市委员提案《关于加强余杭区配套体育健身设施建设的建议》等。后奥运时期城市居民配套体育设施是全民健身的关键。《天津市全民健身条例》需要结合实际进行修改。

一、国内外关于居民配套体育设施的相关法律规定

(一)国内居民配套体育设施的相关规定

居民配套体育设施是居民开展体育活动的重要物质基础,1986 年国家城乡建设生态环境部、原国家体委颁发《城市公共体育运动设施用地定额指标暂行规定》,指出体育设施用地的分级除居住区级、小区级外,还区分了市级和区级,在新建住宅区建设,不得少于总用地面积的 30% ,在旧城改建区建设,绿化用地不得少于总用地面积 25% 等。1997 年国家颁布《关于加强城市社区体育工作的意见》,要求市、区人民政府要加强社区和学校体育场地设施建设,为居民修建简易体育场地,在社区公园、空置闲地和楼群间合理布局体育场地设施等。1998 年国家出台《城市居住区规划设计规范》,2002 年 3 月又进行修订,根据不同规模,将居住区分为三种,对住宅用地、公共服务设施用地、道路用地等都进行规定,并提供参考意见。

2002 年《中共中央、国务院关于进一步加强和改进新时期体育工作的意见》指出，各级政府要重视体育设施建设，加强城乡公共体育设施规划。新建居民小区、经济开发区必须配套建设相应的体育设施，严禁侵占、破坏体育设施。2003 年国务院颁发《公共文化体育设施条例》，规定新建、改建、扩建居民住宅区，应当按照国家有关规定规划和建设相应的文化体育设施。居民住宅区配套建设的文化体育设施，应当与居民住宅区的主体工程同时设计、同时施工、同时投入使用。任何单位或者个人不得擅自改变文化体育设施的建设项目和功能，不得缩小其建设规模和降低其用地指标。2005 年国家建设部、自然资源部、国家体育总局联合颁发《城市社区体育设施建设用地指标》，对其进行详细说明，其目的是为了适应群众体育开展和城市社区体育设施建设的需要，合理利用土地，制定健身用地指标。要求综合考虑所在城市及社区的人口规模、社会经济、气候、民族和传统习俗等特点，并考虑城市社区体育设施的服务半径，合理确定规划布局和用地。2009 年国务院颁布《全民健身条例》，第二十九条第二款规定："居民住宅区的设计应当安排健身活动场地。"

从以上法规文件可以看出国家对于居民配套体育设施建设的高度重视，而且还在落实实施方面提出更加明确而详尽的要求，为居民配套体育设施建设提供强有力的法律政策保障。但从整体看，法规性文件比较多，缺少强制性，而且在实际操作运行中，体育行政部门无法真正执法，很难监督。城市居住区体育配套设施建设是我国体育场地设施建设的重要组成部分，是我国社区居民进行体育活动的重要载体。虽然我国颁布了一系列的法规文件进行规定与保护，但实际社会生活中，城市居住区体育配套设施法制建设存在很多问题，如上位法与下位法冲突，标准设定过低，有的没有预留体育建设用地，有的体育配套设施没有达到标准，有的设计不规范合理，有的是开发商投机侵占、挪用或缩小建设，有的是安全检查、危险与卫生管理不如意等，致使居民并不能很好的健身,既影响全民健身战略的实施,也不利于和谐社会的构建。

(二)国外社区体育设施建设相关法律规定

世界上很多国家都重视社区体育设施建设,并颁布了一系列法规与标准,如新加坡的《体育设施蓝图规划》,德国的《黄金计划》和《家庭体育奖章制》,日本的《关于普及振兴体育运动的基本计划》和《关于面向 21 世纪体育振兴计划》,美国的《土地与水资源保护法》《健康公民 2000 年》和第 66 号命令,澳大利亚的《活跃澳大利亚计划》和《澳式体育计划》,英国理事会在 20 世纪 80 年代研究制定了社区体育设施的基本标准(SASN),并颁布的《强制竞争投标法》,秘鲁的《体育法》,韩国的《国民体育振兴法》,蒙古的《体育法》、俄罗斯的《现行全民体育及运动文化法》、芬兰的《体育法》,冰岛的《体育法》等,这些规定都为城市居住区体育配套设施建设提供有力的法律保障。

二、《城市社区体育设施建设用地指标》的规定

城市社区体育设施是为全民健身服务的,城市其他公共体育设施(包括市、区级的体育场馆和全民健身广场)通常都提供给群众使用,但是同时也具有其他的城市功能,因此不在城市社区体育设施的范畴之内。由于《城市居住区规划设计规范》中关于文化体育设施是合并规定的,所以专门进行体育设施建设用地的规定。城市社区体育设施用地必须在城市规划中落实,因此不管是新区建设还是旧区改建,都应当纳入居住区规划或其他详细规划。但是从《天津市公共体育设施布局规划(2014—2020)》来看,该规划还远未达到《城市社区体育设施建设用地指标》的要求。公共绿地中设置体育设施,一直没有成文规定,都是体育行政部门与绿化行政部门协商的结果,虽然仅仅是布局问题,但在用地指标上不能混用。

　　根据《城市用地分类与规划建设用地标准》和《城市居住区规划设计规范》的规定,城市社区体育设施在居住区一级集中建设时是单独的体育用地,其他情况一般属于居住用地中的公共服务设施用地。人均室外用地面积 0.30～0.65 平方米,人均室内建筑面积 0.10～0.26 平方米。室外活动场地的面积不宜少于所在城市社区体育设施场地总面积的 60%。旧区改建中应考虑安排城市社区体育设施,其面积指标可以酌情降低,但不得低于规定面积的 70%。依据《城市社区体育设施建设用地指标》中对于住宅区的分级控制规模要求,我国城市居住区分为三类,分别是居住区(3 万人—5 万人,10000—16000 户)、小区(1 万—1 万五千人,3000—5000 户)和组团(1 千—3 千人,300—1000 户)。

三、天津市关于居民配置体育设施与指标的区别

　　目前天津市出台的法规文件有 2006 年颁布的《天津市全民健身条例》、2007 年的《天津市全民健身工程网络管理系统管理暂行办法》、2012 年的《天津市中国体育彩票全民健身工程管理办法》《蓟县体育彩票全民健身工程管理办法》、2014 年的《天津市公共体育场地设施布局规划(2014—2020)》《天津市居住区公共服务设施配置标准》(2014 年修订)、《天津市城市规划管理技术规定》等。这些法规文件的出台在一定程度上保障了居民体育健身权利。《天津市全民健身条例》第十条规定,新建、改建、扩建居民住宅区,建设单位应当按照国家有关规定,建设相应的公共体育设施。配套建设的公共体育设施应当与居民住宅区的主体工程同时设计、同时施工、同时投入使用。任何单位或者个人不得擅自改变居住区内公共体育设施的使用功能。实际上居民配套体育设施建设到底面积有多大,都包含哪些设施需要进一步明确。主要通过《城市社区体育设施建设用地指标》《天津市居住区公共服务设施配置标准》《天津市公共体育设施建设布局规

划》等实现。虽然国家专门颁布了《城市社区体育设施建设用地指标》,并对居住区进行了界定,但是从 2014 年颁布的《天津市公共体育场地设施布局规划(2014—2020)》和《天津市居住区公共服务设施配置标准》(2014 年修订)等可以看出,其对居住区的界定与《城市社区体育设施建设用地指标》并不相同。

(一)关于城市居住区的分级要求不同

实际上 2000 年,天津市就颁布了《天津市新建居住区公共服务设施定额指标》,2002 年国家颁布《城市居住区规划设计规范》,而《城市社区体育设施建设用地指标》就是依据此来区分居住区等级的。但是天津市 2008 年将 2002 年的定额指标进行修改之后,并没有完全按照《城市居住区规划设计规范》进行设计,在 2008 年的时候就明确居住区人口规模 5 万—8 万人,居住小区为 1 万—1 万 5 千人,居住组团为 3 千—5 千人。2014 年对 2008 年的规定进行修订时,进一步要求居住区为 5 万—8 万人,居住小区为 1 万—2 万人,居住组团为 3 千—5 千人。

2014 年天津市体育局颁布的《天津市公共体育设施布局规划(2014—2020)》中共分五级配置公共体育场地设施,其中对于市镇/社区这一级的要求是人口在 3 万以上的一般镇,和 5—8 万人的社区为单位配置,按照《天津市居住区公共服务设施配置标准》,此社区应当属于居住区,但远超过《城市社区体育设施建设用地指标》的要求。规划中对于小区基本的要求是以 1 万—1 万 5 千人为单位,可以与小区绿地结合,选址灵活。该规划中对小区的人口规模符合《城市社区体育设施建设用地指标》的规定,但是与 2014 年版天津市的配置标准要求小区级别为 1 万—2 万人不一样。所以从实际看,关于天津市社区人口规模划分依据并不明确,到底是以《城市社区体育设施建设用地指标》为主,还是以《天津市居住区公共服务设施配置标准》(2014 年修订)为主? 依照下位法服从上位法要求,应当以指标为依据,而且在《中华人民共和国体育法》《公共文化体育设施条例》《全民健身条例》等中也都进行了明确要求。

(二)关于公共体育设施用地要求不同

《城市社区体育设施建设用地指标》对于居住区、居住小区、组团小区分别规定了相应的配套体育设施,对于组团小区来说需要配备 2 个乒乓球场,1 个室外综合健身场地,1 个儿童游戏场,一个室外健身器械,一个棋牌室;居住小区需要配备 1 个篮球场,1 个 5 人制足球场,1 个门球场,6 个乒乓球场,2 个羽毛球场,1 个网球场,1 个游泳池,1 个室外综合健身场地,3 个儿童游戏场,1 个室外健身器械,1 个 60—100 米跑道,3 个棋牌室,1 个健身房,2 个台球室,1 个社区体育指导中心,1 个体质检测中心,1 个教师与阅览室,1 个器材储藏室;居住区要求更高,需要配备 3 个篮球场,1 个排球场,2 个 7 人制足球场,1 个 5 人制足球场,3 个门球场,3 个乒乓球场,6 个羽毛球场,3 个网球场,3 个游泳池,1 个滑冰场,1 个轮滑场,3 个室外综合健身场地,9 个儿童游戏场,3 个室外健身器械,2 个 60—100 米跑道,1 个 100—200 米跑道,9 个棋牌室,3 个健身房,6—8 个台球室,3 个社区体育指导中心,3 个体质检测中心,3 个教师与阅览室,3 个器材储藏室。天津市关于公共体育服务配置标准规定居住区用地面积为 6500 平方米,文化体育绿地数量是 4 个,公共服务设施预留地数量是 3 个,配置内容为健身跑道、篮球、门球、网球、运动设施,小区用地面积为 900 平方米,文化体育绿地数量是 3 个,公共服务设施预留地数量是 2 个,配置内外为户外健身场地,组团(街坊)级小区用地面积 200 平方米,文化体育绿地数量 3 个,公共服务设施预留地数量 2 个,配置内容为居民健身场地含老人、儿童活动场地,实际上与《城市社区体育设施建设用地指标》规定还是有出入,特别是天津市公共体育设施规划又没有详细规定各级别要建设的规模与项目,选址与布局时,就会存在很多问题。

通过比较标准与指标中关于场地设施及项目的标准要求可以看出,差距还是很大的。指标中明确要求居住区的室外建筑面积为18900—27800 平方米,室内建筑面积为 7700—10700 平方米,而天津市标准仅要求 6500 平方米,还没有明确区分室内和室外,关于场馆设施建设数量,由于标准是文化体育绿地的综合数量规定,但也远远小于指标中的规定。居住小区与组团级的规定差距就更明显。所以对于居民配套体育设施建设需要从立法上进行明确,到底是依据什么标准进行配建,配件标准与要求是什么,都是需要规定的。

第二节 天津市居民配套体育设施的法律实证研究

一、天津市城市居民配套体育设施法律实施现状

从 2010 年开始,天津市政府每年把全民健身场地设施建设纳入市委、市政府的 20 项"民心工程",遍布城乡免费使用的健身器材设施已经初具规模。以滨海新区为例,2011 年底滨海新区在 155 个社区新建、更新健身器材 170 套,每套都包括健骑机、腰背按摩器、三位扭腰器、太空漫步机、太极揉推器等 15 个健身设备,使用期限为 8 年。同时,为了丰富市民体育文化生活,推进全民健身活动,大港还在各社区新建 44 副篮球架、91 个乒乓球台、44 个羽毛球架。截止到 2012 年底,共建成社区健身工程 491 个,配套健身器材 5000 余件套,平均每个居民社区和蓝领公寓安装一到两个健身工程。

在天津,健身园实际上就是指中国体育彩票公益金赞助的全民健身路径,也就是《城市社区体育设施建设用地指标》中的室外健身器械。实际上指标要求组团级和小区级的社区要安装 1 套室外健身器

械,居住区级要安装 3 套室外健身器械,即所有社区都应当按照全民健身场地设施。但从天津市实际看,各社区实际上并不完全配备户外健身器械(健身园),《河北区全民健身实施计划(2011—2015 年)》要求街道、社区的健身园建设和更新改造工作达到98%以上的社区建有健身园,西青区要求,到 2014 年,已建成的村民住宅区全部配装健身器材。东丽区要求到2015 年实现社区(行政村)健身园建设、管理和更新改造工作100% 全覆盖。可以看出天津市居民配套体育设施建设并没有完全配备建设完成。

本课题对天津市河西区、河东区、红桥区随机选出的共 6 个小区进行调研,小区人口规模为河西区玉峰花园居住人口 4000 人,组团级,天潇园居住人口 3000 人,组团级,南开区玉皇里居住人口 2500人,组团级,凌研里 3100 人,组团级,红桥区千禧园居住人口 13000人,小区级,仁爱花园7200,小区级。指标对于不同级别居住区的体育设施配备提出一定要求,像组团级社区,至少要配备乒乓球 2 个,室外综合健身场地1 个,儿童游戏场 1 个,室外健身器械1 个,棋牌1 个,但实际执行情况是室外健身器械都没有达到全社区覆盖,其他更难实现。以课题组的实际走访调研来看,结果也不尽如人意。

二、组团级小区的配套体育设施法律实施情况

《城市社区体育设施建设用地指标》对于不同级别居住区的体育设施配备提出一定要求,像组团级社区,至少要配备乒乓球 2 个,室外综合健身场地1 个,儿童游戏场 1 个,室外健身器械1 个,棋牌1 个,从调研情况看,组团级这 4 个小区都是建有室外综合健身场地和室外健身器械,乒乓球台与儿童游戏场都没有,棋牌室只有天潇园配备。虽然组团级住宅区体育项目设施中室外健身器械都已建成,但是实际上的建成时间也并不同,像玉峰花园就是 2013 年才安装。室外综合健身场地并不能严格按照场地面积要求来体现,大多数是以空地或广场

或结合绿地来算,基本上是与室外健身器械组成在一块的。儿童游戏场地是专门为学龄前儿童提供活动器材的户外休憩场地,其场地尺寸应该容纳下至少一套儿童游戏的组合器材,并且应注意提供一定的安全保证。但实际调研发现,真正在小区中按照儿童游戏场的很少,除了新建的小区如西青区的首创,其余专门安装儿童游戏场的比较少,特别是老城区。乒乓球台子即使是室外也是没有的,室内更不用说。

三、居住区配套体育设施法律实施情况

《城市社区体育设施建设用地指标》对于小区级的体育项目设施配置提出一系列标准要求,涉及 10 多个项目,从对红桥区 2 个小区的调研看,结果差距还是很大。千禧园相对要好一些,但也仅仅配备了乒乓球、羽毛球、室外综合健身场地、儿童游戏场、和室外健身器械。其中室外健身器械远超过指标的要求,建设 5 套,分不同地段安装。其余的因为场地原因、开发商建设原因、监管原因等等都没有满足指标要求。游泳池因为涉及高危体育项目,市区都会进行专门的规划建设游泳池或游泳馆,所以要求每个小区都建立也许操作起来确实会困难。还有 5 人制足球,60—100 米跑道,这都需要专门的场地,如果结合体育公园或公园、广场来建设会更容易实现。对于社区体育指导中心或者社区体育健身俱乐部,从目前运作看并不完善,很多都还没有建立或健全,所以在小区中普及也很难。需要进一步结合天津实际情况和指标要求来立法明确和完善天津市居民配套体育设施建设,保障居民的体育健身权益。

四、有关居民配套体育设施的提案及借鉴

前文已经分析天津市居民配套体育设施存在很多问题,在实际中也有居民反映相关问题,2011 年就有华苑新城居民质疑公建与配套体育设施的划分问题,因为在房屋建成之初,华苑新城的竹华里和云华

里居民在购房时就支付令了小区公建配套的费用,按照规划应当有专门的文体活动站 2 个,但是开发商却并没有兑现。2014 年 10 月 21 日,西青区大寺镇渤海天易小区居民向经济广播民生热线反映,该居住人口有 2000 多户,但是现在小区没有体育健身设施。经核实渤海天易园的开发企业,销售部负责人表示,这个项目的前期规划中并不包括体育设施建设,目前小区入住后由物业公司管理,所以业主要求增加体育设施,可以向物业提出要求,有物业公司协助业主申报计划。而按照法律要求应当配备体育健身设施,但是却没有监管部门的有效监督,导致居民体育健身权益受损。

实际上近些年,在两会民生提案中,居民配套体育设施一直是热点问题。如吉林省 2010 年省政协委员邹继平在提案中建议:一些居民小区内体育设施建设的数量和种类,以及平时的维修和安全检查等有不尽如人意的地方,需要引起重视和改善。对于小区内各种体育设施的维修和完善可考虑分层、分区、分段布局,进而形成小区各种体育设施的服务网。对没有体育设施的小区要逐步安装,并着手将操场的路灯安好。同时建议加强对小区内体育健身设施建设的检查,新建、改建、扩建居民住宅区,应当按照国家有关规定规划和建设相应的文化体育设施,应当与居民住宅区的主体工程同时设计、同时施工、同时投入使用,不得擅自改变或缩小。

2011 年四川省遂宁市政协会议委员针对体育配套设施不健全、不规范,居住小区必须规划设置体育健身设施,加强城市综合功能配套设施建设,提案《关于居民小区规划配套建设体育设施的建议》,该提案转交到市规划局后,市规划局立即对《遂宁市规划管理技术规定(2003 年版)》进行了修编,出台了《遂宁市居住区公共设施配套建设规定(试行)》,并在出具的建设项目规划条件中明确了居住区,包括体育设施在内的公共设施配套设置要求。且在《遂宁市体育事业发展规划》中确立体育发展的总体结构,指导体育设施建设。另一方面对全市新建工程做出了必须编制绿化规划方案,在绿化规划方案中必须考虑设置休闲活动场所的硬性要求,在绿地规划方案中拓展全民健身路径,并将审批后的方案作为规划条件核实的重要依据。同时鼓励业主建设居住小区休闲活动场所,在小区公共绿地设置配套建设休闲活动健身场所,并纳入绿地面积计算范畴,组织业主严格落实。

2013年江苏省宿迁市人大常委会视察报告指出,《关于加强城乡社区体育设施建设的意见》明确新住宅小区项目、老居民小区整治、旧城改造项目、商业社区项目按国家有关规定及城市体育设施布局规划需要,必须配套建设公共体育设施,并由各级规划部门在项目控制性详细规划中加以明确,增加一名体育部门领导作为规划审议鉴定委员会成员。项目竣工时,体育部门应参与配套体育设施的交付验收,不按规定要求配套建设的,该项目不得通过交付使用验收。2012年市体育局、规划局联合下发了《宿迁市居住项目配套体育设施规划管理规定(暂行)的通知》,明确住宅项目体育设施的户均用地面积指标依据国家相关技术标准和《宿迁市全民健身实施计划(2011—2015年)》的要求,按不低于每户1.5平方米体育设施用地进行配套建设。

从以上三个提案中可以看出,关于居民配套体育设施建设国家法律规定必须要建设,吉林省提案将小区内各种体育设施的维修和完善可考虑分层、分区、分段布局,新建、改建、扩建居民住宅区,应当与居民住宅区的主体工程同时设计、同时施工、同时投入使用,不得擅自改变或缩小。对于居民配套体育设施并不是体育行政部门一个部门的事情,需要规划、建设、园林部门等联合合作。遂宁市规划部门的做法就很好,根据居民配套体育设施提案立即对《遂宁市规划管理技术规定(2003年版)》进行了修编,出台了《遂宁市居住区公共设施配套建设规定(试行)》,对全市新建工程做出必须编制项目绿化规划方案中考虑设置休闲活动场所的硬性要求,拓展全民健身路径,并将审批后的方案作为规划条件核实的重要依据。同时鼓励在小区公共绿地设置配套建设休闲活动健身场所,并纳入绿地面积计算范畴。对于天津市来说,也可以考虑绿化中设置休闲活动场所与路径,天津市公共服务设施配置标准中也提到,居住区级社区可以利用,并纳入绿地面积范畴,小区级和组团级的社区可以利用绿地,但是不得占用绿地面积。所以对于天津市规划部门来说,如何才能合理配置公共体育设施是应该着重考虑的。

　　江苏省宿迁市则建议各级规划部门在项目控制性详细规划中加以明确配套建设公共体育设施,按不低于每户1.5平方米体育设施用地进行配套建设。增加一名体育部门领导作为规划审议鉴定委员会成员。项目竣工时,体育部门参与应配套体育设施的交付验收,不按规定要求配套建设的,该项目不得通过交付使用验收。对天津市来说,宿迁市的建议是最切实有效的。国家虽然立法规定居民配套体育设施应当与居民住宅的主体工程同时设计、同时施工、同时投入使用,但是实际上却存在很多问题。对于天津市来说,也去检查开发商预留地了,但是因为在天津主要是建委负责管理,建成之后是否配备体育场地设施就很难有部门去监督约束。最重要是体育部门一定要作为规划审议鉴定委员会成员,并且在项目竣工时,体育行政部门应参与配套体育设施的交付验收,没有按规定建设的不发售楼证。2013年的天津市公共体育场地设施规划还建议将落实小区的配套体育设施标准作为住宅项目规划审批的前置来加强监管,保证新建小区体育设施满足要求。

　　山东省乳山市2012年出台《关于在新建小区配套建设体育设施的实施意见》,将居民住宅区体育健身设施分为三个类别,分别规定了居住区、小区以及组团的具体配备标准,基本上是按照《城市社区公共体育设施用地指标》来要求的,以小区级社区为例,要求场地使用面积为4500—6500平方米,设置60—100米跑道1处,1处硬化篮球场,1处门球场,1处网球场,2处羽毛球场,6张室外乒乓球台,1处室外综合健身场地,12 件以上的室外健身路径器材等。同时要求小区内的体育设施最大限度地向居民开放,有条件的可免费或优惠收费,住宅区居委会负责管理和维护小区内的体育设施。其中新建小区场地设施器材配备由开发商投资建设,规划设计方案由市规划局、体育局审核通过后,方可施工建设。建成之后,由市体育局组织相关单位建成验收,合格后方可投入使用。乳山市的做法为天津市提供很好的借鉴模式。

第三节　天津市户外健身器械的法律实证问题分析

　　户外健身器械是居民配套体育设施建设中重要组成部分,无论是组团级小区,还是小区级社区或者居住区级社区,都是必须配备的。户外健身器械的配备健身、管理、维修等各方面都需要立法进行保障,在现有的体育场地紧张,体育健身器械匮乏的时候,更需要加强对户外健身器械的管理。

一、户外健身器械的管理和选址

　　实际上关于天津市全民健身器械管理的提案很早就有,2006 年天津市政协委员郜国光根据周围群众的反映,递交了一份提案,主要是关于维修管理的。健身设施损坏一方面是正常磨损,另一方面是设计和制造商也有不合理的地方。虽然健身器材上有制造单位电话,但厂商因为涉及费用问题,一般是不会来的,有的厂商已经停产。

　　户外健身器械到底应该由谁来管? 天津市部分代表委员也提出相关建议。市人大代表刘智和市政协委员元小平都认为,应该让这些健身设施的生产厂家真正负起责任来,并把售后服务作为今后是否继续用其产品的一个重要依据。市体育局应当有正常的记录,下一年政府采购的时候可以凭它上一年的售后服务决定其订单。《天津市全民健身条例》第十二条明确规定,体育彩票公益金配建的全民健身设施由受赠单位负责日常的管理和维护。

市体育局实际操作时是跟各社区进行协作,由各社区打报告给区体育局,区体育局定完程序以后上报给市体育局,市体育局审查合格后给一个三方协议书,比如甲方是天津市体育局群体处,乙方是和平区体育局,丙方是小白楼街道办事处,三方一块签,市体育局投资与设计,和平区体育局负责监管,小白楼负责日常维护,包括法律责任。所以对于街道办事处来说,基于属地原则进行管理,一旦设施出现问题要及时进行修复并告知居民,避免伤害事故的发生,如果街道办事处没有尽到注意义务就要承担相应的责任。

为了加强对全民健身工程的法规制度保障管理,天津市体育局出台了多项全民健身路径工程管理的规定与办法,如 2001 年颁布《天津市体育彩票全民健身工程管理办法》,之后颁布《天津市全民健身工程网络管理系统管理暂行办法》,这是我国第一个全民健身路径工程网络管理系统。2012 年新颁布《天津市中国体育彩票全民健身工程管理办法》,明确"任何单位和个人都不得收取费用",市体育局还将对在全民健身工程的建设、投资、使用管理和开展活动中取得显著成绩的单位和个人进行表彰、奖励。

对于户外健身器械的选址,我国法律明确规定要方便居民健身,所以对于户外健身器械的选址,天津市以前基本上是尊重社区的意见,社区如何选址,市体育局就如何进行批示。但是由于健身过程中产生的噪音等问题影响居民的休息权,所以天津市体育局现在明确要求距离居民的窗户 20 米以上才允许安装,并且要求具备硬化的路面,这样可以避免扰民的问题,保障居民的安全。

2012 年天津市体育局针对市民反映健身园扰民,健身设施年久失修等问题,制定了《天津市中国体育彩票全民健身工程管理办法》。新办法较 2001 年的《天津市体育彩票全民健身工程管理办法》进行调整,更加合理。新老办法都强调"全民健身工程的选址应是已建立基层体育组织,具有较好的基础条件,便于日常管理,方便群众参加体育健身锻炼的居民小区、行政村、公园、广场等室内、户外场所。"新办法还专门强调了选址应"防止扰民"。

二、户外健身器械的标准和维修

(一)户外健身器械的标准

2003 年,我国发布实施了《健身器材室外健身器材的安全通用要求》国家标准(GB19272—2003),为全民健身运动使用的室外器材提供了规范性文件。但是随着健身运动的开展,居民对健身器材功能与结构的安全、科学、舒适等要求越来越高,原有标准已经不能满足群众需求。自 2007 年起,国家体育总局连续 5 年开展了对室外健身器材质量年度检查,发现器材在标志、设计、安装与维护等方面存在不同程度的问题,且由于器材质量问题导致伤害事故时有发生。因此 2011年 10 月 1 日颁布《室外健身器材安全通用要求》。新标准的技术适用于老、中、青、幼不同群体,在室外健身器材的生产工艺、结构、功能等做出了严格规定,明确室外健身器材管理的主体为体育主管部门及使用单位,将器材的安全使用寿命提高到 8 年,距离居民窗户 10 米开外,器材不允许存在刚性碰撞。新标准的颁布实施为全民健身工程提供了法律依据,确保了产品质量认证的公正性和权威性。

以前天津市户外健身器械的供应商很多,提供的健身器械种类、功能、质保等等都不同。有很多厂商后续因为经营不善而倒闭,这样造成后期维修管理都产生很多问题。而且健身器械有的不是按照国家规定标准严格执行,从 2011 年国家新标准颁布之后,天津市户外健身器材统一由四家供应商供应,标准由过去的 4—6 年的使用期提升到 8 年。这样在一定程度上能更好保障居民体育健身权利,促进全民健身的开展。

（二）户外健身器械的维修

到 2010 年底,天津市户外健身器械的安装是均由市体育局、区县体育局和社区三方联合签署了协议。按照协议厂家一年内是免费维修的,健身器材最长寿命 6 年,已过使用期限的,体育部门将投资进行更新。2011 年 9 月以前,天津市全民健身设施并没有统一的维修机构,而健身器材的供应商涉及本地和外省市的十几家企业,且缺乏硬性的维修规定,同名的器材却结构不一、工艺不同、零件标准不一样,有的厂商已经停产。因此天津市体育局委托静海一家体育用品公司成立专业的全民健身设施维修队。该维修队是由三个维修分队、9 位维修队员、五部维修车组成的健身器材"医疗队"。

据天津市体育局相关负责人介绍,天津市体育局实际上是一直坚持每年检修一次的做法,每年三月份是天津市全民健身设施的维修月,各区县进行检查,发现有坏的就往上报,体育局设有一个装备中心,一接到单子就通知厂家去维修。天津市体育局实际上对厂家还压着 5000 元的服务保证金,如果一个小区出了问题,根据协议相应的扣多少钱。现在体育局是在新的器材上面放一个监督电话,4001—098—519,同时又把街道办事处的电话也放在上面。承诺接到群众电话后,一般三天内修好,特殊情况不超过 7 个工作日。新安装的户外健器械应在社区设联络员跟踪维护。

2012 年《天津市中国体育彩票全民健身工程管理办法》颁布,明确"全民健身工程设施的日常管理、维修由受赠单位负责"。为了防止受赠单位经费有限,管理不到位,致使市民健身环境受损,新办法也提出"市体育局将每年列支一定的经费,建立维修小分队,协助受赠单位对全民健身工程器材进行维修"。2012 年天津市各区、县体育局根据市体育局的统一安排,对辖区内 2006 年以前安装的体育健身器材开展全面核查工作,并对超过规定使用年限以及破损、老化的体育器材年内进行更换。此次核查不仅对由体育部门安装的体育器材进行核查,同时也对由民政部门安装和各开发商、物业公司自行购置安装的器材进行核查。维修小分队共维修器材 3149 件,更新 213 件。

第四节　天津市居民配套体育设施法律保障建议

天津市居民配套体育设施存在的问题有国家部门与地方政府规章之间衔接的问题,也与现行法规缺少强制性建议有关,还与规划缺失、管理缺位有很大关系,天津市居民配套体育设施的法律保障建议如下:

一、通过立法程序确保《城市社区体育设施建设用地指标》得到有效执行

通过立法程序,确保《城市社区体育设施建设用地指标》得到有效执行,乡镇或农村社区参照执行。因为立法法规定部门规章之间、部门规章与地方政府规章之间具有同等效力,在各自的权限范围内施行。无论是《天津市公共体育场地设施布局规划(2014—2020)还是《天津市居住区公共服务设施配置标准》(2014 年修订)都与《城市社区体育设施建设用地指标》的规定有很多出入。而居民配套体育设施的建设需要专门的法规来指导执行,因此还需要立法加强完善。在《天津市全民健身条例》中明确居民配套体育设施建设的综合管理规定,同时天津市还要借鉴山东省乳山市的方式,制定《关于在新建小区配套建设体育设施的实施意见》,明确各级别居住区的配套设置要求。

二、明确监督管理主体和承担的法律责任

由于《城市社区体育设施建设用地指标》仅仅是一个参照标准,并

不具备强制执行力,而各地在居民配套设施建设的规划、管理都不是很统一,监督机构和管理机构没有严格划分开来,而且标准并没有关于法律制裁方面的措施或承担的责任要求,无法发挥法律规制的强制作用。因此需要在法律法规中进一步明确法律责任,规定规划、健身、管理、监督、开发商、物业、业主等等各方面需要承担的责任。

三、通过法律程序确保体育行政部门进入整个流程

实际上现在有省市都在实践中吸收体育部门作为重要主体来参与社会建设,如北京、山东乳山等。还要根据历史不同时期居住区配套设施建设的规定,分门别类有计划地补建公共体育设施,对于确实不能按照规定予以补建的,积极探索体育设施园林化做法,在城市绿地上配建一些全民健身设施。要借鉴上海市收缴住宅开发建设单位的公共服务设施配套费,建设公益性配套设施做法。即开发单位在项目开工前,必须缴纳配套设施费,如果开发单位按照规定建成公共服务配套设施后,则返还收缴的公共服务配套费。

四、《天津市全民健身条例》具体修改规定

新建、改建、扩建居民住宅区和农村新型社区的,应当按照国家和天津市有关配套体育设施的规定,将社区公共体育设施纳入规划,预留相应的社区公共体育设施用地。规划、建设、国土资源等行政部门在审批公共体育设施建设的规划设计方案时,应当征求同级体育行政部门的意见。体育设施的规划设计方案未达到国家和天津市有关规划技术要求的,住房城乡建设、规划行政部门不予发放建设工程规划许可证。

配套建设的体育健身设施,由建筑开发商负责,应当与居民住宅区和农村新型社区的主体工程同时设计、同时施工、同时投入使用,建设工程竣工验收时,住房城乡建设、规划行政部门应当会同同级体育

行政部门参与验收。

社区公共体育设施应当从社区居民的实际需求出发,遵循小型多样、便民利民的原则,场地设施要符合国家规定的技术指标和标准,特别是涉及游泳等高危险性体育场所的,体育行政部门要严格监督管理。

任何单位和个人不得擅自改变健身设施建设项目和功能,不得缩小建设规模和降低用地指标。因特殊情况需要调整公共健身设施预留地的,应当重新确定建设预留地,重新确定的建设预留地不得少于原有面积。新建居住区和社区配套建设的体育健身设施应当按照室内人均建筑面积不低于0.1平方米室外人均用地不低于0.3平方米的标准执行。老城区与已建成居住区、社区无体育健身设施的,或现有设施没有达到建设指标要求的,应当通过改造等多种方式予以完善。

全民健身设施投入使用前,应当明确管理单位并由管理单位负责设施的日常运行维护。政府投资兴建的公共体育设施,由政府及体育行政部门明确或指定的单位负责管理和维护;社会力量投资兴建的全民健身设施,由其建设或者管理单位负责管理和维护;捐赠的全民健身设施,由受捐赠单位负责管理和维护。居民住宅区和社区的全民健身设施由业务委员会、业主委员会委托的物业服务企业或其他管理人员负责管理和维护。体育场地设施管理单位应当确保体育场地设施的安全及卫生,并在醒目位置标明使用方法和注意事项。

各级人民政府体育行政部门应当配合规划、建设、国土资源等行政部门做好居民配套公共体育场地设施的规划、验收和监督管理工作。

第七章　天津市学校体育设施向社会开放的
法律规制研究

第一节　天津市学校体育设施向社会
开放的现状

一、天津市学校体育设施向社会开放的现状

学校体育设施是开展学校体育工作的物质基础,对于增强青少年体质、促进青少年健康成长具有重要意义。《全民健身计划(2011—2015 年)》要求各类学校在课余时间和节假日向本校学生开放体育设施。学校在保证校园安全的前提下,积极创造条件向公众开放体育设施。设施开放率要达到 90% 以上。并且按照规定对向公众开放体育设施的学校给予经费补贴,为学校办理有关责任保险。根据国家体育总局 2014 年 12 月发布的《第六次全国体育场地普查数据公报》显示,目前我国人均体育面积 1.46 平方米,在全国体育场地中,教育系统管理的体育场地(包括大中小学校等),占 38.98%,场地面积占53.01%,但是开放也不是很理想,这不仅不利于学生身体素质的提高,而且也会阻碍民众锻炼的热情,不利于全民健身的全面开展。因此需要充分利用和盘活学校体育场馆资源,采取一系列法律政策来规制。

通过天津市体育局 2015 年发布的关于天津市第六次体育场地普查公告可以看出,在天津现有的 16233 个体育场地中,教育系统有4990 个,占 30.74%,其中,高等院校有 1234 个,占 7.60%;中专中技

有 148 个,占 0.91%;中小学有 3542 个,占 21.82%;其他教育系统单位有 66 个,占 0.41%。在天津市校园体育场地设施占到 1/3 以上,所以要加强天津市学校体育场地设施开放的利用率。2006 年国家在全国开展学校体育场馆向社会开放试点工作,天津市也积极响应,河东区、河西区和红桥区 30 所学校进行试点,到 2011 年底,天津市 22 处较大规模的公共体育设施、89 所学校的体育设施均向公众开放,实现体育资源社会共享。但是与广大民众的健身需求相比还是差距很大。天津市教委和天津市体育局也共同协商合作,到 2012 年有 350 所学校的体育设施向社会公开开放。

二、学校体育设施向社会开放的相关规定

为深入贯彻落实《中共中央国务院关于加强青少年体育增强青少年体质的意见》,推动《全民健身计划纲要》的实施,国家高度重视学校体育场馆向社会开放的有效途径和长效机制,为青少年参加体育锻炼提供良好的条件,颁布一系列法规文件。为了加强管理,2011 年天津市教委专门发布《关于加强学校体育场馆(池)安全工作的通知》,要求加强安全教育制度,培训组织好相关人员。各级教育行政部门和各级各类学校应当对学校体育场馆(池)保安全、防事故工作更加重视。在对外开放前要进行认真的安全大检查,主要是该场馆(池)是否有经相关管理部门安全验收合格文件,安全用电和消防设施是否健全,应急出口是否畅通并对进入学校体育场馆(池)人员进行安全教育和指导。对有关人员和参加锻炼的人员要加强安全教育,牢固树立预防事故确保安全的观念。在保证满足学生体育活动的基础上,学校体育场馆(池)对社会开放,必须具备相应的资质和良好的条件,绝不能为眼前的利益影响大局,更不能损害学校的利益,影响学校正常的教学、课外活动,学校业余训练及阳光体育活动。如不具备条件的学校坚决不能对学生和社会开放,以避免事故的发生。

为贯彻落实《国务院办公厅转发教育部等部门关于进一步加强学校体育工作若干意见的通知》和市委《关于印发〈天津市中长期教育改革和发展规划纲要(2010—2020 年)〉的通知》,天津市颁布《中小学校体育工作三年行动计划(2014—2016 年)》,其中明确要求提高现有体育设施利用率,公共体育场馆和运动设施应安排一定时间免费向学生开放,学校体育场馆在课余时间和节假日免费或优惠向学生开放。新建学生体育活动场地及设施要便于在节假日及寒暑假等课余时间向学生和社会开放。市体育局会同有关部门制订和实施公共体育场所向学生开放的工作方案。2014 年起,将学生体质健康水平纳入区县经济社会发展状况评价指标体系。对学生体质健康水平持续三年下降的区县和学校,在教育工作评估和评优评先中实行"一票否决"。

《天津市全民健身条例》第十六条第二款规定,学校的体育设施在不影响教学和安全的情况下,应当向社会开放。目前天津市并未专门制定学校体育设施向社会开放的实施办法,而广东、北京这方面的法规制度比较完善。北京市 2000 年已制定《北京市学校体育设施对外开管理办法》,2003 年发布《关于推动本市中小学校体育设施对外开放工作的通知》,2007 年制定《关于学校体育设施向社会开放的指导意见》《关于进一步加强学校体育工作的若干意见》等。广东省 2008年制定《广东省学校体育场馆向社会开放实施办法》等。天津市的目前实际情况是,学校体育设施开放利用率并不高,特别是有的学校在开放之后又选择关闭,截止到 2015 年向社会开放的学校也没有之前的高,主要是有很多因素影响学校体育设施向社会开放,学校到底是否应当开放,如何开放? 需要立法进行进一步明确规定。

2017 年根据健康中国建设的决策部署,为贯彻落实《国务院关于加快发展体育产业促进体育消费的若干意见》和《国务院办公厅关于强化学校体育促进学生身心健康全面发展的意见》精神,进一步深化学校体育改革,强化学生课外锻炼,积极推进学校体育场馆向学生和社会开放,有效缓解广大青少年和人民群众日益增长的体育健身需求与体育场馆资源供给不足之间的矛盾,促进全民健身事业的繁荣发展,教育部国家体育总局联合发布《关于推进学校体育场馆向社会开放的实施意见》。意见指出,到 2020 年,建设一批具有示范作用的学校体育场馆开放典型,通过典型示范引领,带动具备条件的学校积极开放,使开放水平及使用效率得到普遍提升;基本建立管理规范、监督有力、评价科学的学校体育场馆开放制度体系;基本形成政府、部门、学校和社会力量相互衔接的开放工作推进机制,为推动全民健身事业,提高全民身体素质和健康水平做出积极贡献。

2018 年天津市为深入贯彻实施《全民健身条例》和《"健康中国2030"规划纲要》,积极推进学校体育场馆向社会开放,充分利用学校体育设施资源,提高学校体育场馆利用率,更好地满足广大青少年学生和人民群众就近便利参加体育健身活动的需求,根据《教育部国家体育总局关于推进学校体育场馆向社会开放的实施意见》,天津市人民政府办公厅印发关于推进我市学校体育场馆向社会开放实施方案的通知。该通知明确要求,2018 年符合开放条件的公办中小学校体育场馆要全部开放。到 2020 年,经过改造符合开放条件的公办中小学校体育场馆全部开放。基本建立管理规范、监督有力、评价科学的学校体育场馆开放制度体系,形成政府、部门、学校和社会力量相互衔接的开放工作推进机制。开放范围为,公办中小学校(寄宿制学校除外)用于体育活动的室外场地设施,如操场、球场、田径场跑道等要先行开放,室内场馆设施原则上应对外开放。鼓励民办学校向社会开放体育场馆。中小学校体育场馆向社会开放应在课余时间(教学时间与体育活动时间之外)和节假日进行,开放时间应与当地居民的工作时间、学习时间适当错开。每周开放时间原则上不低于 25 小时,国家法定节假日和学校寒暑假期间适当延长开放时间。开放具体时段、时长由各区、各学校根据实际情况予以明确规定。学校组织临时性教育教学活动或实施影响体育场馆开放安全的校园维修项目期间,学校体育场馆设施可暂停对外开放,并及时在学校门口及所在社区告示栏预先告示。中小学校室外操场、田径场跑道原则上应免费向社会开放;有偿开放的体育场、体育馆可由区人民政府统一招标采购运营单位,场馆运营单位按照不以营利为目的的原则,可自行确定收费标准,并严格落实明码标价制度等。

第二节　学校体育设施向社会开放的相关法律分析

一、学校体育设施向社会开放法律规制的必要性

我国要完善全民健身体系,加强公共体育服务建设,实现体育公共服务的均等化,落实公民基本的体育权利,保障公民的健康权,需要从法律角度来规制学校体育设施对外开放,为满足公民基本的体育需求,实现从体育大国向体育强国转变打下良好的基础。法律规制是法律作为一种社会规范对于社会关系的调整和引导作用,它的功能在于实现社会关系的一种有序状态。在依法治国背景下,学校体育设施对外开放要在法律的保障下全面开展,明确各相关主体的权利和义务,规范法律责任,抵制非法侵害行为,使其走上健康、合法、有序的道路。

自 20 世纪 90 年代以来,国家和地方政府部门陆续出台了有关学校体育场馆设施使用和开放的相关法规文件,为我国学校体育设施对外开放提供重要的法律依据。1995 年颁布的《中华人民共和国体育法》第 46 条第 1 款专门规定,公共体育设施应当向社会开放,方便群众开展体育活动,对学生、老年人、残疾人实行优惠办法,提高体育设施的利用率。行政法规方面有《学校体育工作条例》《公共文化体育设施条例》《全民健身条例》,《公共文化体育设施条例》明确公共体育

设施应当向公众开放,并明确开放时间的最低时限,以及节假日和学校寒暑假期间的时间安排,要求设施管理单位公示服务内容和时间,以及设施使用方法、注意事项以及收费要求等。《全民健身条例》则进一步明确学校应当在课余时间和节假日向学生开放体育设施,公办学校应当创造条件向公众开放体育设施,民办学校则鼓励向社会开放,可以收取必要的费用,县政府应对开放学校给予支持,办理责任保险等。

除了法律和行政法规之外,中央8号文件、中共中央国务院《关于加强青少年体育增强青少年体质的意见》、教育部、国家体育总局《关于进一步加强学校体育工作,切实提高学生健康素质的意见》《体育事业发展"十二五"规划》《体育事业发展"十三五"规划》等都对学校体育场馆设施对外开放进行规定并提出相应的要求。2006年教育部国家体育总局发布《全国学校体育场馆向社会开放试点工作的通知》,推动学校体育场馆对外开放的进程,截止到目前,全国开放体育设施的学校和单位已经达到531个,覆盖29个省、自治区、直辖市。开放试点学校所在省区市政府高度重视开放工作,有的省市制定有关开放的具体办法和制度,保证了开放试点工作有序进行。

二、现行学校体育设施向社会开放的法律规制分析

学校体育设施向社会开放有力地支持了全民健身运动的发展,虽然国家颁布了一系列法规文件来规制学校体育设施向社会开放,但在实际中仍然存在一些问题需要法律进行调整与明确。

(一)学校体育设施是否应当向社会开放的法律分析

1.公共体育设施的界定与特性

《中华人民共和国体育法》《公共文化体育设施条例》等都规定公共体育设施应当向社会开放。如何界定公共体育设施?《中华人民共

和国体育法》中并没有专门的界定,《公共文化体育设施条例》规定,"指由各级人民政府举办或者社会力量举办的,向公众开放用于开展文化体育活动的公益性的图书馆、博物馆、纪念馆、美术馆、文化馆(站)、体育场(馆)、青少年宫、工人文化宫等的建筑物、场地和设备。"从该规定中可以看出公共体育设施具有公益性,目的是向公众开放用于体育活动的,其举办主体是政府或社会力量。公共体育设施从经济学角度看,具有准公共产品的特性。准公共产品介于公共产品与私人产品之间,其特性决定了以服务为主,经营为辅,更关注的是社会效益而不是经济效益。虽然以社会效益为主,但是并不是说不能经营,公共体育设施也可以收费,但是所得收入应当用于公共体育设施提供的服务上。从法律角度看,体育权是人的一项基本权利,公共体育设施作为准公共产品,国家有义务和责任为公民的健康权和体育权提供必要的保障条件。

2. 学校体育设施是否属于公共体育设施

公共体育设施主要是由政府投资、政府所有,政府管理的,主要是为广大民众提供体育服务,以实现社会效益为主要目的。而学校体育设施是否属于公共体育设施还要依据不同情况来界定。依据办学经费来源不同,学校分为公办学校和民办学校两类。公办学校是指由政府财政划拨教育经费所办的学校;民办学校是指非依靠政府划拨教育经费,通过社会力量自筹所办的学校。对于民办学校来说,其体育设施归民办学校所有,与属于私人物品,并不属于公共体育设施。对公办学校来说,学校资产依据《中华人民共和国教育法》第三十一条规定:"学校及其他教育机构中的国有资产属于国家所有"的规定可知,归国家所有,学校体育场馆设施其所有权主体为国家,使用权主体是政府教育主管部门或体育主管部门。从这种角度上可以认为公办学校体育设施与公共体育设施性质相似,属于公共体育设施。

3. 学校体育设施是否应当向社会开放

依据《中华人民共和国体育法》《公共文化体育设施条例》可知,

公共体育设施应当向社会开放,公共体育设施的准公共产品属性决定其应当向社会开放。而学校体育设施是否应当向社会开放,需要依据学校体育设施是否属于准公共产品以及开放服务的对象进行分析,因为准公共产品的属性决定其以社会效益为主,为其向社会开放提供了法理依据,而服务的对象也决定了其开放的程度。《中华人民共和国教育法》第四十九条规定:"学校及其他教育机构在不影响正常教育教学活动的前提下,应当积极参加当地的社会公益活动。"所以学校体育设施向社会开放的前提是不影响正常教育教学的活动。

同时还要依据服务的对象进行规制。如果服务对象是学生,由学校体育的本质决定了,无论是公办学校还是民办学校都应当对学生开放。《全民健身条例》第二十八条第一款也明确规定:"学校应当在课余时间和节假日向学生开放体育设施。"如果服务对象是学生群体以外的广大公众,则需要区别对待,对于公办学校而言,应当向社会开放。而对于民办学校,其向社会开放体育设施并不必然成为法定的义务。

(二)学校体育设施向社会开放的相关法律分析

《公共文化体育设施条例》附则第三十三条规定,国家机关、学校等单位内部的文化体育设施向公众开放的,由国务院文化行政主管部门、体育行政主管部门会同有关部门依据本条例的原则另行制定管理办法。2006年国家体育总局、教育部联合发布《全国学校体育场馆向社会开放试点工作方案》的通知,开展学校体育场馆向社会开放的试点工作。2006年至今,学校体育设施向社会开放取得显著成效,但是还存在几个主要问题:

1.学校体育设施向社会开放的经费及其使用问题

经费问题是最主要的问题。学校体育设施在日常使用中产生的维修、损耗等费用已经依照法律规定由各级财政通过各单位预算解决。如《中华人民共和国体育法》第四十条明确提出,"县级以上各级人民政府应当将体育事业经费、体育基本建设资金列入本级财政预算和基本建设投资计划,并随着国民经济的发展逐步增加对体育事业的投入。"但是对于学校体育设施向社会开放后增加的费用并没有包含在财政预算内。虽然《全民健身条例》第二十八条有规定由县级政府给予支持。但是对于给予支持的形式,行政法规并没有明确界定。

　　而对于试点学校,国家体育总局每年从体育彩票公益金中划拨一定资金用于试点工作;各省(区、市)体育局、教育厅(教委)也从体育彩票公益金中划拨专项资金用于开放工作,对试点学校资助不低于2万元经费补贴。在地方法规中,如北京、宁波专门规定对免费开放体育设施的学校给予财政补贴。

　　关于学校体育设施经费的使用方面,《中华人民共和国体育法》《中华人民共和国教育法》等相关法律都明确指出,应当用于学校体育设施的维护、管理和事业发展及服务人员的报酬,用以保障体育设施的正常运行。任何组织和个人不得挪用、克扣。各地方政府制定相应法规,进行调整,如《深圳市学校体育设施对外开放管理规定》《宁波市人民政府办公厅转发市体育局等部门关于进一步完善学校体育设施对外开放的指导意见》《北京市关于学校体育设施向社会开放的指导意见》。北京还专门规定对工作突出的学校给予奖励。所需资金在市体育彩票公益金中安排,主要用于学校体育设施维修费用。

2. 学校体育设施的安全问题

(1)安全保障告知义务

　　学校体育设施向社会开放的安全问题主要包括学校体育设施的安全、学生的人身与财物安全、参与体育活动人群的人身与财物安全等。安全问题是学校开放体育设施不可回避的问题。学校体育设施向社会开放主要有无偿开放、有偿与无偿开放相结合模式,无论哪种模式,学校都有告知安全保障的义务。《中华人民共和国体育法》与《全民健身条例》中并没有明确规定学校体育设施向社会开放的安全问题以及告知义务,但是《公共文化体育设施条例》第十九条规定,"公共文化体育设施管理单位应当在醒目位置标明设施的使用方法和注意事项。"第二十五条规定,"配备安全保护设施、人员,保证公共文化体育设施的完好,确保公众安全。"大多数地方法规文件中也都明确,学校应在体育设施周边显著位置设置体育器械使用方法指示牌和安全警示标志,张贴安全须知,指定专人在开放前和开放过程中对活动场地、活动器材等安全情况进行检查,指导健身市民正确使用体育设施。

(2)学校体育设施或管理引发的人身伤害事故

《全民健身条例》第二十八条第二款规定,县级人民政府为向公众开放体育设施的学校办理有关责任保险。责任保险是以被保险人对第三者依法应承担的赔偿责任为保险标的保险。主要分为公众责任险、产品责任险、雇主责任险、职业责任险、第三者责任险等五种。对于学校而言,引进责任保险,特别是公众责任险,既可以有效预防重大损失,又有利于分担风险、减轻学校的经济压力。

对于学校体育设施开放时段内,因设施或管理引发的人身伤害事故,各地规定不一,有的对因设施或管理引发的人身事故都规定由保险公司做出相应赔偿,费用由学校所在地政府负责办理公众责任保险,如宁波市;有的则规定对于免费开放体育设施的学校,由区县政府采取招标方式确定商业保险公司,市区两级财政负担,为学校办理公众责任保险,由保险公司赔偿经济损失,对实行收费开放体育设施的学校,要从收取的费用中提取一定比例,既可以参加政府招标的商业保险,也可以通过体育场馆协会等中介组织,设立互助金,用于运动人身伤害事故的经济损失赔偿,如北京市。

由此可见,对于学校体育设施或管理引发的人身伤害事故还需要法律进行明确规定,对于免费开放与有偿开放进行区分,确立各级政府的义务和责任,完善法律救济手段。

(3)学校体育设施向社会开放引发的其他伤害事故

学校体育设施向社会开放引发的伤害事故,在体育法规文件中并没有明确的规定。无论学校体育设施采用什么管理方式与模式,当公民在对外开放体育设施的学校中进行体育活动发生伤害事故时,可以依据《中华人民共和国民法典》《中华人民共和国侵权责任法》《中华人民共和国合同法》《中华人民共和国消费者权益保护法》等法律来处理。《中华人民共和国合同法》第一百二十二条规定:"因当事人一方的违约行为,侵害对方人身、财产权益的,受损害方有权选择依照本法要求其承担违约责任或者依照其他法律要求其承担侵权责任"。我国最高人民法院《关于审理人身损害赔偿案件适用法律若干问题的解释》第六条规定:"安全保障义务人有过错的,应当在其能够防止或者制止损害的范围内承担相应的补充赔偿责任。"因此要查明伤害事故原因,明确责任,依据过程情况追究相关责任人员的法律责任。

3. 学校开放体育设施收费的法理分析

《公共文化体育设施条例》第二十条规定:"公共文化体育设施管理单位提供服务可以适当收取费用,收费项目和标准应当经县级以上人民政府有关部门批准。"第二十一条规定:"对学生、老年人、残疾人等免费或者优惠开放,具体办法由省、自治区、直辖市制定。"《全民健身条例》第二十八条也规定学校可以收取必要的费用。但是由于法律并没有明确收费的项目与标准。所以在各地政府实际操作管理运行中,各有规定。有的根本没有进行这方面的相关规定,有的是明确收费标准由市物价部门决定,但没有规定对学生、老年人、残疾人免费或优惠开放,而有的则是鼓励学校将游泳馆、篮球馆等室内体育设施向社会开放,可收取一定费用,收费标准由学校根据场地、器材及服务情况自主制定,严格执行明码标价,对学生实行优惠价格,如北京市。

4. 学校体育设施的管理问题

目前各地从实际出发,积极探索各种行之有效的开放管理模式,如无偿开放模式、有偿开放与无偿开放相结合模式、学校与街道社区共管模式、市场化运作模式、依托青少年体育俱乐部开放的模式等多种模式,取得了较大成效。但是也存在管理人员不足、领导重视程度不够、缺少专门的社会体育指导员,居民健身活动缺乏科学的指导、政府等行政部门监督不力等问题,需要制定相应的法规政策来引导与约束。

由于我国关于学校体育设施对外开放问题进行了原则性规定,缺乏配套的实施细则,导致可操作性不强,在面对体育设施向社会开放而涉及的许多管理问题难以解释和规制。例如,具备什么样的条件可以开放;开放过程中的秩序如何维护和管理;政府怎样支持学校体育场馆的开放等。特别是对于政府或学校在体育设施对外开放过程中的失范行为如何调节与规制,需要明确规定,特别是在法律责任中进行专门规定。

第三节 天津市学校体育设施向社会开放立法修改建议

一、完善向社会开放的立法与执法

目前专门针对学校体育设施向社会开放的专门立法还没有,虽然有各种体育法规分散规定,但是各法规规定缺乏一致性,且多是原则性规定,可操作性不强,缺乏惩罚性规定,不利于法规的监督与执行。目前还存在下位法与上位法之间衔接不紧密、立法冲突,同位法之间规定不一致的现象。各级地方政府有关学校体育设施向社会开放的指导意见比较多,但都各有千秋。由于缺乏系统的结构支撑,因此还没有变成完整的立法体系。规制学校体育设施向社会开放的立法、执法尚不完善,无法做到有法可依、执法必严、违法必究,不能很好地保障学校体育设施依法向社会开放。因此天津市需要专门制定学校体

育设施向社会开放的实施办法,明确管理主体、经费来源、告知义务、
承担责任等各个方面。

二、立法明确向社会开放的经费与使用

对于学校体育设施向社会开放后增加的费用,《全民健身条例》规
定给予支持,但由于《中华人民共和国体育法》《公共文化体育设施条
例》并未明确规定,给予支持的理解方式不同,行为表现也不同,实际
表现中更多的是给予财政补贴,当然除了财政补贴还有其他帮助方
式。有的专门规定对免费开放体育设施的学校给予财政补贴,国家体
育总局对试点学校明确给予财政补贴。需要立法明确给予支持到底
是什么形式来保障实施。经费使用方面,目前有专门的法律条文规
定,要用于开放活动中,各地法规文件中虽有相关规定,但对于实现的
方式并不统一,需要立法明确。

三、立法明确向社会开放的安全、管理、收费问题

《公共文化体育设施条例》对于安全保障告知义务明确规定,各地
法规文件也进行专门强调,所以需要从立法层面规定安全告知保障义
务以及政府办理公众责任险的职责。需要立法明确政府为公众开放
体育设施的学校办理责任保险都包括哪些情况。对于伤害事故需要
综合各相关法律来明确各方主体的责任与义务。至于收费方面需要
明确收费项目和标准,并告知公众,弱势群体如未成年人、老年人、残
疾人等需要特殊对待,并设置相应的器材、设备或场地。只有这样才
能真正保障学校体育设施的依法、有序开放。

四、《天津市全民健身条例》具体修改规定

第一,学校体育设施应当向社会开放。学校应当在课余时间和节
假日向学生开放体育设施,在不影响教学和学校安全的情况下,应当

向社会开放,同时公示开放项目和具体时间。经价格行政管理部门核定需要收取成本费用的应当对学生、老年人、残疾人优惠或免费开放。学校体育公办学校应当积极创造条件向公众开放体育设施;鼓励民办学校向公众开放体育设施。

各级人民政府应当制定学校体育设施向公众开放的具体管理办法,由学校所在地的乡(镇)人民政府或者街道办事处会同学校组织实施。教育行政部门应当会同体育行政部门加强对学校体育设施开放的指导监督。

各级人民政府应当通过奖励、专项资金补助等方式,对向公众开放体育设施的学校给予经费支持,并为其办理有关责任保险。

第二,公办学校在优先满足本校学生体育健身需求的前提下,在非教学期间,应当积极创造条件向公众开放学校体育设施。公办学校向公众开放体育设施实现有偿服务的,应当按照价格行政管理部门核定的收费项目和标准收取费用。该费用专项用于学校体育场馆设施的维护和管理,不得挪作他用。公办学校向公众开放学校体育设施的,应当建立校园安全管理制度,明确安全责任,保障校园安全,并定期对学校体育设施进行检查和维护。公办学校向公众开放体育设施以及依法投保有关责任险的必要支出,由政府根据具体情况予以补助。

第三,向儿童、青少年开放的体育健身设施,应当根据儿童、青少年的生理、心理特点采取必要的安全防护措施。

学校体育设施向社会开放是社会发展的必然,需要从法律规制角度来完善和落实各级政府及相关部门促进体育场馆开放的政策,逐步建立相应的开放条件和标准、财政补助、保险、收费标准、安全管理、责任追究等相应的法规体系内容,这样才能推进学校体育场馆向公众开放工作向常态化、长效化发展,真正实现"开放一个学校,巩固一片阵地,发展一个组织,造福一方群众"。

第八章　全民健身和组织建设的相关法律问题研究

全民健身需要社会体育指导员、全民健身志愿者的健身指导,也需要体育社团、协会、健身站(点)等体育组织的引导,更需要乡镇人民政府、街道办事处、村民委员会和居民委员会的管理与支持,因此需要从以下几个方面进行着重考虑修改。

第一节　社会体育指导员的法律问题研究

社会体育指导员和志愿者是全民健身队伍建设的主要人员,特别是社会体育指导员。社会体育指导员是"全民健身的宣传者,科学健身的指导者,群众健身的组织者,健身场地设施的维护者,健康生活方式的引领者"。社会体育指导员为我国公共体育服务体系的构建、全民健身事业的发展,广大公众身体素质的提高发挥了重要作用,也是全国各省市全民健身条例及实施计划的重要保证。

一、公益性社会体育指导员的相关法律规定

1993 年我国推行《社会体育指导员技术等级制度》,社会体育指导员当时的工作主要是在业余时间志愿从事公益性社会体育指导工作,一般没有报酬。我国颁布一系列法规文件来强调社会体育指导员工作的志愿服务性质,以期为全民健身志愿服务发挥重要的作用,成为我国公共体育服务的重要主体之一,是落实社会公共体育服务职责的重要组成部分,在社会中广受好评。国家体育总局推广全民健身志

愿服务活动以来,社会体育指导员作为主力军,在落实《全民健身条例》,增强全民的体育意识、开展丰富多彩的体育活动、指导群众科学健身、引导社会体育消费等方面,发挥着不可替代的重要作用。

截止到 2015 年我国共有 75 万名社会体育指导员,这些社会体育指导员面向基层,服务大众,传承无私奉献、服务社会的理念,经常、广泛地开展科学、安全、方便、高效的体育健身指导服务,遍布到全国的各个角度与各种全民健身活动中,不以营利为目的,而以社会效益为主,切实将志愿服务与全民健身紧密结合起来,推动我国全民健身事业的健康发展。公益社会体育指导员的努力和贡献获得了社会广泛的欢迎和赞誉,无愧于被称为是活跃在健身群众中的活雷锋,是健康快乐的使者,是城市亮丽的一道风景,护卫着群众健康的蓝天。

(一)公益性社会体育指导员的定义与特点

2011 年国家体育总局又颁布了《社会体育指导员管理办法》,在总则第二条明确规定,社会体育指导员是指不以收取报酬为目的,向公众提供传授健身技能、组织健身活动、宣传科学健身知识等全民健身志愿服务,并获得技术等级称号的人员。公益性社会体育指导员是光荣的志愿者,其体现的志愿服务精神是一种不图回报的精神,是一种自觉自愿奉献社会的精神。

公益性社会体育指导员具有公益性、自愿性、无偿性、专业性、长期性等特点,公益社会体育指导员参与大众健身指导,其主要目的是利用自己掌握的知识服务于大众,帮助大家提高身体素质,从中完成自我社会价值的实现,自愿的负责自己附近健身场所的指导服务。由于健身指导关系到大众锻炼的身体健康,其必须掌握科学的健身方法,对被指导者给予正确的指导,因此,要求每位指导员对自己的指导项目有充分的了解。那就需要经过严格的资格考核,具有一定的专业水平,这不但可以提高被指导对指导员的信任程度,还会减少因为错误的指导引起的伤害事故的发生。

（二）公益性社会体育指导员的权利与义务

　　社会体育指导员自愿申请经过培训合格后依照规定应该获得相应的社会体育指导员技术等级称号，得到相应等级的资格证书，而且被批准授予技术等级称号的社会体育指导员，由批准授予的体育主管部门颁发国家体育总局统一制作的证书、证章和胸章。没有违反规定的行为，任何人不能剥夺指导员的技术等级称号，扣押指导员的证书。社会体育指导员不仅应当享有免费得到定期教育、培训的权利，还应当享有获得指导服务活动真实、准确、完整信息的权利。公益性社会体育指导员从事的服务是一项高尚的公共事业，值得称赞，国家有必要对表现较好的指导员进行宣传并授予荣誉称号，有条件的地区还可以给予其他方面的奖励，甚至破格晋级，这样对于激励社会指导员，壮大社会体育指导员队伍有很大的裨益。由于很多公益性社会体育指导员是利用业余时间来参加志愿服务的，或者是进行继续教育培训、工作交流或者展示活动，因此活动的组织者应当为社会体育指导员提供其从事社会体育指导员工作的相关证明材料，这也是社会体育指导员应当享有的权利。社会体育指导员享有参加协会组织的各类活动的权利，不仅享有向协会要求帮助解决困难的权利，而且应当享有对社会体育指导员协会工作进行监督的权利。

　　作为社会体育指导员，有义务履行志愿指导服务的承诺，经常性从事指导服务工作，热心为指导对象服务，积极从事社会体育工作。这一项既是他们的权利也是他们的义务。公益性社会体育指导员还应当遵守社会体育指导员协会章程和所在体育组织的安排和管理，接受相关组织的管理。这样会优化人力资源的配置，也有利于指导情况的及时掌握，保障志愿服务工作的顺利开展，有效保障健身人群的合法权益。依照规定完成相关年检与注册，积极参加相关的各项活动，履行作为公益性社会体育指导员的职责,取得相应技术等级称号的社会体育指导员会获得相应的资格证书、证章和胸章,因此在从事指导服务过程中,需要依照法律规定佩戴和使用社会体育指导员标志,表明自己的身份,有利于及时为健身民众提供健身咨询、指导与服务,维护好健身秩序。在指导服务过程中,要尊重指导对象,不得泄露服务对象的隐私,不得损害服务对象的合法权益。由于社会体育指导员作为全民健身志愿服务的践行者之一,通过免费参加教育培训取得资格证书,需要通过无偿指导服务回馈于社会,做到取之于民,用之于民,因此在健身指导服务的过程中,应当尽心尽力帮助、指导广大公众,不得向其指导服务对象收取或变相收取报酬以及其他利益。

(三)公益性社会体育指导员的法律保障

完善公益社会体育指导员的各种配套管理规范,进一步健全社会体育指导员的等级制度、培训制度、注册登记制度、服务考核制度、表彰奖励制度和培训基地评估制度,通过建立社会体育指导员登记注册管理系统和基础数据统计体系,制定社会体育指导员上岗要求、服务标准、道德规范和工作守则等,逐步实现社会体育指导员工作规范化、制度化、科学化。这样才能有利保证社会体育指导员志愿服务的经常、广泛开展。各级体育行政主管部门和社会体育指导员协会或组织要加强对社会体育指导员志愿服务的组织管理。如为社会体育指导工作设立专款、逐步加大经费投入、明确配备社会体育指导员的数量和等级要求、有条件的地方体育主管部门设立公益岗位、加强各级各类培训的基本条件与保障、拓宽培训渠道,积极鼓励单项体育协会、行业体协等社会组织参与培训工作、建立社会体育指导员荣誉表彰制度、组织开展社会体育指导员宣传、展示、交流、服务活动等,为广大民众提供科学、有效的健身指导服务做出应有贡献。深化对社会体育指导员志愿服务性质和自愿精神的理解、认识,维护社会体育指导员队伍权益,应当通过购买人身保险、提供工作补贴等方式,为社会体育指导员开展全民健身志愿服务创造必要的条件。鼓励社会组织、个人对社会体育指导员协会和社会体育指导员志愿服务活动进行捐赠和资助。国家体育总局和省级体育主管部门应当为经费困难地区体育主管部门和有关组织开展社会体育指导员工作提供补助经费,并对西部、边疆和贫困地区予以倾斜。为社会体育指导员开展体育健身指导服务配备必要的装备、音响、灯光等,提供工作、交通补贴等。

二、职业性社会体育指导员相关规定

1993 年 10 月,党的十四届三中全会《关于建立社会主义市场经济体制若干问题的决定》中提出:"要把人才培养和合理使用结合起来""要制订各种执业的资格标准和录用标准,实行学历文凭和职业资格证书两种证书制度。"1998 年《中华人民共和国劳动法》第八章第六十九条规定,国家确定职业分类,对规定的职业制定职业技能标准,实行职业资格证书制度,由经过政府批准的考核鉴定机构负责对劳动者实施职业技能考核鉴定。《中华人民共和国职业教育法》也对实行国家职业资格证书制度做出了明确规定,从国家基本法律的角度确立了我国职业资格证书制度的法律地位。基于这样的背景,2001 年原劳动和社会保障部颁布《社会体育指导员国家职业标准》将社会体育指导员作为我国正式职业纳入国家职业分类大典。2004 年国家体育总局专门成立职业技能鉴定中心,在体育行业推行国家职业资格证书制度。

(一)职业性社会体育指导员的定义与特点

《社会体育指导员国家职业标准》明确规定职业性社会体育指导员是指,在群众性体育活动中从事运动技能传授、科学健身指导和组织管理工作的人员,主要是指在营利性体育场所的劳动岗位从事体育健身指导工作的人员。从事的工作主要包括:指导社会体育活动者学习、掌握体育健身的知识、技能和方法；组织人们进行健身、娱乐、康复等活动；协助开展体质测定、监测、评价等活动；承担经营、管理及服务工作。

职业性社会体育指导员与公益性社会体育指导员的显著区别是，职业性社会体育指导员以获取报酬为目的。国家职业资格证书有5个等级，分别为五级（初级）、四级（中级）、三级（高级）、二级（技师）、一级（高级技师），而（职业）社会体育指导员对应下来有四个级别：五级（初级社会体育指导员）、四级（中级社会体育指导员）、三级（高级社会体育指导员）、二级（社会体育指导师），暂无一级设置。二级社会体育指导师是最高级，级别的依次递升不难看出级别越高，要求的知识储备量和能力越高，职能范围也越广，承担的责任越大。

目前，纳入国家职业大典的体育行业特有职业有："社会体育指导员""体育场地工""体育经纪人"和"游泳救生员"。社会体育指导员暂设47个工种包括：游泳、健美操、滑雪、保龄球、卡丁车、蹦极、攀岩、轮滑、滑冰、射击、射箭、潜水、漂流、滑翔伞、热气球、动力伞、跆拳道、柔道、摔跤、拳击、武术、击剑、马术、帆板、滑水、跳伞、网球、羽毛球、棒球、垒球、高尔夫球、自行车、围棋、象棋、健美、航海模型、足球、篮球、乒乓球、台球、健身教练、散打、空手道、体育舞蹈、国际象棋、拓展、山地户外等。作为职业性社会体育指导员必须要经过职业培训并参加相应等级的考试，才能获取相应级别的国家职业资格证书。

（二）职业性社会体育指导员的相关法律规定

随着我国体育产业的大力发展，全民健身上升为国家战略，特别是2014年国务院发布《关于加快发展体育产业促进体育消费的若干意见》，更加明确要大力推动体育市场的繁荣发展，《社会体育指导员国家职业标准》是培养、发展和规范体育劳动力市场的重要举措，对促进劳动者就业能力和工作能力具有积极作用。职业性社会体育指导员作为满足不同健身需求的重要指导力量，已经成为全民健身工作不可或缺的一个重要组成部分。但是目前由于国家缺乏统一的专业技术要求，各个项目特点也不统一，大量健身场所中从业的指导人员，特别是高危项目中从业的指导人员，情况复杂，有的没有任何资质，或经过不同组织认可，水平参差不齐，这样不利于健身者进行科学锻炼，甚至在高危项目中会造成人身伤害。因此，为了加强对全民健身经营场所的技术指导和安全管理，保障人民群众参与健身活动的安全与科学，《全民健身条例》第三十一条第三款专门对职业性社会体育指导员进行规定，并强调高危项目的社会体育指导员必须依照国家有关规定取得资格证书。

实际上随着我国休闲体育的大力发展，健身行业需求日益增长，健身人员对于健身指导服务的要求也进一步提高，各种经营性健身场所对于社会体育指导人员的标准要求也不断提高。特别是高危险性体育项目由于与健身人员的人身安全密切相关，所以 2004 年施行的《中华人民共和国行政许可法》设立了对高危险性体育项目进行健身指导的从业许可，要求从事相应健身指导并以此为职业的社会体育指导人员，必须首先取得职业资格证书。《全民健身条例》第三十二条规定，经营高危险性体育项目，必须具有达到规定数量的取得国家职业资格证书的社会体育指导人员和救助人员。2013 年国家体育总局颁布的《经营高危险性体育项目许可管理办法》也明确，经营高危险性体育项目必须具有达到规定数量、取得国家职业资格证书的社会体育指导人员和救助人员。申请经营高危险性体育项目应当提交社会体育指导人员、救助人员的职业资格证明，其许可证也必须载明社会体育指导人员和救助人员数量。经营者应当将社会体育指导人员和救助人员名录及照片张贴于经营场所的醒目位置。第二十四条专门规定，社会体育指导人员和救助人员应当持证上岗，并佩戴能标明其身份的醒目标志。在法律责任一章中还明确规定，违反规定的，社会体育指导员由县级以上地方人民政府体育主管部门责令限期改正，逾期未改正的，处 2 万元以下的罚款。

　　2015 年国家体育总局群体司在工作会议中指出,现在社会体育指导员职业技能培训鉴定工作自 2006 年正式开展以来,历经 8 年的发展,现已初具规模。目前,全国已累计培养社会体育指导(救助)人员 143576 人次。做好职业社会体育指导员等体育技能人才队伍建设对于贯彻落实国办 46 号文件,推动群众体育、竞技体育以及体育产业全面发展具有重要的意义。

三、天津市社会体育指导员分类管理法律制定依据

(一)国务院行政法规及部门规章的依据

　　2000 年,国家体育总局办公厅发布《关于加强社会体育指导员管理工作的通知》,强调要严格执行《社会体育指导员技术等级制度》。2005 年国家体育总局颁布《关于进一步加强社会体育指导员工作的意见》,明确指出,《社会体育指导员技术等级制度》主要是对公益社会体育指导员工作进行规范;《社会体育指导员国家职业标准》主要是对职业社会体育指导员进行规范。各级体育行政部门对社会体育指导员工作要进行统一管理与协调,并按照公益与职业社会体育指导工作的规律、特点和需要,分类制定工作规划,分别进行政策法规的引导与规范,采取不同的培训考核与任用管理方式。全民健身的发展不仅靠大量的公益性社会体育指导员,也要靠职业性社会体育指导员提供技术更强的健身指导服务。因此 2009 年《全民健身条例》明确规定了公益性社会体育指导员和职业性社会体育指导员,并对公益性和职业性社会体育指导员提出明确要求。

　　2011 年,国家体育总局颁布《社会体育指导员管理办法》,以及《社会体育指导员发展规划(2011 年—2015 年)》,为深入贯彻落实《全民健身条例》,进一步加强社会体育指导员队伍建设,全面构建全民健身公共服务体系提供重要依据,特别是法规规划,详细规定了发

展目标与任务,要求吸引、组织从事社会体育指导人员加入社会体育指导员队伍,获得社会体育指导员技术等级证书的人员注册数从目前的 65 万人增加到 100 万以上。城市达到每千人至少拥有一名社会体育指导员;农村达到每两千人至少拥有一名社会体育指导员。国家级、一级社会体育指导员人数比例有较大幅度提高,分别达到 3% 和 10%;经常从事指导工作的比例从 60% 提高到 70%;文化和年龄结构有所改善;地区和城乡差距进一步缩小。建立 31 个国家社会体育指导员培训基地,省、市、县普遍建立培训基地;制定新的培训大纲,编写新的培训教材和辅助教材;健全一般培训与专项技能培训、晋级培训与再培训相结合的培训制度,培训渠道进一步拓宽,培训方式和内容更加丰富,交流展示活动经常开展。形成体育部门为主导、社会体育指导员协会为主体、各种社会体育组织广泛参与,组织健全、结构合理、覆盖城乡、服务到位的组织体系。中国社会体育指导员协会机构和工作机制进一步健全;各省(区、市)普遍成立社会体育指导员协会,70% 以上的地市和 50% 以上的县(区)成立社会体育指导员协会。各行业体协及各单项体育协会积极参与社会体育指导员工作。每名社会体育指导员每年开展体育健身指导服务时间平均达到 80 小时以上。社会体育指导员真正成为"全民健身的宣传者、科学健身指导者、群众体育活动组织者、体育场地设施维护者、健康生活方式引领者"。同年国家体育总局办公厅发布《关于进一步加强社会体育指导员培训工作的通知》,各级体育部门每年都要安排一定比例的事业经费和体育彩票公益金作为社会体育指导员工作经费,确保社会体育指导员培训工作经费投入。

　　2015 年,国家体育总局办公厅发布《社会体育指导员工作评估报告(2011 — 2014 年)》,在肯定社会体育指导员工作成效基础上,也指出目前存在的主要问题有,重培训审批数量,轻管理使用服务的现象,指导员工作制度和机制还需要进一步健全。指导员协会的基础组织网络体系还未形成,指导员培训基地比较少,二三级培训基地很多地方还是空白,指导员队伍结构还不够合理,服务还不能满足于群众的需要。要用法治思维和法治方式来管理社会体育指导员,加强社会体育指导员的信息公开,切实维护社会体育指导员的合法权益,规范指导员的服务方式,在全社会倡导树立"奉献、服务、健康、快乐"的全民健身志愿精神。

《天津市全民健身条例》第二十五条规定:"本市按照国家规定实行社会体育指导员制度。社会体育指导员的评定标准和程序,按照国家有关规定执行。社会体育指导员负责宣传科学健身知识、传授健身运动技能,指导科学健身。"该条规定仅仅是规定了公益性社会体育指导员,并没有对职业性社会体育指导员进行规定。而随着全民健身的广泛开展,体育产业、消费的大力推动,职业性社会体育指导员的立法规定成为全民健身立法的重要内容,特别是高危体育项目的经营许可,更是对职业性社会体育指导员有详细要求。2004年修正的《天津市体育经营活动管理管理办法》第六条规定,从事体育经营活动,必须具备条件之一是"有与其经营项目和规模相适应,并具备相应资格的经营者和从业人员"。该规定作为天津市政府规章,与《全民健身条例》相比是下位法,下位法要与上位法一致,所以对于该规定也要进行修改,与《全民健身条例》的规定一致。《天津市全民健身条例》是天津市地方性法规,《全民健身条例》是国务院行政法规,作为地方性法规要与国务院行政法规一致,因此有必要进行修改。

基于社会体育指导员分为公益性社会体育指导员与职业性社会体育指导员,对于二者分别有不同的法律进行规范,《天津市全民健身条例》并没有对此进行明确规定与区分,二者代表的性质是完全不同的。公益性社会体育指导员是实现全民健身体现的重要力量,需要国家的鼓励、支持,基于其自愿、无偿、公益等性质,县级以上地方人民政府体育主管部门应当免费为其提供相关知识和技能培训,并建立档案,需要立法规范,而职业性社会体育指导员由于具有职业性,国家颁布了专门的职业标准,不同于公益性社会体育指导员,《天津市全民健身条例》需要明确。

(二)部分国家和省市全民健身条例的相关规定

1.国外社会体育指导员的规定与分类

日本体育指导员主要由日本体育协会与加盟团体共同培养,新制度根据体育活动的需要把社会体育指导员分为三大类:第一类:主要是指的是教练员资格,包括体育指导基本资格、各种竞技体育项目的指导资格、健身指导资格;第二类:主要是从医学上面进行的界定,包括运动健康管理的体育医生和竞技体育康复、训练师;第三类:主要是体育范围内的经营管理型人才,包括俱乐部协调人、俱乐部经理、俱乐部管理。英国体育部门把体育指导员也分为三类,分别是社区体育指导员、高级指导员、基础户外训练指导员,不分级别,社区体育指导员主要侧重于社区居民参加的各种健身指导工作;高级指导员,主要侧重于对专业的比赛运动队的指导工作;基础户外训练指导员主要侧重于对参与户外运动的人群指导工作。加拿大社会体育指导员主要由中央审议会所负责,并且分为:健身指导员、专家级健身指导员、健身教练和专有级健身教练高级指导员。

2.部分省市全民健身条例有关社会体育指导员的规定

《全民健身条例》(2009年)关于公益性的社会体育指导员和职业性的社会体育指导员规定如下,第三十一条第一款规定,国家加强社会体育指导人员队伍建设,对全民健身活动进行科学指导。第三十一条第二款规定国家对不以收取报酬为目的向公众提供传授健身技能、组织健身活动、宣传科学健身知识等服务的社会体育指导人员实行技术等级制度。县级以上地方人民政府体育主管部门应当免费为其提供相关知识和技能培训,并建立档案。第三十一条第三款规定,国家对以健身指导为职业的社会体育指导人员实行职业资格证书制度。以对高危险性体育项目进行健身指导为职业的社会体育指导人员,应当依照国家有关规定取得职业资格证书。第三十二条规定,实行社会体育指导员技术等级制度。社会体育指导员技术等级的认定标准和程序,按照国家有关规定执行。社会体育指导员在群众性体育活动中从事健身运动技能传授、科学健身指导和组织管理,宣传科学的体育健身知识。

《江苏省全民健身条例》(2002 年)第二十三条规定,各级体育主管部门应当加强社会体育指导员的组织和培训工作。在全民健身活动中从事体育技能传授、锻炼指导和组织管理的人员,必须持有社会体育指导员技术等级证书。公共体育场馆应当按照项目要求,配备社会体育指导员指导全民健身活动。社区居民委员会、村民委员会和有条件的单位可以配备社会体育指导员。《江苏省全民健身条例》并无有关职业社会体育指导员的相关规定。

《云南省全民健身条例》(2004 年)第二十条规定,全民健身工作执行社会体育指导员技术等级制度。省、州(市)、县(市、区)体育行政主管部门分别负责一级、二级、三级社会体育指导员的培训和管理工作。在全民健身活动中,从事经营性体育技能传授、锻炼指导、体育表演、体育咨询的人员,应当持有社会体育指导员技术等级证书。对公众开放的全民健身体育设施的管理单位应当按照项目要求,配备社会体育指导员。社会体育指导员应当持证上岗、文明服务,并不得从事与其资质等级不相符的社会体育指导工作。《云南省全民健身条例》并无有关职业社会体育指导员的相关规定。

《杭州市全民健身条例》(2004 年)第二十三条规定,以健身指导为职业的社会体育指导员必须按照国家规定取得职业资格证书,不得超越证书确定的项目范围进行有偿健身指导服务。经营性健身服务单位不得聘用无职业资格证书的人员从事有偿健身指导服务。第二十九条规定,违反本条例第二十三条第一款规定的,超越职业资格证书确定的范围,进行有偿健身指导服务的,由体育行政部门责令限期改正,没收违法所得,并处一千元以上三千元以下罚款;情节严重的,处三千元以上五千元以下罚款;违反本条例第二十三条第二款规定,聘用无职业资格证书的人员从事有偿健身指导服务的,由体育行政部门责令限期改正,没收违法所得,并处一千元以上五千元以下的罚款。《杭州市全民健身条例》并无有关公益性社会体育指导员的相关规定。

《山东省全民健身条例》(2004 年颁布,现已废止)规定,从事社会体育健身指导服务的人员,应当依法取得社会体育指导员技术等级证书,并按照技术等级证书确定的范围从事社会体育健身指导服务。体育行政部门应当加强社会体育指导员的组织和培训工作。第三十三条规定公共体育健身场所应当根据项目情况,配备社会体育指导员。第三十三条第二款规定,经营性体育健身场所必须配备具有相应执业资格的体育健身指导人员。但是在 2018 年重新颁布的《山东省全民健身条例》并未区分公益性和职业性社会体育指导员,规定相比 2004年少,2018 年更倾向于社会体育指导员的志愿服务。

《唐山市全民健身条例》(2006 年)第十七条规定实行社会体育指导员技术等级制度。从事体育健身指导服务的人员应当取得社会体育指导员技术等级证书。社会体育指导员提供服务不得超越证书核定的项目范围。经营性体育健身服务单位,应当聘请有社会体育指导员技术等级证书的人员从事体育健身指导工作。第二十九条规定,单位和个人违反本条例第十七条第四款规定从事有偿体育健身指导服务的,由体育行政部门责令改正,没收违法所得,并处违法所得一倍以上三倍以下罚款,但最高不得超过一万元。《唐山市全民健身条例》并未区分公益性和职业性社会体育指导员,但对经营性体育健身服务单位的聘用指导员资质有明确要求。

《四川省全民健身条例》(2007 年)第三十四条规定实行社会体育指导员技术等级制度。社会体育指导员技术等级的认定标准和程序,按照国家有关规定执行。从事社会体育健身指导服务的人员,应当依法取得社会体育指导员技术等级证书,按照技术等级证书确定的范围从事社会体育健身指导服务。第三十五条规定,经营国家确认的具有危险性的体育项目应当实行并达到国家、行业、地方强制性标准的要求,配备具有国家规定的从业资格的人员。

《陕西省全民健身条例》(2007 年)第三十六条规定,从事公益性体育健身指导服务的人员,应当依法取得社会体育指导员技术等级证书,按照技术等级证书确定的范围开展体育技能传授、健身指导及组织管理工作。公共体育场馆、健身辅导站应当配备社会体育指导员,居民委员会、村民委员会和有条件的单位可以配备社会体育指导员。第三十六条第二款规定,在经营性健身活动场所从事体育健身指导服务的职业社会体育指导员,应当取得劳动和社会保障部门颁发的职业资格证书。

《浙江省全民健身条例》(2007 年)第二十九条规定,实行社会体育指导员制度。社会体育指导员应当在全民健身活动中宣传科学健身知识,传授体育健身技能,指导体育健身活动。县级以上人民政府体育行政部门应当根据国家制定的社会体育指导员技术等级制度的要求,有计划地开展公益社会体育指导员培训工作。职业社会体育指导员的培训和技能鉴定按照国家有关规定执行。鼓励具有体育特长或者热心体育事业的人员,志愿参与组织和辅导全民健身活动。第三十九条规定,从事专业性强、技术要求高、危险性大的体育健身经营活动的,应当配备相应资质的职业社会体育指导员;从事危险性大的体育健身经营活动的,还应当配备必要的救护人员。第四十二条规定,违反本条例第三十九条规定,未按规定配备救护人员、相应资质的职业社会体育指导员的,由县级以上人民政府体育行政部门责令改正,可处以一千元以上一万元以下的罚款。《浙江省全民健身条例》规定比较全面,既有职业性社会体育指导员又有公益性社会体育指导员,且对经营性场所的从业人员资质严格要求。

《安徽省全民健身条例》(2008年)第三十五条规定,在体育健身场所承担专业性强、技术要求高或者直接关系人身安全、公共安全的体育项目健身指导、救助等工作的从业人员,应当具有符合国家规定的相应职业资格。第三十七条规定实行社会体育指导员制度。社会体育指导员的培训、技术等级认定和职业技能鉴定,按照国家有关规定执行。社会体育指导员应当在全民健身活动中宣传科学健身知识,传授体育健身技能,指导体育健身活动。第四十九条规定,体育健身场所未按本条例第三十五条规定聘用相应职业资格从业人员的,由县级以上人民政府体育行政主管部门责令限期改正;逾期不改正的,处以5000元以上1万元以下罚款;有违法所得的,没收违法所得。《安徽省全民健身条例》对公益性和职业性的社会体育指导员都有规定,且在法律责任一章明确,经营性场所必须聘用有职业资格的从业人员。

《内蒙古自治区全民健身条例》(2008年)专门在第五章健身指导对于社会体育指导员进行规定。第三十七条规定全民健身指导实行社会体育指导员制度。加强公益和职业社会体育指导员的队伍建设,发挥社会体育指导员在构建群众性多元化体育服务体系中的作用。第三十八条规定,职业社会体育指导员应当按照有关规定取得执业资格。职业社会体育指导员的培训和职业技能鉴定工作,由国家批准的体育行业特有工种职业技能鉴定机构承担。第三十九条规定,自治区、盟行政公署和设区的市、旗县级人民政府体育行政部门分别负责一级、二级、三级公益社会体育指导员的培训与管理。公益社会体育指导员的技术等级评定和审批程序按照国家有关规定执行。鼓励和支持公益社会体育指导员参加升级考核和评定。第四十条规定,在健身指导站点提供健身指导的公益社会体育指导员,应当向当地苏木乡级人民政府或者街道办事处登记备案;职业社会体育指导员的管理工作按照国家和自治区的有关规定执行。第四十一条规定,各级各类体育协会应当参与对公益社会体育指导员的管理,协助体育行政部门制定社会体育指导员专项技能标准,承担公益社会体育指导员的专项技能考核。第四十二条规定,鼓励和支持体育院校和设有体育专业的院校开设社会体育指导相关课程;具备条件的院校经体育行政部门认定,可以承担公益社会体育指导员的培训工作。第四十三条规定,行业体育协会经自治区体育行政部门授权,可以负责本行业内社会体育指导员的管理工作。《内蒙古自治区全民健身条例》对于社会体育指导员管理规定相对其他省市规定比较多,包括功能、培训、管理、备案等方面。职业性社会体育指导员也有规定,但相比其他省市,并未规定经营性体育场所的从业人员资格,也未对经营性体育场所聘用无职业资质的从业人员承担什么样的法律责任进行规定。

《广州市全民健身条例》(2010 年)第三十七条规定,市、区、县级市体育主管部门按照国家规定组织推行社会体育指导员制度,社会体育指导员的评定标准和程序,按照国家有关规定执行。镇人民政府、街道办事处应当组织社会体育指导员为本辖区内市民的体育健身活动提供指导。社会体育指导员应当在全民健身活动中宣传科学健身知识、传授体育健身技能、组织指导体育健身活动。《广州市全民健身条例》更多是对公益性社会体育指导员进行规定,对于职业性社会体育指导员并未明确规定,也未对经营性体育场所聘用职业性社会体育指导员予以确认。

《吉林省全民健身条例》(2010 年)第三十三条规定,实行社会体育指导员制度,建立社会体育指导员协会。县级以上人民政府体育主管部门应当根据国家制定的社会体育指导员技术等级制度的要求,有计划地开展社会体育指导员培训工作。全民健身设施管理单位应当配备相应技术等级的社会体育指导员,为全民健身活动提供科学指导。开展全民健身志愿者活动,鼓励具有体育特长或者热心体育事业的人员,志愿参与组织和辅导全民健身活动。《吉林省全民健身条例》也是主要围绕公益性社会体育指导员进行规定,鼓励志愿服务活动,但未规定职业性社会体育指导员。

《甘肃省全民健身条例》(2011 年)第三十四条规定,县级以上人民政府应当加强社会体育指导人员和志愿者队伍建设,对以健身指导为职业的社会体育指导人员实行职业资格证书制度。不以收取报酬为目的,向公众提供传授健身技能、组织健身活动、宣传科学健身知识等服务的社会体育指导人员可以申请相应的技术等级。技术等级和职业证书的认定标准及程序,按照国家有关规定执行。第三十五条规定,实行强制性体育服务标准的体育运动活动场所,应当达到国家规定的强制性服务标准,并配备具有相应执业资格的社会体育指导员。第四十二条规定,违反本条例规定,超出技术等级证书规定范围从事社会体育健身指导服务,或者未取得社会体育指导员职业资格证书从事经营性社会体育健身指导服务的,由县级以上人民政府体育行政部门给予警告,责令停止违法行为,没收违法所得。《甘肃省全民健身条例》规定比较全面,既有公益性又有职业性社会体育指导员,并且对于经营性体育场所的从业人员资质以及违法承担的法律责任都予以明确。

《湖南省全民健身条例》(2012 年)第二十五条规定,全民健身设施管理单位和健身站(点)应当根据需要配备相应技术等级的社会体育指导人员,为全民健身活动提供科学指导。经营性的体育健身服务场所中从事体育健身指导的体育专业技术人员应当取得国家职业资格证书。第二十六条规定,县级以上人民政府体育主管部门应当组织社会力量积极开展全民健身志愿服务活动,建立以社会体育指导人员为主体,优秀运动员、教练员、体育科技工作者、体育教师、体育专业学生、医务工作者和其他社会热心人士参与的全民健身志愿服务队伍。

《上海市市民体育健身条例》(2012 年)第三十七条规定,对不以收取报酬为目的的社会体育指导人员,按照国家有关规定实行技术等级制度。市和区、县体育行政管理部门应当免费为其提供相关知识和技能培训,并建立档案。公共体育设施应当按照项目要求,配备社会体育指导人员指导体育健身活动。居(村)民委员会和有条件的单位,也可以配备社会体育指导人员。社会体育指导人员负责组织居民开展体育健身活动,传授体育健身技能,宣传科学健身知识。第三十八条规定,对以健身指导为职业的社会体育指导人员实行职业资格证书制度。以对高危险性体育项目进行健身指导为职业的社会体育指导人员,应当依照国家有关规定取得职业资格证书。

《长沙市全民健身办法》(2012年)第三十条规定,市、区县(市)体育行政主管部门应当加强对社会体育指导员的培训和管理,建立和完善社会体育指导员制度和服务规范,建立社会体育指导员接受培训和提供服务的档案。社会体育指导员数量应当达到国家规定标准。社会体育指导员应当在全民健身活动中宣传科学健身知识、传授体育健身技能,为居(村)民开展全民健身活动提供公益性指导服务。第三十条第二款规定,经营性体育健身服务单位应当根据健身项目要求,按照有关规定配备一定数量的社会体育指导员。《湖南省全民健身条例》(2012年)第二十五条规定,全民健身设施管理单位和健身站(点)应当根据需要配备相应技术等级的社会体育指导人员,为全民健身活动提供科学指导。第二十六条规定,县级以上人民政府体育主管部门应当组织社会力量积极开展全民健身志愿服务活动,建立以社会体育指导人员为主体,优秀运动员、教练员、体育科技工作者、体育教师、体育专业学生、医务工作者和其他社会热心人士参与的全民健身志愿服务队伍。第二十五条第二款明确规定,经营性的体育健身服务场所中从事体育健身指导的体育专业技术人员应当取得国家职业资格证书。

《辽宁省全民健身条例》(2012年)第三十一条规定,省、市、县体育行政部门应当组织建立社会体育指导员队伍,逐步推行社会体育指导员公益岗位制度,建立社会体育指导员档案,并免费为其提供相关知识和技能培训,引导社会体育指导员在不同项目类别、区域的合理分布。体育行政部门根据国家制定的社会体育指导员技术等级制度,为社会体育指导员授予技术等级。社会体育指导员有义务对公益性的全民健身活动进行免费指导。为营利性体育健身服务机构提供健身指导服务的,可以收取费用。第三十二条规定,全民健身设施管理单位和健身站(点)应当根据需要配备相应技术等级的社会体育指导员,为全民健身活动提供科学指导。第三十三条规定,县级以上人民政府体育行政部门应当负责组织社会力量,开展全民健身志愿服务活动,建立以社会体育指导员为主体,优秀运动员、教练员、体育科技工作者、体育教师、体育专业学生、医务工作者和其他社会热心人士参与的全民健身志愿服务队伍。鼓励和支持退役运动员通过培训和鉴定,取得职业资格证书,为全民健身服务。

《湖北省全民健身条例》(2013年)第三十九条规定,体育主管部门按照国家规定组织推行社会体育指导员制度,免费为公益性社会体育指导员提供相关知识和技能培训,并建立档案。公益性社会体育指导员免费为公民参加健身活动提供指导服务。经营性健身场所按照项目要求,配备相应资质的职业社会体育指导员。公共体育健身场所以及社区、村(居)民委员会和有条件的单位,可以配备社会体育指导员,指导全民健身活动。第四十条规定,体育主管部门以及其他相关部门和组织应当建立以公益性社会体育指导员为主体,优秀运动员、教练员、体育工作者、体育教师、体育专业学生、医务工作者等参与的全民健身志愿服务队伍,为全民健身活动提供指导服务。第四十一条规定,经营游泳、潜水、攀岩、滑雪等高危险性体育健身项目的,应当按照国家有关规定,取得相应行政许可,建设符合标准的体育设施,采取安全保障措施,配备具有专业资质的体育指导员和救助人员。《湖北省全民健身条例》对于公益性和职业性社会体育指导员都予以规定,同时还对高危体育项目的从业人员资质进行专门规定,但未从法律责任对违反规定的经营性体育场所进行规定。

《深圳经济特区促进全民健身条例》(2014年)第四十八条规定,

取得社会体育指导员技术等级证书的人员,可以按照技术等级证书确定的范围从事社会体育健身服务指导,依法开展下列活动:组织群众健身活动,传播科学健身知识,传授科学健身技能,开展健身安全指导,宣传全民健身活动,引导市民遵守相关法律、法规。鼓励社会体育指导员为市民义务提供全民健身指导服务,对长期坚持提供义务服务的,市、区体育主管部门可以给予相应支持。《深圳经济特区促进全民健身条例》并未职业社会体育指导员以及经营性体育场所的从业人员资质进行规定。

《浙江省全民健身条例》(2014年)第二十九条规定,实行社会体育指导员制度。社会体育指导员应当在全民健身活动中宣传科学健身知识,传授体育健身技能,指导体育健身活动。县级以上人民政府体育行政部门应当根据国家制定的社会体育指导员技术等级制度的要求,有计划地开展公益社会体育指导员培训工作。第二十九条第二款明确规定,职业社会体育指导员的培训和技能鉴定按照国家有关规定执行。《武汉市全民健身条例》(2015年)第二十九条规定,本市按照国家规定建立社会体育指导员技术等级制度。社会体育指导员技术等级的评定标准和审批程序,按照国家有关规定执行。社会体育指导员为公民参加健身活动提供公益性指导服务,向公民宣传科学健身知识。公共体育场馆应当按照项目要求,配备社会体育指导员,指导全民健身活动。社区居委会、村委会和有条件的单位可以聘请社会体育指导员。《武汉市全民健身条例》的规定主要是围绕公益性社会体育指导员进行,关于职业性社会体育指导员并未规定。

《重庆市全民健身条例》(2018年)并未对社会体育指导员进行规定,更多是对社会组织进行规定。《广东省全民健身条例》(2019年)第四十一条规定,县级以上人民政府体育主管部门应当完善社会体育指导工作机制和组织体系,加强社会体育指导员协会、服务站、服务点建设和管理,加强公益和职业体育指导员队伍建设,设立公益性岗位,支持和保障社会体育指导员工作,发挥社会体育指导员的健身指导作用。社会体育指导员服务站、服务点应当配备社会体育指导员。县级以上人民政府体育主管部门应当引导社会体育指导员发挥专业技术特长的优势,组织公民开展体育健身活动,传授体育健身技能,宣传科学健身知识。建立以社会体育指导员为主体,运动员、教练员、体育科技工作者、体育教师、体育专业学生、医务工作者等参与的全民健身志愿服务队伍,进学校、进社区为全民健身提供志愿服务。

《银川市全民健身条例》(2019 年)第三十二条规定,市、县(市)区体育主管部门按照国家、自治区有关规定培训、管理、考核社会体育指导员。第三十三条规定,取得社会体育指导员技术等级证书的人员,可以按照技术等级证书确定的范围从事社会体育健身服务指导,依法开展活动。鼓励社会体育指导员为公众义务提供全民健身指导服务。《银川市全民健身条例》并未对职业性社会体育指导员的予以明确规定。也未对经营性体育场所的从业人员资格进行规定。

《河北省全民健身条例》(2020 年)第二十七条规定,县级以上人民政府体育主管部门应当加强社会体育指导人员队伍的规范化、专业化培训。完善体育指导标准和规范,鼓励体育专业人员参与社会体育指导志愿服务,支持社会体育指导人员为公众提供科学健身指导,提高健身效果,预防运动损伤。社会体育指导人员开展健身指导应当遵守国家有关规定。以对高危险性体育项目进行健身指导为职业的社会体育指导人员,应当依照国家有关规定取得职业资格。第四十四条规定,经营列入国家高危险性体育项目目录的体育项目的经营者应当依法办理许可证,使用的场所和设施器材应当符合国家相关标准,配备符合规定数量的取得国家职业资格证书的社会体育指导人员和救助人员。

综上所述,山东省、陕西省、浙江省、湖南省、上海市、杭州市、长沙市、唐山市等省市都在全民健身条例或办法中明确区分了公益性社会体育指导员和职业性社会体育指导员,并针对公益性和职业性社会体育指导员明确不同的管理主体和指导员的责任与义务。对于公益性社会体育指导员明确要求县级以上人民政府体育行政部门应当有计划地免费开展公益性社会体育指导员培训工作。公共体育场馆、健身辅导站应当配备社会体育指导员,居民委员会、村民委员会和有条件的单位可以配备社会体育指导员。对于职业性社会体育指导员必须要取得国家职业资格证书,经营性体育场所必须要聘用拥有国家职业资格证书的社会体育指导员,社会体育指导员必须按照职业资格证书中规定的范围从事营业活动,并且在经营活动中佩戴明显的标志。如果经营场所聘用无资格证书的社会体育指导员人员,或社会体育指导人员没有在规定范围从事营业活动,或者佩戴明显的标志等,将依照法律规定进行处罚。北京市体育局副局长李丽莉在 2010 年北京市贯彻落实《全民健身条例》有关工作情况的汇报中指出,要从有利于实施的需要出发,建议尽快出台社会体育指导员职业资格证书制度等。

对于公益性社会体育指导员的经费保证,2005 年国家体育总局颁布的《关于进一步加强社会体育指导员工作的意见》中,明确各级体育行政部门要在体育事业经费中予以必要列支,并在本级体育彩票公益金中安排一定比例的资金配额,用于公益性社会体育指导员,并做到专款专用。2014 年国家体育总局发布《社会体育指导员发展规划(2011 年—2015 年)》又进一步提到各级体育部门要在本级财政预算中列支社会体育指导员工作经费,在用于全民健身的体育彩票公益金中安排一定比例的社会体育指导员工作经费,并随着体育经费的增长逐步加大对社会体育指导员工作经费的投入。国家体育总局每年用于全民健身工作的体育彩票公益金中,安排不低于 10% 的资金作为社会体育指导员工作经费。2014 年北京区人大执法检查《北京市全民健身条例》中提出要注重健身活动体育指导员队伍建设及体育指导员的培训、考核和上岗等制度的规范。同年北京市体育局建议在修订过程中,明确政府对公益的社会体育指导员免费进行技能培训,对成绩突出的予以表彰奖励。

对于公益性社会体育指导员的服务要求,部分省市全民健身条例都呼吁公共体育场馆、健身站点、健身活动等中有社会体育指导员的健身指导,居民委员会、村民委员会和有条件的单位可以按照情况来配备社会体育指导员。《社会体育指导员发展规划(2011 年—2015 年)》明确要求城乡社区各健身站(点)、各类健身场所、各种全民健身活动均有社会体育指导员,每名社会体育指导员每年开展体育健身指导服务时间平均达到 80 小时以上。国家体育总局每 2 年进行一次全国优秀社会体育指导员评选,并进行表彰。要求各级体育部门和社会体育指导员协会要建立相应的表彰制度,对评选出的社会体育指导员给予精神和物质奖励,并广泛进行社会宣传,激发社会体育指导员的工作积极性。

3. 天津市有关社会体育指导员的相关规定

《天津市全民健身条例》第二十五条规定:"本市按照国家规定实行社会体育指导员制度。社会体育指导员的评定标准和程序,按照国家有关规定执行。社会体育指导员负责宣传科学健身知识、传授健身运动技能,指导科学健身。"该条规定仅仅是关于公益性社会体育指导员的规定,而且对于公益性社会体育指导员的规定也并不充分,因此需要进行立法完善。

在实践中天津市从 2010 年起,在全国率先推出了评选优秀体育健身指导员、星级健身站点等活动。2010 年市体育局和渤海早报联合开展了"百名优秀社会体育指导员"暨"十佳社会体育指导员"评选活动,坚持每年评选一届。截止到 2012 年天津市共有 2.9 万名社会体育指导员。目前只有天津市体育局网站、河东区体育局网站是建成并开放的,其余都很难找到相关体育信息,政府信息公开网上会有部分相关区县体育局的公开信息。南开体育局网站没有完善建成,但开设专门的南开体育微博和微信。河东区体育局整体上网站信息比较全面丰富,其中关于河东区社会体育指导员的情况介绍,截止到 2011 年底,河东区共有社会体育指导员 2000 名,其中国家级 17 名,一级 137 名,二级 781 名,三级 1065 名,分布在全区 12 个街区内。

从实际运行情况来看,社会体育指导员已经按照公益性和职业性来分类管理,并且还对一些全民健身志愿者进行了一定的要求。天津市各区县的全民健身实施计划也进行明确区分。《天津市全民健身实施计划(2011—2015 年)》对于公益性社会体育指导员要求,大力加强社会体育指导员队伍建设,培训社会体育指导员 4 万名,每年培训不少于 3000 人次。对于职业性社会体育指导员明确,对营业性健身场所和向社会开放的高危项目体育场所的服务人员进行执业资格认证和实行执证上岗制度。关于全民健身志愿者方面,则明确吸引学生、优秀运动员、教练员等加入全民健身志愿服务行列。到 2015 年,天津市全民健身志愿者达到 1.5 万人以上。《南开区全民健身实施计划(2011—2015 年)》要求,制定《南开区社会体育指导员奖励办法》,每年培训不少于 400 人次,开展优秀社会体育指导员评选活动。积极发展职业社会体育指导员人,逐步推行营业场所和指导高危项目的体育健身指导人员持社会体育指导员职业资格证书上岗。建立全民健身志愿服务队伍,全民健身志愿者达到 2000 人以上。《河北区全民健身实施计划(2011—2015 年)》要求,不断提高我区社会体育指导员的人数比例,配合市体育局开展优秀社会体育指导员评选活动,搞好表彰奖励工作。重视对全民健身志愿者资源开发,到 2015 年完成市体育局对该区下达的人数指标。《西青区全民健身实施计划(2011—2015年)》,加强社会体育指导员队伍建设,成立体育指导员协会,每年开展评选活动,全区体育指导人员数达到 2000 人。《东丽区全民健身实施计划(2011—2015 年)》,加强全民健身组织建设,街道文体中心切实履行全民健身工作职责,充分发挥居委会的作用,每年培训社会体育指导员不少于 200 人次,开展优秀社会体育指导员评选表彰活动,全民

健身志愿者达到 3000 人以上。《宝坻区全民健身实施计划(2011—2015
年)》,到 2015 年人数达到 1500 人以上,建立健全社会体育指导员管
理系统,组建区社会体育指导员协会。对经营性对外开放健身场所的
服务人员进行执业资格认证和持证上岗制度。

　　随着全民健身事业发展,2016—2020 年的全民健身实施计划又进
一步提出更高要求。《天津市全民健身实施计划(2016—2020 年)》明
确指出要切实加强社会体育指导员的队伍建设,推行社会体育指导员
岗位服务"二位一体"管理新机制,充分发挥社会体育指导员在服务市
民健身中的重要作用。《北辰区全民健身实施计划(2016—2020 年)》
在天津市实施计划基础上,规定每年发展社会体育指导员和全民健身
志愿者人数不低于 200 人,到 2020 年全区社会体育指导员总数达到
2500 人以上。《东丽区全民健身实施计划(2016—2020 年)》有关社
会体育指导员的规定更全面,重视社会体育指导员协会的作用发挥,
开展残疾人体育社会指导员培训与足球指导员培训,街道成立全民健
身管理员队伍和社会体育指导员队伍,培养队伍体系。《和平区全民
健身实施计划(2016—2020 年)》,到 2020 年拥有各级社会体育指导
员 2000 人以上,每千人达到社会体育指导员 6 名以上,每年举办一次
社会体育指导员交流展演赛,进一步扩大冰雪项目社会体育指导员队
伍,为广大百姓提供专业、科学的冰雪健身项目指导。加强社会体育
指导员队伍建设和管理创新,成立和平区社会体育指导员协会。《河
西区全民健身实施计划(2016—2020 年)》要求培养少数民族和残疾
人体育社会体育指导员,表彰优秀的社会体育指导员,努力发挥社会
体育指导员的作用,搞好培训和管理工作,扩大社会体育指导员队伍。
《南开区全民健身实施计划(2016—2020 年)》规定建立健身指导站点
并配备社会体育指导员,为群众提供健身指导服务,创新管理体制。
《西青区全民健身实施计划(2016—2020 年)》目标是到 2020 年,社会体
育指导员和全民健身志愿者人数超过 3100 人,按照天津市总体规划进

行。《武清区全民健身实施计划(2016—2020 年)》规定社会体育指导员和全民健身志愿者人数超过 4000 人,是所有区里面数量最多的。

从全民健身实施计划的制订情况来看,天津市实施计划明确分类,但各区县制定内容并不统一,还有好多区并没有关于职业社会体育指导员的相关内容,如河北区、西青区、东丽区,特别是 2016—2020 年的天津市和各区的全民健身实施计划都未对职业社会体育指导员进行规定。还有的是对全民健身志愿者没有相关规定,如西青区、宝坻区,从各区县制定的实施计划来看,南开区是制定比较详细的,明确要制定相关的法规文件,河北区则相对比较被动,没有更多的主动性介绍或制定内容。所以更需要从《天津市全民健身条例》的立法层级上进一步明确要求。

四、《天津市全民健身条例》修改的具体规定

第一,需要明确区分公益性社会体育指导员和职业性社会体育指导员。具体修改模式可以参考《上海市市民体育健身条例》的模式。

第二,对于不以收取报酬为目的的社会体育指导人员,按照国家有关规定实行社会体育指导员技术等级制度,依照 2011 年国家体育总局颁布的《社会体育指导员管理办法》进行管理与服务。县级以上体育行政管理部门应当有计划地免费为公益性社会体育指导员提供相关知识和技能培训,并建立档案。为社会体育指导员开展体育健身指导服务配备必要的装备、音响、灯光等,提供工作、交通补贴等,如果条件许可,也为社会体育指导员购买人身伤害保险,从各方面保证社会体育指导员的工作积极性和创造性。《社会体育指导员管理办法》还明确规定鼓励社会为社会体育指导员开展志愿服务办理保险。

第三,公益性社会体育指导人员的经费应当专款专用,体育彩票公益金应当按照国家有关规定,用于培训社会体育指导人员,并逐年随着国民经济的增长而提高,县级以上体育行政部门应当在本级财政

预算中专门设立社会体育指导员人员指导费用,专款专用,不得挪作他用,并加强审计与管理,严格监督审查,保证公民体育健身的权利,同时平衡好各地区之间的情况,有计划地对偏远地区或贫穷落后地区进行财政支持倾斜,从而实现天津市体育公共服务的均等化,保证公民体育权利均等化的实现。

第四,《全民健身条例》《公共文化体育设施条例》等都规定,公共体育设施应当按照项目要求,配备社会体育指导人员指导体育健身活动。《社会体育指导员发展规划(2011 年—2015 年)》明确要在公共体育设施、各级健身站点均要配备社会体育指导人员,并规定了社会体育指导人员健身指导服务每年时间不少于 80 小时以上。《社会体育指导员管理办法》明确在一个年度内超过半年未开展志愿服务或少于 30 次,不予年度注册或晋升等级。所以立法不仅要明确公共体育设施应当按照项目要求,配备社会体育指导人员指导体育健身活动。居(村)民委员会和有条件的单位,也可以配备社会体育指导人员,还要明确健身指导服务的时间以及要求。不仅要对社会体育指导人员负责组织开展体育健身活动,传授体育健身技能,宣传科学健身知识进行原则性规定,还有明确健身指导人员的义务,以及违反义务应当承担的法律责任,或造成损害应当承担的法律责任。同时还有做好社会体育指导员人员和协会的宣传以及表彰。

第五,对于以健身指导为职业的社会体育指导人员需要按照国家职业标准,实行职业资格证书制度。对高危险性体育项目进行健身指导为职业的社会体育指导人员,必须依照国家有关规定取得职业资格证书,并在健身指导服务过程中佩戴明显的标志,经营场所不得聘用无职业资格证书的社会体育指导人员,社会体育指导人员必须在资格证书指导范围内进行健身指导服务。违反规定提供营利性健身指导服务的,依照法律规定给予处罚。

第六,对于全民健身志愿者,鼓励不同群体如学生、运动员特别是退役运动员、教师、热爱体育人士等自愿加入到全民健身指导中来,壮大全民健身志愿队伍建设,如果仅仅靠社会体育指导人员是无法完全满足全民健身指导需求的。因此要大力发展、宣传、鼓励并表彰全民健身志愿者,动员全社会人员都积极运动起来。

第二节 全民健身组织建设的相关法律分析

一、各省市条例关于协会、社团、健身站等建设的规定

全民健身组织建设,主力队员除了社会体育指导员,还需要完善的组织建设,才能有效推动全民健身活动的开展,保障全民健身各方利益群体。尤其是国家取消商业性和群众性赛事审批之后,体育社团或协会将发挥更大的作用,更需要加强建设。全民健身是全体公民应当享有的体育权利,因此需要辐射全国范围,从城市到农村,从街道到乡镇,从社区到自然村,必须要形成富有活力的全民健身社会组织网络,才能真正推动全民健身的持续发展。实际上关于体育组织各省市都有相关规定。如《安徽省全民健身条例》规定鼓励和支持社会力量依法兴办体育协会、健身俱乐部和辅导站(点)。体育协会、健身俱乐部和辅导站(点)应当依照法律、法规和章程,在体育行政主管部门和行业主管部门的指导下,组织开展全民健身活动。《浙江省全民健身条例》同安徽省相似。

《甘肃省全民健身条例》规定各级各类体育协会应当按照有关规定和章程,组织开展全民健身活动,并接受体育行政部门的指导。乡(镇)人民政府、街道办事处应当建立健全文化体育指导站(室)等基层文化体育组织,配备专职或者兼职工作人员,建立体育健身骨干队伍,组织开展适合当地居民特点的全民健身活动。《广东省全民健身

条例》规定体育社会组织应当对全民健身活动给予指导和支持。鼓励公民依法组建或者参加体育社会组织,开展全民健身活动。各级体育总会和各类单项、行业、人群体育协会等体育社会组织应当依照章程,发挥专业优势,开展规则制定、人员培训、活动策划等工作,组织和指导公民科学健身。其他社会组织可以结合自身特点和优势,依法组织开展全民健身活动。《杭州市全民健身条例》要求各级体育总会和各类体育社团应按照国家有关规定,在各级体育行政部门的指导下,组织开展全民健身活动。乡镇人民政府和街道办事处应当确定人员,组织开展和协调乡镇、街道的全民健身活动。乡镇、街道每年至少举办一次专项体育活动或综合性的体育运动会。《云南省全民健身条例》规定,城市街道办事处、乡(镇)人民政府负责本辖区内的全民健身工作,应当指定专职或者兼职工作人员,在上级体育行政主管部门的指导下组织开展全民健身活动。有条件的居民委员会、村民委员会应当建立晨、晚练点。

　　各省市对于体育协会、社团的规定大多以鼓励支持为主,按照章程开展全民健身活动,有的明确要求街道办事处、镇人民政府要负责组织建设,有的专门强调社区居民委员会应当把开展全民健身活动纳入社区工作的重要内容。2014 年 5 月 23 日,北京市人大常务委员会执法检查组关于检查全民健身相关法规实施情况的报告中指出,全民健身管理体制和运行机制尚不健全,尤其是社区体育工作和社会体育组织发展依然薄弱。全民健身工作尚未纳入社区建设,没有配备分管体育的社区工作者,社会体育组织得不到政策和资金支持,登记注册不积极,数量和规模发展缓慢。

二、天津市关于全民健身组织的法律实证分析

(一)天津市全民健身组织建设现状

从 2005 年开始,天津市每年开展群众体育社团评估考核活动,对

评选出的先进社团予以表彰和奖励。天津市体育局还积极开展星级全民健身站点评选活动,并制定了《星级全民健身活动站点评比办法》,要求每年评选一次,所有健身站点均可参评,星级全民健身站点要做到"七有",即有名称、有备案、有牵头人、有社会体育指导员、有相对稳定健身队伍、有管理办法、有相对固定的场地和活动时间。实施计划进一步要求修订完善天津市群众体育社团评估考核办法。每年表彰为全民健身事业做出突出贡献的群众体育社团、体育俱乐部。对评选出的星级全民健身活动站点,市体育局将给予 2000 元的全民健身活动经费支出。2013 年,天津市评选出 1013 个星级站点,并给予一定的经费支持。截止到 2013 年,天津市现有群众体育社团 200 多个、正式备案的体育类民非企业 51 家、市民健身站及健身气功站点 3000 多个,国家级社区体育俱乐部 12 个、国家级全民健身活动中心 9 个、职工体育健身示范基地 300 个、乡镇文体活动中心 60 多个。青少年体育、社区体育、职工体育、农民体育、老年人体育、残疾人体育、少数民族体育、妇女体育和军营体育等 9 大人群健身组织体系基本形成。其中截止到 2012 年底,武清区有全民健身站点 337 个,社会体育指导员 980 余名。滨海新区 2012 年底共建立市民健身指导站 317 个,培养社会体育指导员 3064 名,推广健身气功等 20 余项健身方法。

天津市各体育局的信息发布渠道还需要进一步完善。南开区体育局不仅有公开查询的体育局网站,还设有微信微博,能够方便全民及时了解有关全民健身的相关信息。河东区体育局关于全民健身组织建设的信息公开做得比较全面。河东区体育局将体育社团组织情况进行详细列表,标注 13 个街道名称、协会(俱乐部)名称、级别、负责人、活动项目、会员否以及联系电话。如以河东区体育总会为街道名称,共包括河东区体育总会、河东区体育舞蹈运动协会、河东区太极拳协会、河东区国际象棋协会、河东区乒乓球协会、河东区羽毛球俱乐部,主要负责区域内体育活动的组织、指导、管理和服务;鲁山街道主要包括:鲁山街道体育协会,主要负责街域内各类体育组织的指导、管理和服务;隽丰太阳城会馆,营利性机构主要开设游泳项目;欧山健身会馆,营利性机构主要负责瑜伽、有氧操、舞、动感单车,丽苑青少年体育俱乐部,非营利性机构,主要有足球、棋类、网球、田径、羽毛球项目;东新街主要包括东新街道体育协会,负责街域内各类体育组织的指导、管理和服务;东新街道社区健身俱乐部,国家级健身俱乐部,主要为社区健身服务;骏骠搏击俱乐部是营利性机构,主要服务范围为群众健身。河东区体育局将体育社团进行公开,不仅明确责任人,联系电话,协会名称、地址、性质,而且公开主要健身辅导项目,这样更利于公民进行有目的的健身,这也是其他区、县体育局需要着重学习的,也是需要法律明确规定的。从中国体育指导员协会公布的天津市、区的社会体育指导员协会来看,组织建设还需要尽快组建。跟发达国家相比差距还比较大。所以对于全民健身的组织建设还需要立法进一步鼓励支持,并给予保障。

(二)天津市关于全民健身组织的相关法律规定

《天津市全民健身条例》只有第二十二条规定:"鼓励全民健身站、体育协会、体育俱乐部等群众性健身组织依照法律、法规和章程开展全民健身活动,各级体育行政部门应当给予支持和指导。"而在《天津市全民健身实施计划(2011—2015年)》中专门强调区县要组建体育总会、行业体育协会、单项体育协会和人群体育协会等社团。90%以上的城市街道和所有乡镇要组建体育组织,所有城市社区和90%以上的行政村要组建体育健身站(点)。进一步修订完善天津市群众体育社团评估考核办法,开展评比活动,每年表彰做出突出贡献的群众体育社团、体育俱乐部。天津市各区县在规定时也不统一,《河北区全民健身实施计划(2011—2015年)》要求90%以上街道组建体育组织,所有社区要设立体育健身站(点),组建各类协会、社团,为注册登记、工作指导、体育设施、活动经费等方面提供支持。《西青区全民健身实施计划(2011—2015年)》明确各街镇要成立街镇农民体育协会,各级各类体育组织要覆盖全区已有区体育总会、农民体育协会,组建区残疾人体育协会、区老年人体育协会、区职工体育协会、青少年体育俱乐部等组织,已登记注册或备案的协会组织给予经费支持,但并未对全民健身站(点)进行规定。《东丽区全民健身实施计划(2011—2015年)》要求开展星级全民健身站点创建活动,目前已有区体育总会、单项体育协会、人群体育协会、青少年体育俱乐部、社区体育俱乐部等,要为其注册登记、工作指导、办公用房、体育设施、活动经费等方面提供支持。《南开区全民健身实施计划(2011—2015年)》强调90%以上街道有体育组织,明确街道体育职责,街道社区普遍建有全民健身站(点),加强各类体育社团协会建设,制定《南开区街道群众体育工作考核办法》《南开区体育社团评星实施办法》《南开区社区体育管理办法》《南开区晨晚练队伍奖励办法》,区民政局、体育局在注册登记、工作指导、办公用房、体育设施、活动经费等方面提供支持。《宝坻区全民健身实施计划(2011—2015年)》明确100%镇(街道)建有体育组织,60%行政村建有健身指导站,都配有社会体育指导员,打造150个健身站,强化去体育总会功能,完善提高现有单项体育协会,根据实际情况建立新的单项体育协会,但是未明确具体提供什么样的支持方式。

《天津市全民健身实施计划(2016—2020年)》则进一步要求按照政社分开、权责明确、依法自治的原则,健全完善市体育总会组织机构,发挥其在推动全市体育社会组织发展中的"龙头"作用,推进各区体育总会规范化建设,鼓励和支持运动项目协会、人群协会、网络体育组织等社会体育组织的发展,为广大市民开展全民健身活动提供专业组织和指导服务。不断提升市民健身站的规范化水平,推广建立社区居民健身会、行政村村民健身会,努力实现社(村)体育组织的全覆盖。《河西区全民健身实施计划(2016—2020年)》要求初步建成遍布全区、规划有序、富有活力的全民健身社会化组织网络。不断加强单项体协、社区体育组织、职工体育组织、少数民族体育组织、残疾人体育组织、青少年体育俱乐部等社团的组织建设,并在注册登记、工作指导、体育设施、活动经费、评选表彰等方面对基层体育组织提供支持。《北辰区全民健身实施计划(2016—2020年)》要求不断完善基层服务类体育组织。推动我区健身站的规范化水平,推广建立社区"居民健身会"、行政村"村民健身会",努力实现社区(村、居)体育组织的全覆盖。促进体育社团的规范化发展。

(三)立法修改需要重点突出的内容

第一,鼓励乡镇人民政府、街道办事处建立体育健身指导站、体育俱乐部等体育组织,培育发展基层体育社团、民办非企业单位等社区体育类社会组织,各类体育组织要逐步实现全民覆盖,开展全民健身活动。

第二,鼓励全民健身站、体育协会、体育俱乐部等群众性健身组织依照法律、法规和章程开展全民健身活动,各级体育行政部门应当在注册登记、工作指导、办公用房、体育设施、活动经费等方面提供支持和指导。

第三,对在全民健身工作中做出突出贡献的组织和个人,给予表彰和奖励。

第四,全民健身组织信息要公开,明确健身指导服务内容。

三、街道、乡镇居委会的组织建设

(一)各省市全民健身条例的相关规定

全民健身组织建设,必须充分发挥乡镇人民政府、街道办事处、居民委员会、村民委员会的作用。全民健身涉及的很多团体、协会,特别是健身站(点)都需要乡镇人民政府、街道办事处、居民委员会、村民委员会的建立与管理。而且对于全民健身工作的绩效考核也明确将居委会、办事处、乡镇政府纳入到考核的主体范畴,明确其相关责任与义务。不仅要组织开展全民健身活动,还要配备专职人员,协助全民健身工作。目前《天津市全民健身条例》第二十一条有规定,其余省市从不同方面进行相关规定。

《北京市全民健身条例》对于街道、乡镇居委会的组织建设规定比较全面,第五条明确规定,国家机关、企业事业单位、城乡社区、社会团体及其他组织应当保障职工或者成员的健身权益,为其参加健身活动创造条件,负责支持其组成健身团队,建立健身活动制度,有序开展全民健身活动。各级人民政府应当根据实际情况,支持综合的、专项的健身社会组织建设,支持健身社会组织和健身团队通过自办自律、互助合作等方式整合利用社会全民健身资源,开展全民健身活动。专门规定乡镇人民政府、街道办事处应当统筹本辖区内的全民健身工作,健全全民健身工作协调机制,吸收辖区内单位、健身社会组织、健身团队的负责人参与建立本辖区的综合性健身社会组织,支持综合性健身社会组织为辖区内开展全民健身活动提供指导和帮助。乡镇人民政府、街道办事处辖区内的健身团队可以向本乡镇人民政府、街道办事处或者居民委员会、村民委员会申请备案,经备案的可以加入本辖区的综合性健身社会组织,并享受场地、资金等方面的政策支持。

《广州市全民健身条例》规定,镇人民政府和街道办事处应当将全民健身工作纳入基层公共服务体系建设,逐步建立体育健身辅导站(点)等基层体育服务场所,组织开展本行政区域内的全民健身活动。居民委员会应当将组织开展全民健身活动作为社区工作的重要内容,结合当地实际,组织居民开展形式多样的全民健身活动。村民委员会应当组织村民开展适合农村特点的全民健身活动。《浙江省全民健身条例》要求,乡(镇)人民政府、街道办事处应当将全民健身工作纳入公共服务体系建设,加强乡村文体俱乐部、文体活动室等农村体育社会组织和全民健身场所的建设,配备相应的工作人员,组织开展辖区内的全民健身活动。村（居）民委员会应当因地制宜地组织开展形式多样的全民健身活动。《吉林省全民健身条例》规定，乡（镇）人民政府、街道办事处负责组织开展辖区内的全民健身活动。将全民健身工作纳入公共服务体系建设，加强文体活动站、文体活动室的建设。社区居民委员会、村民委员会应当协助政府和有关部门做好全民健身工作，为辖区内的单位、组织和公民参与健身活动提供服务。《山东省全民健身条例》也有类似规定，并要求明确负责全民健身工作的机构和人员，协调辖区内体育设施的开放和利用。

（二）关于街道、居委会的立法修改

综上，各省市规定不一，但主要都涉及以下几个方面，也是《天津市全民健身条例》进行修订需要着重考虑的。

第一，乡镇人民政府、街道办事处应当将全民健身工作纳入基层公共服务体系建设，确定全民健身工作人员，组织开展辖区内的全民健身活动。

第二，乡镇人民政府、街道办事处应当逐步建立体育健身辅导站（点）等基层体育服务场所，并给予场地、经费、用房等方面的支持与帮助，组织社会体育指导员为本辖区内市民的体育健身活动提供指导。

第三，乡镇人民政府、街道办事处应当规划建设小型多样、方便实用的体育健身场所和室内健身室等公共体育设施。行政村应当建有农民体育健身工程，社区和有条件的自然村建有一个以上的健身点。

第四，居民委员会、村民委员会应当把开展全民健身活动纳入社区工作的重要内容，建立健全社区体育组织，结合本居住区的特点，组织居民、村民开展小型多样的体育健身活动。

第五，居民委员会、村民委员会应当加强对本社区、本村公共体育设施的管理；充分利用体育设施的综合服务功能，做好本社区、本村的健身工作。

第九章　天津市高危险性体育项目的法律问题研究

第一节　天津市高危险性体育项目存在的法律问题

一、高危险性体育项目的范围

　　高危险性体育项目相比一般体育项目,危险性比较大,技术要求高,安全保障要求也高。我国第一个与高危险性体育项目相关的国家强制性标准是,2003 年颁布的《体育场所开放条件与技术要求》。之后国家体育总局又颁布了有关卡丁车、轮滑、射击、射箭、滑雪、滑冰、攀岩、漂流、潜水、蹦极、滑翔伞、动力滑翔伞、热气球等项目的强制性标准。广东省早在 2006 年就颁布了《广东省高危险性体育项目经营活动管理规定》,该规定第三条明确指出,高危险性体育项目是指已制定国家标准或者地方标准中专业性强、技术性高、危险性大的体育项目。包括:游泳、潜水、漂流、攀岩、蹦极、射击、射箭、卡丁车、轮滑、滑翔伞、动力滑翔伞、热气球。本规定实施后,新制定国家标准或者地方标准的体育项目中需要列入高危险性体育项目范围的,可由省人民政府审定列入,并报省人民代表大会常务委员会备案。随后汕头市发布《关于申办高危险性体育项目经营许可证的通告》。2009 年 5 月通过的《吉林省高危体育经营活动管理条例》规定高危体育经营活动项目包括:游泳、卡丁车、蹦极、攀岩、轮滑、滑雪、滑冰、射箭、潜水、漂流、滑翔伞、热气球、动力滑翔伞、射击以及国家体育行政主管部门规定的其他高危体育项目。该规定与广东省的规定相比,增加了滑雪和滑冰体育项目。对于新增的高危险性体育项目,吉林省是以国家体育行政主管部门的规定为准,广东省的新增项目认定范围包括国家标准或地方标准,范围相对更广。同时可以看到广东省和吉林省相比国家制定的强制性标准体育项目,都将游泳增设为高危险性体育项目。

《全民健身条例》颁布之前,国家和地方对于高危险性体育项目的规定很少,只有个别省市进行规定,高危险性体育项目立法不足,缺乏高层次的专门性法规,而且关于高危险性体育项目的界定以及项目目录的细化未做出明确规定,这样会导致高危险性体育项目在开展和经营过程中,出现无法可依或法律依据不明确的情形,不利于高危险性体育项目的发展以及相关主体利益的合法保护。2009 年《全民健身条例》颁布,对高危体育项目的许可、经营等方面进行明确规定。其中第 32 条强调,国务院体育主管部门应当会同有关部门制定、调整高危险性体育项目目录,经国务院批准后予以公布。2013 年国家体育总局、人力资源和社会保障部、国家市场监督管理总局、国家质量监督检验检疫总局、国家安全生产监督管理总局联合发布第一批高危险性体育项目目录公告,包括游泳、高山滑雪、自由式滑雪、单板滑雪、潜水、攀岩。

从国家规定的高危险性体育项目目录可以看出,相比地方如广东和吉林省,国家规定的目录范围相对小,主要是四项:游泳,滑雪、潜水和攀岩,其中又将滑雪分为三类。《全民健身条例》进一步明确经营高危险性体育项目的许可条件和要求,由县级以上地方人民政府的体育行政部门作出批准或不予批准的决定。经营高危险性体育项目的企业或个体工商户,需要具备符合国家标准的相关体育设施,具有相应的安全保障制度和措施,具有达到规定数量的取得国家职业资格证书的社会体育指导人员和救助人员。县级以上地方人民政府体育行政部门对高危险性体育项目经营活动,依法履行监督检查职责。条例还对违规进行高危险性体育项目经营活动需要承担的相应法律责任予以明确。

随着人们健身需求增加,新型体育项目不断涌现,高危险性体育项目类别也在增加,如登山、翼装飞行、海上跳伞、高空钢丝、跑酷、蹦极等。这些高危险性体育项目目前尚未纳入到法律的规制范围,未进入到国家体育行政主管部门的行政许可范围中,在一定程度上造成立法的空白。特别是关于攀登山峰活动以及举办航空竞赛活动等日益增加,人民需求增长,对应不同等级的地方体育行政主管部门和国家体育总局进行审批的项目数量呈现不断增长的趋势,有一些民间体育项目也具有危险性,但未纳入到高危险性体育项目目录中,而是按照一般体育项目进行监管,这样会无形中导致体育活动的风险增加,生命安全缺乏有效的保障。

二、经营高危险性体育项目许可管理的国家相关规定

2013 年国家体育总局专门颁布《经营高危险性体育项目许可管理办法》,强调经营高危险性体育项目实施行政许可,以保障消费者人身安全,促进体育市场健康发展。相比《全民健身条例》的规定,该办法细化了安全保障制度和措施,明确安全生产岗位责任制、安全操作规程、突发事件应急预案、体育设施、设备、器材安全检查制度等,并增加了兜底条款,即法律、法规规定的其他条件。该办法还规定了许可证应当载明的事项,有效期五年,由国家体育总局统一制定,这样更有利于全国体育行政许可的统一立法与执法。县级以上地方人民政府体育行政主管部门在进行监督检查时的要求应立法明确,并对经营者应当履行的相关义务予以规制。

2013 年 5 月 1 日,国家体育总局发布《关于做好经营高危险性体育项目管理工作的通知》,细化了经营高危险性体育项目的申请条件和审批程序,明确了各级体育主管部门加强高危险性体育项目经营活动管理、保护高危险性体育项目经营活动参与者合法权益的责任,规范了高危险性体育项目经营活动中各方主体的权利和义务。对于经营高危险性体育项目的范围专门强调,"游泳"特指在游泳池、游泳馆等人工场所进行的游泳活动,不包括公开水域游泳。经营高危险性体

育项目的主体,既包括以营利为目的的企业、个体工商户,也包括有经营行为的事业单位、社会团体、民办非企业单位等。只要是经营高危险性体育项目活动的市场主体,不论是否以营利为目的,都应当依法向体育主管部门申请许可。关于出具符合相关国家标准的体育设施的证明材料,国家体育总局在经营高危险性体育项目的具体审批条件和申请材料中,将体育设施应当具备的条件和提交的材料予以细化。关于社会体育指导人员和救助人员职业资格证书,特指人力资源和社会保障部统一印制的职业资格证书。持有其他体育组织、体育主管部门、境外机构等颁发的资格证书的人士,要按照《中华人民共和国劳动法》和《中华人民共和国职业教育法》的要求,进行职业技能鉴定,取得职业资格证书后,方能在高危险性体育项目经营场所从事相关工作。体育主管部门在收到经营申请后,必须要履行实地核查的职责,这也是实施经营高危险性体育项目许可的必经程序。

随后由于相关体育项目设施标准的变化,2013 年 7 月 18 日和2016 年 2 月 6 日,国务院两次修改《全民健身条例》第三十二条。2014年 9 月 1 日和 2016 年 5 月 9 日,体育总局两次修改《经营高危险性体育项目许可管理办法》。2017 年 3 月 17 日,国家体育总局下发最新的经营高危险性体育项目审批条件及程序。2018 年,根据《国务院关于在全国推开“证照分离”改革的通知》,经营高危险性体育项目许可将采取完善措施、优化准入服务的改革方式进行管理,申请审批时间由30 日改为 20 日,体育主管部门切实履行监管职责,推行“双随机、一公开”监管机制,严格执行《体育市场黑名单管理办法》,加强信息共享,全面推进经营高危险性体育项目许可“一网通办”。

三、经营高危险性体育项目管理的地方相关规定

地方关于经营高危险性体育项目管理的规定,主要分为二大类,一类是综合性立法,一类是专门性立法。

(一)地方综合性立法

综合性立法主要是在地方全民健身条例、地方体育市场管理条例或体育经营活动管理办法中涉及。如《上海市市民体育健身条例》规定,以对高危险性体育项目进行健身指导为职业的社会体育指导人员,应当依照国家有关规定取得职业资格证书。企业、个体工商户经营高危险性体育项目的,应当按照国家有关规定取得体育行政管理部门的许可。《广州市全民健身条例》第十五条要求,经营国家高危险性体育项目目录中的体育项目的,应当按照《全民健身条例》的有关规定,取得县级以上体育主管部门的行政许可,并办理相关的工商登记手续。违反该条规定,未经体育主管部门批准,擅自经营高危险性体育项目的,由体育主管部门依照《全民健身条例》的有关规定予以处理。第十六条专门明确了举办大型全民健身活动和高危险性体育活动,应当按照国家和省的有关规定制定可行的安全保障措施以及突发事件应急预案。

《吉林省全民健身条例》对于高危险性体育项目的经营管理规定更详尽,明确高危体育项目以国务院体育主管部门公布的目录为准。高危体育项目经营场所改变名称、场所、法定代表人、经营范围等,应当向原审批部门办理变更登记。对于未经许可,擅自经营或违规经营的进行相关法律责任的规定,而且对于违规经营,除了与《全民健身条例》规定一致外,还要求在吊销许可证后五个工作日内通知工商行政管理部门,由工商行政管理部门责令当事人依法办理变更登记。《甘肃省全民健身条例》第十七条规定,县级以上人民政府质量技术监督部门和体育行政部门应当按照各自职责,加强对举办游泳、攀岩、蹦极、滑雪、滑冰、射击、射箭、潜水、漂流、卡丁车、热气球、滑翔伞、动力滑翔伞等关系人身安全的体育项目和活动的监督检查。第十八条除了对体育设施标准和人员资格进行规定外,还规定了举办攀登海拔3500米以上独立山峰的活动,应当经国家或者省体育行政部门批准,并进行了法律责任规制。

《辽宁省全民健身条例》重点对许可、变更、体育主管部门的监管进行明确,法律责任部分则是突出地方特色,与《全民健身条例》规定不一样,第四十二条规定,高危体育项目经营者违反本条例规定,变更单位名称、住所、法定代表人、经营范围等,未向原许可机关办理变更登记的,或者停业、复业,未向原审批部门办理停业、复业登记的,由体育行政部门责令改正;拒不改正的,由体育行政部门给予两千元以上一万元以下罚款。《湖北省全民健身条例》第四十一条规定,经营游泳、潜水、攀岩、滑雪等高危险性体育健身项目的,应当按照国家有关规定,取得相应行政许可,建设符合标准的体育设施,采取安全保障措施,配备具有专业资质的体育指导员和救助人员。《武汉市全民健身条例》规定与湖北省类似,经营游泳、潜水、攀岩、滑雪等高危险性体育健身项目的,应当按照国家有关规定取得所在区体育主管部门的许可,并依法办理工商登记手续。《山东省全民健身条例》规定企业、个体工商户可以经营的高危险体育项目类别。《广东省全民健身条例》则要求经营列入国家高危险性体育项目目录的体育项目应当依法办理行政许可,使用的场所和设施器材应当符合国家相关标准。体育行政主管部门依法监管。《河北省全民健身条例》规定则与《全民健身条例》相似。从各地方的全民健身条例看,对于经营高危险性体育项目的规定内容,地方立法并不统一,法律责任承担方式也有区别。

(二)地方专门立法

地方专门立法中,从立法效力等级看,有地方行政法规、地方政府规章以及规范性文件等。有的地方除了全民健身条例进行规定,还进行专门立法细化,有的地方全民健身条例虽未规定,但进行了规范立法。深圳市、汕头市2007年颁布有关经营高危险性体育项目行政许可实施办法,现已失效。河南省2013年发布河南省体育局关于贯彻落实《经营高危险性体育项目许可管理办法》的通知,明确实行分级属地管理原则,省、市、县三级按照行政区划和行政执法权限分级实施行政许可和日常监管。市、县级体育部门应根据各部门工作职责和执法权限，及时梳理行政审批项目，尽快确立经营高危险性体育项目行政许可责任部门。同年上海市体育局发布《关于做好经营高危险性体育项目管理工作的通知》，明确仅对经营游泳和攀岩2个项目进行审批，今后将根据全国高危险性体育项目目录和本市实际情况，逐步扩大审批项目，并制定了《上海市高危险性体育项目（游泳）经营许可实施办法》和《上海市高危险性体育项目（攀岩）经营许可实施办法》。上海市规定审批的范围不包括不发生经营行为的游泳和攀岩项目专业训练、公开水域游泳、只对住店客人服务的宾馆酒店配套游泳设施、学校用于课程教学的攀岩活动等。上海市关于游泳和攀岩的经营许可实施办法，分别在2013年、2018年和2019年及时修改更新。

北京市、浙江省、陕西省、杭州市、兰州市、成都市、徐州市、福州市、梅州市、江门市等发布关于做好高危险性体育项目管理工作的通知。成都市进一步强调体育行政主管部门对经营者从事行政许可事项的活动实施有效监督，加强对高危险性体育项目的许可管理和日常监督，明确避免一证多用现象，确认救生员国家职业资格证无重复使用的情况下，方能办理，各区（市）县体育主管部门每年换发《救生员上岗证》，并注明有效时间，从业人员须佩戴上岗证方能上岗。

贵州省体育局2015年制定《贵州省经营高危险性体育项目许可管理规定》，该规定明确经营者，是指经营高危险性体育项目的所有类型主体，既包括以营利为目的的企业、个体工商户，也包括有经营行为的事业单位、社会团体、民办非企业单位等。对经营高危险性体育项目实施行政许可，坚持保障消费者人身安全，规范发展体育市场，公开、公平、公正，处罚与教育相结合，经济效益与社会效益并重的原则。2015年山东省《经营高危险性体育项目许可管理办法》实施细则也颁布，相比贵州省的规定，对于经营高危险性体育项目许可管理工作，山东省不仅包括对经营者的行政许可、监督检查，还包括了行政处罚。2018年河北省人民政府办公厅发布了《河北省高危险性体育项目经营活动管理办法》，石家庄市也颁布了《石家庄市高危险性体育项目经营活动管理办法》，相比其他省市，河北省和石家庄的管理办法明确"公安局、卫生和计划生育委员会、质量技术监督局、行政审批局、工商行政管理局、食品药品监督管理局、安全生产监督管理局等管理部门按照各自职责，共同做好高危险性体育项目场所的监督管理工作。"

2017 年浙江省颁布《经营高危险性体育项目领域失信"黑名单"制度管理办法》，该办法对于健全浙江省经营高危险体育项目领域失信惩戒机制，加强经营高危险体育项目诚信体系建设，提高经营高危险体育项目机构及从业人员诚信意识，增强经营高危险性体育项目诚信监督工作的有效性具有重要作用。2018 年福州市体育局发布《高危险性体育项目经营许可事中事后监管措施（试行）》，以期建立常态化监管机制，维护经营秩序。福州市体育局还与卫计委（现为"卫健委"）、安监局联合开展高危险体育项目安全卫生检查工作，更好地促进高危险体育项目的经营与发展。地方这些相关规定都为《天津市全民健身条例》有关高危险性体育项目的增设提供有益帮助。此外还有 9 个省、市对高危险性体育项目——游泳做出专门的管理办法。关于登山，西藏制定专门的登山管理条例，四川省和青海省制定登山管理办法，甘肃省制定登山及户外运动管理办法，这些都为天津市高危险性体育项目立法提供借鉴。

四、天津市高危险性体育项目存在的主要问题

《全民健身条例》对高危险性体育项目的经营者资质、责任、保险、罚则、监督检查主体、行政许可条件与行政许可主体等都做出了明确规定。在《全民健身条例》颁布之后，部分省市也及时修订地方全民健身条例，或颁布地方专门的经营高危险性体育项目的法规文件。《天津市全民健身条例》并没有对高危险性体育项目进行规定，天津市也未颁布有关经营高危险性体育项目的管理办法或实施细则。《天津市体育经营活动管理办法》目前已失效，新的仍未颁布，而《天津市游泳

场所管理办法》从 2004 年修订之后仍未按照最新国家标准进行修改。天津市高危险性体育项目目前存在的主要问题有：

第一，体育行政许可落实还不到位。《全民健身条例》明确规定高危险性体育项目实施行政许可的主体是县级以上地方人民政府的体育行政主管部门。体育行政主管部门收到经营申请材料时，必须要进行实地核查，这是体育行政主管部门实施是否许可的必经程序。体育行政主管部门应当指派两名以上工作人员进行实地核查，也可以委托检验或认证机构一起核查。天津市建立了行政许可服务中心，行政许可服务中心与天津市体育局之间没有隶属关系，所以有时有的企业经过天津市行政许可服务中心审核通过后，天津市体育局会存在了解不及时的情况，有的会存在遗漏，这样导致信息目录不全，执法监督不到位的情形。

第二，经营高危险性体育项目单位目录库信息有待完善。从天津市的高危险性体育项目经营状况与监督检查实际情况看，存在部分区体育行政部门未建立本区域内的经营高危险性体育项目单位目录库，还有的是虽然建立了单位目录库，但数据库信息不准确，并没有定期对数据进行更新。天津市体育局以及各区体育局对于经营高危险性体育项目特别是游泳数据库的掌握还不够，对于经营游泳项目的行政许可条件须严格把关，特别是对于未经许可的经营行为要严格监督检查，以防伤害事故发生，侵害消费者的合法权益和生命安全。

第三，体育行政执法职责不明、力度不足，监管制度不健全。天津市体育局的执法人员都经过培训，取得了相应的资格证书，但仍存在部分体育行政部门执法人员对经营许可的条件、程序和申报材料等了解不够深入，对经营高危险性体育项目的许可监管相关法律、法规了解不清晰，具体的工作流程与情况不熟悉，导致会存在审批条件不完全符合法定要求，审判流程不规范的现象发生。由于天津市未颁布有关高危险性体育项目经营管理的相关法规文件，各区级体育行政主管部门制定的有关高危险性体育项目行政许可、日常监管方面的相关制度、管理办法还比较少,导致各区之间,以及区与市体育行政主管部门之间对于相关要求不明确,职责不明,工作落实的还不够扎实,无论是监督检查的频次还是履行的手续与流程等都会存在不规范、不全面的现象发生。

第四,体育行政执法人员严重不足。目前天津市、区体育行政部门因为编制限制,体育行政执法人员严重不足。虽然市、区体育行政部门取得执法资格的人员有一定比例,但因为没有专门的执法机构,很多都是分散在各个科室中,且每个科室还有相应的体育项目与任务需要完成,所以对于高危险性体育项目的行政执法效果相对就会弱化,无法及时履行监督检查职责。无论是天津市体育局,还是各区体育局,要对各项高危险性体育项目的经营管理进行监督检查是有一定难度的。由于执法机构的不健全,执法人员的不足,导致执法困难。其他省市还可以与卫生、消防、公安、市场监管等部门结合进行综合执法,但是天津市目前进行多部门联合,对经营资质、场馆设施、安全管理、消防安全、卫生防疫等执法的情形还相对少。

第五,天津市涉及高危险性体育项目的职业技能鉴定工作进展较慢。对于经营高危险性体育项目的主体,在申请行政许可时,应当具有达到规定数量、取得国家职业资格证书的社会体育指导人员和救助人员。体育行政主管部门在执法检查过程中,除了看是否有高危险性体育项目经营许可证以及许可证是否到期,经营者是否将许可证、安全生产岗位责任制、安全操作规程、体育设施、设备、器材的使用说明及安全检查等制度、社会体育指导人员和救助人员名录及照片张贴于经营场所的醒目位置,还要看经营期间是否具有不低于规定数量的社会体育指导人员和救助人员。社会体育指导人员和救助人员是否持证上岗,并佩戴能标明其身份的醒目标识。而社会体育指导人员和救助人员的职业资格鉴定起到重要作用,但目前天津市职业技能鉴定工作进展较慢,不能很好满足经营单位的需求。

第二节 天津市高危险性体育项目的
立法建议

一、立法明确高危险性体育项目行政许可范围与条件

《天津市全民健身条例》未对高危险性体育项目规定,但随着体育产业发展,人们对于高危险性体育项目的体验需求与健身需求日益增加,《天津市全民健身条例》应及时将对经营高危险性体育项目的管理纳入到条例中,更好促进体育产业与全民健身的有机融合,规范经营管理秩序,保护消费者的合法权益。条例在修订过程中,既应该贯彻上位法,广泛借鉴其他省市地方立法经验,补充完善相关内容,又应该充分体现自身城市特色,使全民健身工作符合地方需求。

第一,高危险性体育项目的行政许可范围。国家体育总局颁布的第一批高危险性体育项目范围主要是四大类,游泳、滑雪、潜水和攀岩,而在地方管理法规中如广东省、吉林省的规定与国家体育总局的规定是有出入的,有的地方全民健身条例对于高危险性体育项目许可范围与《全民健身条例》一致,有的规定不一致,到底谁有权确定高危险性体育项目的范围? 这涉及许可主体、执法主体与经营主体之间的问题。《天津市全民健身条例》在修改时建议,明确经营高危险性体育项目的范围,应以国家高危险性体育项目目录中的体育项目为准。游泳特指在游泳池、游泳馆等人工场所进行的游泳活动,不包括不以发生经营行为为目的的高危险性体育项目,如学校用于课程教学的游泳、攀岩、潜水、滑雪,公开水浴的游泳,只对住店客人服务的宾馆酒店配套游泳设施等。对于广受体育爱好者和游客喜欢的蹦极、滑冰、射击、射箭、漂流、卡丁车、热气球、滑翔伞、动力滑翔伞等关系人身安全的体育项目,以及登山,特别是攀登海拔 3500 米以上独立山峰的活动,从技术难度、危险程度看,具有高危险性体育项目的特征,但尚未

纳入到国家高危险性体育项目目录中,可以立法明确体育行政主管部门的监督检查职责。

第二,经营高危险性体育项目的主体。《全民健身条例》规定经营主体为企业、个体工商户,国家体育总局 2013 年发布的《关于做好经营高危险性体育项目管理工作的通知》对于经营主体做出解释,只要是经营高危险性体育项目活动的市场主体,不论是否以营利为目的,都应当依法向体育主管部门申请许可。既包括以营利为目的的企业、个体工商户,也包括有经营行为的事业单位、社会团体、民办非企业单位等。从整个经营高危险性体育项目的实际情况看,经营主体不仅包括企业和个体工商户,很多社团或协会在发挥越来越重要的作用,事业单位、民办非企业单位也会进行相关的体育行为,因此《天津市全民健身条例》在修订时建议,不仅要规定企业、个体工商户的经营行为,还要填补除此之外的其他民事主体经营高危险性体育项目管理制度上的立法空白。

第三,经营高危险性体育项目的条件。经营条件与申请材料主要包括场地、设施、人员、制度几个方面。作为经营者,需要提交体育场所的所有权或使用权证明,不能提交具有经济纠纷的体育场所权益证明。经营场所的体育设施需要符合国家相关标准,主要是依据《体育场所开放条件与技术要求》对体育场所向社会开放在设施、器材、人员、卫生、环境、安全保障等多方面,达到国家要求的标准。经营场所需要具备达到一定数量的社会体育指导员和救助人员,且社会体育指导员和救助人员需要经过职业技能鉴定,具有职业资格证明。经营者还需提交安全保障制度和措施,具体包括安全操作规程、突发事件应急预案、安全生产岗位责任制、体育设施等安全检查制度。以上经营条件都需要在《天津市全民健身条例》有关高危险性体育项目的相关条款中明确规定。

二、立法明确高危险性体育项目的行政许可与监管

第一,经营高危险性体育项目的行政许可。《全民健身条例》第

三十二条和第三十三条明确规定,经营高危险性体育项目的主体,需要向县级以上地方人民政府的体育主管部门提出申请,由体育主管部门根据申请材料决定是否进行行政许可。但是在地方全民健身条例中,有的仅仅规定地方体育主管部门的监督检查,并未明确行政许可,有的全民健身条例则没有任何相关规定。依据下位法要服从上位法的原则,《天津市全民健身条例》应当立法明确,经营国家高危险性体育项目目录中的体育项目的,应当按照《全民健身条例》的有关规定,取得县级以上体育主管部门的行政许可,并办理相关的工商登记手续;明确天津市实行分级属地管理原则,按照市、区(县)二级行政区划和行政执法权限分级实施行政许可和日常监管;县级以上地方人民政府体育主管部门负责本行政区域的经营高危险性体育项目行政许可工作。《全民健身条例》明确体育行政部门应当自收到申请之日起30日内进行实地核查,做出批准或者不予批准的决定。之后根据《国务院关于在全国推开"证照分离"改革的通知》,将时间由30日内改为20日内,进一步压缩审批时限,所以《天津市全民健身条例》修订时应明确在20日内作出是否批准的决定。许可证载明事项发生变更的,包括改变名称、场所、法定代表人、经营范围等,经营者应当向做出行政许可决定的体育主管部门申请办理变更手续。体育主管部门同意的,为其换发许可证。经营者持换发的许可证到相应的工商行政管理部门办理变更登记。

第二,经营高危险性体育项目的监管。《全民健身条例》第三十四条规定,县级以上地方人民政府体育主管部门对高危险性体育项目经营活动,应当依法履行监督检查职责。体育行政主管部门对于高危险性体育项目不仅要进行行政许可,还要做好日常监管,监督检查,特别是事中事后的监管,如避免一证多用现象,救生员上岗证注明有效时间,从业人员须佩戴上岗证方能上岗等。在监督检查过程中,上级体育主管部门应当加强对下级体育主管部门实施行政许可的监督检查,及时纠正行政许可实施中的违法行为。县级以上地方人民政府的体育行政主管部门在进行监督检查的过程中,需要制定定期检查和巡查的制度方案,按照要求进行拉网式全面检查,日常巡查中坚持"双随机、一公开"原则,做好检查流程与记录的完备。《天津市全民健身条例》不仅要明确体育行政主管部门的监督检查职责,还要规定进行检查时,体育执法人员人数不得少于两人,并出示有效的行政执法证件。未出示有效证件的,经营者有权拒绝检查。体育执法人员应当将监督检查的时间、地点、内容、发现的问题及其处理情况做出书面记录,并建立执法档案,将各项检查记录和处罚决定存档。同时还应明确公安局、卫生和计划生育委员会、质量技术监督局、行政审批局、工商行政管理局、食品药品监督管理局、安全生产监督管理局等管理部门按照各自职责,共同做好高危险性体育项目场所的监督管理工作。

三、立法明确违规经营高危险性体育项目承担的法律责任

经营高危险性体育项目,体育行政主管部门不仅要事前审查做出是否批准的行政许可,事中事后还要严格按照"谁审批、谁监管,谁主管、谁监管"的原则,切实承担监管责任,履行监督检查职责过程中,依法推行"双随机、一公开"监管机制,进行跨区域、跨层级、跨部门协同监管,联合执法。对于擅自经营高危险性体育项目的,依照《全民健身条例》的规定,由县级以上地方人民政府体育主管部门按照管理权限责令改正;有违法所得的,没收违法所得;违法所得不足3万元或者没有违法所得的,并处3万元以上10万元以下的罚款;违法所得3万元以上的,并处违法所得2倍以上5倍以下的罚款。对于高危险性体育项目经营者取得许可证后,不再符合本条例规定条件仍经营该体育项目的,由县级以上地方人民政府体育主管部门按照管理权限责令改正;有违法所得的,没收违法所得;违法所得不足3万元或者没有违法所得的,并处3万元以上10万元以下的罚款;违法所得3万元以上的,并处违法所得2倍以上5倍以下的罚款;拒不改正的,由原发证机关吊销许可证。

第十章 《天津市全民健身条例》修订的建议

修订《天津市全民健身条例》需要在坚持地方立法与中央立法相协调,体育立法与体育改革发展相一致的原则下考量,不仅要借鉴其他省市的修改模式,还要结合天津市的全民健身发展实际来制定,不仅要从立法体例上进行完善,还需要对"三纳入"、全民健身设施、社会体育指导员等基本问题作出符合实际的科学回答,并通过体育主管部门的努力和取得相关部门的配合,争取将《天津市全民健身条例》的修订纳入地方立法规划议程,积极稳妥地推进全民健身事业的法治之路。虽然《天津市体育事业发展"十二五"规划》中明确要修订《天津市全民健身条例》,在公共体育设施建设、财政经费保障、社会体育指导员队伍建设、学校体育场馆向社会开放等一些关键点、重要环节上,制定出具有针对性、可操作性的政策,加强高危险性体育项目的经营管理,但在实践中还存在很多问题,需要立法进行完善,特别是法律责任的确失,体育行政执法的缺失等都需要立法进一步明确。

第一节 《天津市全民健身条例》立法体例的建议

一、立法体例的基本结构

法律法规作为一种规范,在我国以成文法为主的国家,是以文本形式颁布施行的。立法技术在立法中起重要的作用。"立法技术对立法、法制乃至整个社会发展,有弥足珍贵的价值"。立法技术体现了所立的法反映的社会关系,决定了立法目的和立法价值的实现,法的名称和内容,法的行为模式和后果模式,法的总则、分则和附则,法的章、节、条、款、项、目,法的文体和语言等是否能得到科学合理的安排与体现,很大程度体现了立法技术是否能够合理掌握与运用。如果立法技术高超,目的明确,法的构成完整,则其他法律衔接就顺畅,有利于法律法规的实施,如果立法技术落后,法律规制不完整,缺少相应的法律责任,大多是宣言式的规定,势必会削弱法律的执行效果,很难在实践中得到实施。因此必须提高立法质量才能保障法律法规的有效实施。

法的结构从形式上一般包括总则、分则和附则,从实质上看是指法本身内在的逻辑结构,一般是指法的规范,它是法的主要内容,应当使法的规范具有普遍性、明确性与肯定性。同时由于法的规范由行为模式和相应的法的后果两个要素构成,应当使法的规范的逻辑结构具有完整性。法的总则对法具有统领地位,是整个法的纲领,以条文形式表现。而法的分则则包含有具体的行为模式和法定后果。分则是行为模式和法定后果的主要集中处,要写好法的分则,先要做到使行为模式和法定后果模式在体系和内容上具有完整性。不仅告诉人们有权做什么,应当做什么,不能做什么,还要有相应的完整的后果模式。常见的分则结构形式是大平行,小递进。分则内容要避免带有过浓的政策性色彩,否则难以有效实施,还要避免分则内容与总则内容相抵触等。分则要具有行为模式与法律后果的完整模式,如果一个法仅有行为模式而没有法律后果,则该法不利于执行,不利于法律目标的实现。从分则的逻辑结构看,目前现行《天津市全民健身条例》虽然没有分章节进行设定,但是很多条款是规定了行为模式,却没有相应的法律后果规定,仅仅规定一条是以健身名义从事违法活动的。

《天津市全民健身条例》共二十七条,并没有按照章节的体例进行规定。这样的逻辑顺序是很难找到具体的规定目的与内容,大多规定是原则性规定,可操作性不强,义务性的规定相对较多,且缺乏相应的法律责任,很难在实践中产生效果。因此需要进一步完善体例结构与内容,特别是有关政府职责以及法律责任的规定。政府是实现全民公共体育服务的主要主体,只有明确其职责,并在法律责任中进行规制,才能增强法规的权威性与可操作性。可以参考《全民健身条例》以及部分省市全民健身条例的体例进行修改。

二、《天津市全民健身条例》立法体例的修改

《全民健身条例》的体例结构为总则、全民健身计划、全民健身活动、全民健身保障、法律责任和附则。《北京市全民健身条例》的体例结构为总则、健身设施、健身活动、健身服务、法律责任和附则。《杭州市全民健身条例》的体例结构为总则、健身活动的组织、公共体育设施建设、健身活动的服务与管理、法律责任与附则。《广州市全民健身条例》的体例结构为总则、健身活动、健身设施、健身保障、法律责任、附则。《长沙市全民健身办法》的体例结构为总则、全民健身活动、全民健身设施、全民健身保障、法律责任和附则。《湖南省全民健身条例》的体例结构为总则、全民健身活动、全民健身设施、全民健身保障、法律责任和附则。《浙江省全民健身条例》的体例结构为总则、健身活动、健身设施、健身服务、法律责任和附则。《上海市市民体育健身条例》的体例结构为总则、市民体育健身活动、市民体育健身设施、市民体育健身服务与保障、法律责任与附则。

通过对全国各省市全民健身条例的体例结构研究可以发现,总则、法律责任和附则都是必备的,关键在于活动、设施、组织、计划、保障之间的关系。实际上《全民健身条例》第二章专门规定全民健身实施计划,在天津市修订中可以考虑增加。因为现在条例的贯彻实施都是通过实施计划来保证完成的,实施计划中进一步明确指标,并进行绩效考核,决定下一期实施计划的目标与任务要求。而且全民健身实施计划需要县级以上体育行政部门在本级人民政府任期届满时会同本级人民政府有关部门对实施情况进行评估,并将评估结果向本级人民政府报告。县级以上人民政府应当结合当地制定的国民经济和社

会发展规划,根据上一个阶段的实施计划评估结果和全民健身事业发展的实际需要,修订全民健身实施计划。所以天津市全民健身条例第二章可以设定为全民健身实施计划。

对于天津市全民健身事业的发展来说,设施、组织、活动与保障都必不可缺,因此需要关注。所以全民健身活动、全民健身设施、全民健身保障是《天津市全民健身条例》修订的重要体例结构。对于这三者的逻辑顺序来说,《全民健身条例》将全民健身活动放在首位,相比较而言,目前我们开展全民健身活动内容丰富,形式多样,花费也不少,活动开展并不是最急需的,全民健身设施才是更需要关注的。只有建好居民身边的健身设施,提升居民的体育健康素质才能有效保护居民的体育健身权利。因为活动并不是持久的,而设施是永久的,有了设施就会调动居民体育健身的热情和积极性。而全民健身的保障更是重中之重,因为全民健身活动的开展,全民健身设施的规划建设管理等都需全民健身的有效保障才能实现。

综上所述,本研究建议《天津市全民健身条例》的体例结构综合各省市的模式,可以设定为,第一章总则,第二章全民健身实施计划,第三章全民健身设施,第四章全民健身活动,第五章全民健身保障,第六章法律责任,第七章附则。

第二节 《天津市全民健身条例》修订的主要内容

一、重视各区县的"三纳入"特别是保障全民健身经费投入

《天津市全民健身条例》不仅要规定将全民健身事业纳入国民经济和社会发展规划,全民健身工作经费列入本级财政预算,还要将政府工作报告纳入条例规定中。对于全民健身经费要明确是用于全民健

身活动、公共体育设施建设、群众体育组织建设等方面,并进行专项资金设定,严格控制财政预算与支出。明确按照天津市常住人口每年每人多少元的标准来设定全民健身专项经费,东丽区实施计划明确是按照人均 8 元计算,这是全民健身实施计划绩效评价中的 A 类标准,而宝坻区规定是按照人均 1 元的标准来设定。全民健身工作经费必须全部用于全民健身工作,并随着国民经济的发展和财政收入的增长逐步增加。

按照国家和市有关规定,要将分配给本级使用的体育彩票公益金按不低于 70% 的比例,用于组织开展群众性体育活动、培训社会体育指导员、国民体质监测以及全民健身设施的建设、管理和维护等,任何单位和个人不得挪用体彩公益金。彩票公益金的管理、使用单位应当依法接受财政部门、审计机关和社会公众的监督,每年向社会公告公益金的使用情况。体彩公益金应当安排一定比例的资金用于全民健身设施的建设和维护。政府工作报告需要加强对全民健身工作的重视程度以及着力解决的方面,关注全民真正所需要的,才能切实保障公民的体育健身权利,推动全民健身事业的发展。

二、公共体育场地设施便民利民且符合国家标准

《天津市全民健身条例》第八条规定的编制天津市公共体育场地设施规划于 2014 年已经制定,对于即将修订的《天津市全民健身条例》来说,更需要从制定原则、建设标准、选址布局等方面进行详细要求,要以全民健身设施为重点,并以小区、社区为中心,严格控制大型体育场馆设施的建设,提高体育场馆的利用率。对于纳入公共体育设施的预留地要严格监督,加大违法处罚力度。

公共体育场地设施建设要纳入国民经济和社会发展规划,纳入城市规划和土地利用总体规划。规划、城建部门应当会同体育行政部门编制公共体育设施建设规划,合理确定选址、规划用地等事项。规划建设要方便群众、合理布局。选址要在人口集中、交通便利的地方选址,大型公共体育场馆的选址要举行听证会。

公共体育场馆的设计要符合国家有关标准,并且使用符合国家标准要求的设备。乡镇、街道办事处要根据实际情况建设小型多样、方便使用的健身场所。县级以上人民政府要规划建设便民利民的场地设施,满足各类人群锻炼需求。任何单位和个人不得侵占公共体育设施或改变用途,不得擅自拆除公共体育设施。

三、规定天津市公共体育设施开放时限并公开信息名录

《天津市全民健身条例》在修订时要明确规定公共体育场地设施管理人员的职责,对于场地临时出租、社会捐赠体育场地设施、建成公共体育场地设施管理要备案等方面进行规定。对于收费的公共体育场馆设施要明确其项目和标准应当经价格主管部门批准,并在显著位置公示收费依据和标准。

要明确告知公共体育场馆设施开放的最低时限,明确对学生、老年人及残疾人的具体优惠条件。对于公园、广场、绿地应当由体育行政部门根据实际情况来免费配置健身器材。体育行政部门要建立公共体育场馆信息目录,告知场馆名称、地址、开放时间、收费方式、管理单位以及联系方式等。

四、确立天津市居民配套体育健身设施的标准

通过立法程序,确保《城市社区体育设施用地指标》得到有效执行,乡镇或农村社区参照执行。无论是《天津市公共体育场地设施布局规划(2014-2020年)》还是《天津市居住区公共服务设施配置标准(2014年修订)》都与《城市社区体育设施用地指标》的规定有很多出入。在《天津市全民健身条例》中明确居民配套体育设施建设的综合管理规定,明确各级别居住区的配套设置要求。

明确监督管理主体和承担的法律责任。由于《城市社区体育设施建设用地指标》仅仅是一个参照标准,并不具备强制执行力,而各地在居民配套设施建设的规划、管理都不是很统一,需要在法律法规中进一步

明确法律责任。通过法律程序,确保体育行政部门进入住宅区的规划、建设以及验收交付的整个流程,借鉴北京、山东乳山等模式。积极探索体育设施园林化做法,在城市绿地上配建一些全民健身设施。要借鉴上海市收缴住宅开发建设单位的公共服务设施配套费,建设公益性配套设施做法。即开发单位在项目开工前,必须缴纳配套设施费,如果开发单位按照规定建成公共服务配套设施后,则返还收缴的公共服务配套费。

五、加强学校体育设施向社会开放的立法

学校体育设施向社会开放的立法与执法尚不完善,无法做到有法可依、执法必严、违法必究,不能很好地保障学校体育设施依法向社会开放。因此对于天津市来说,需要专门制定学校体育设施向社会开放的实施办法,明确管理主体、经费来源、告知义务、责任承担等各个方面,并在天津市全民健身条例修订时明确说明。对于开放所需的经费,应立法明确由政府给予财政补贴。对于安全告知保障义务要从立法层面确立。明确由政府负责办理公众责任险。对于收费场地设施,要明确收费项目和标准,并告知公众,对于弱势群体如未成年人、老年人、残疾人等需要特殊对待,并设置相应的器材、设备或场地。

六、明确区分公益性、职业性社会体育指导员和志愿者

具体修改模式可以参考《上海市市民体育健身条例》的模式。对于不以收取报酬为目的的社会体育指导人员,按照国家有关规定实行社会体育指导员技术等级制度,县级以上体育行政管理部门应当有计划地免费为公益性社会体育指导员提供相关知识和技能培训,并建立档案。公益性社会体育指导人员的经费应当专款专用,县级以上体育行政部门应当在本级财政预算中专门设立社会体育指导员人员指导费用,专款专用,不得挪作他用,并加强审计与管理。立法明确健身指导服务的时间以及要求,明确健身指导人员的义务,以及违反义务应当承担的法律责任。

对以高危险性体育项目进行健身指导为职业的社会体育指导人员，必须依照国家有关规定取得职业资格证书，并在健身指导服务过程中佩戴明显的标志，经营场所不得聘用无职业资格证书的社会体育指导人员，社会体育指导人员必须在资格证书指导范围内进行健身指导服务。违反规定提供营利性健身指导服务的，依照法律规定给予处罚。

对于全民健身志愿者，鼓励不同群体如学生、运动员特别是退役运动员、教师、热爱体育人士等自愿加入到全民健身指导中来，壮大全民健身志愿队伍建设，如果仅仅靠社会体育指导人员是无法完全满足全民健身指导需求的。因此要大力发展、宣传、鼓励并表彰全民健身志愿者，动员全社会人员都积极运动起来。

鼓励乡镇人民政府、街道办事处建立体育健身指导站、体育俱乐部等体育组织，培育发展基层体育社团、民办非企业单位等社区体育类社会组织，各类体育组织要逐步实现全民覆盖，开展全民健身活动。全民健身组织信息要公开，明确健身指导服务内容。

乡镇人民政府、街道办事处应当将全民健身工作纳入基层公共服务体系建设，确定全民健身工作人员，组织开展辖区内的全民健身活动。逐步建立体育健身辅导站（点）等基层体育服务场所，并给予场地、经费、用房等方面的支持与帮助。把开展全民健身活动纳入社区工作的重要内容，加强对本社区、本村公共体育设施的管理。

第三节 《天津市全民健身条例》法律责任的修订建议

一、法律责任的内涵

法律责任是法学的基本范畴之一，是法得以贯彻执行，维持社会秩序和保护公民权益的重要依据。法律责任是指行为人因违反法律义务而应承担的由专门国家机关依法确认并强制的法律上的不利后果。它是法律体系的重要组成部分,也是制定法律的显著特征,直接关系到法律的实效。它规范着法律关系主体行使权利的界限,以否定的法律后果防止权利行使不当或滥用权利,在权利受到妨害或违反法定义务时,法律责任又成为救济权利、强制履行义务的依据。目前在中国法学界还没有形成统一的法律责任概念,各派学者议论纷呈,以其指称范畴、中心词为命名,主要有以下几种代表性观点:

(一)义务说

它认为法律责任是行为者因为其违法而应承受国家法律制裁的义务。如《不莱克法律词典》解释说,法律责任是"因某种行为而产生的受处罚的义务及对引起的损害予以赔偿或用别的方法予以补偿的义务。"张文显先生在 1999 年版的《法理学》教材中,把法律责任定为"由特定法律事实所引起的对损害予以赔偿、补偿或接受惩罚的特殊义务,亦即由于违反第一性义务而引起的第二性义务。"

(二)制裁说

它认为法律责任是行为人因违反法律义务而应受的法律制裁,也有称为"处罚"或"惩罚"等。如英国学者奥斯丁认为:法律命令的特有功能在于创造法律义务,命令与义务是相互联系的术语。负有做与不做的义务,或者遇有做与不做的义务,就是在不服从一个命令时,要对制裁负责或应受制裁。也有学者提出"所谓法律责任,乃为义务人违反义务时,所应受法律之处罚也。"

(三)后果说

它认为法律责任是行为人因违反法律规定而应承担的法律后果。如《法学词典》中指出"法律责任是由于违法行为而应当承担的法律后果。"我国学者沈宗灵认为法律责任是"指有违法行为或违约行为，也即未履行合同义务或法定义务，或仅因法律规定，而应承受的某种不利的法律后果。"

笔者认为把法律责任归为"义务"或"第二性义务"具有一定的合理性，因为法律责任是基于义务而产生，义务是法律责任产生的原因，法律责任则是违反义务的不利后果，义务是法律责任的构成要素之一，但是法律义务和法律责任并不能等同，二者还有明显的区别。义务是与权利相对的，而责任是与权力相对的。权利、义务和责任三者在法律中是相互独立的，共同构成一个完整的法律体系。法律责任也是法律的基本范畴之一，不能把它纳入到义务范畴中去。对于制裁说将制裁直接等同于法律责任，笔者认为也是有缺陷的，二者是有明显区别的。其一，法律制裁仅说明了法律责任的必为性，并没有说明法律责任的当为性。其二，法律制裁仅是实现法律责任的方式之一。法律责任的实现方式除了法律制裁，还包括补偿和强制。

当然后果说也不是很完善，法律责任要比法律后果广泛得多，法律责任中包含了法律后果的要素。法律后果包括肯定性法律后果和否定性法律后果。后果说的局限在于它没有说明不利后果或否定性后果不都属于法律责任的范畴。但是从总体上来说，后果说对法律责任的界定更能体现法律责任的本质，该说既指出了法律关系，又指出了法律责任方式。所以笔者倾向于"后果说"，认为法律责任是行为人违反法律义务而应承担的由专门国家机关依法确认并强制的法律上的不利后果。

二、法律责任的特点与分类

(一)法律责任的特点

法律责任与政治责任、道德责任、纪律责任等其他社会责任相比，具有下列明显的特点：第一，法律上有明确具体的规定。追究法律责任的依据只能是法律，当然这里的法律当作广义解释，不是仅指制定法。第二,国家强制力保证其执行。法律责任的三种实现方式包括惩罚、补偿、强制要以国家强制力为后盾,某些法律责任的实现(如执行刑罚、强制拘传等)必须直接行使强制力。第三,由国家授权的机关依法追究法律责任,实施法律制裁,其他组织和个人无权行使此项权利。法律责任与其他责任相比最特殊之处,就是国家专门为认定、追究法律责任设置了法定机构和法定程序,其认定结果一般以一定书面形式表现出来。企事业组织、仲裁机构、调解组织等社会组织根据法律规定而由国家机关授权或委托,也可以认定和归结法律责任。

(二)法律责任的分类

法律责任的种类是法律责任的不同表现形态,是依据不同标准对法律责任所作的划分。在法学界通行的最基本的分类是依据违法的性质和程度所作的分类,即把法律责任分为民事法律责任、行政法律责任、刑事法律责任和违宪法律责任四种。

1. 民事法律责任

民事法律责任是指民事主体因违反合同义务或法定民事义务而应承担的不利后果。它主要是通过财产责任来实现;承担方式有停止侵害、排除妨碍、消除危险、赔偿损失、支付违约金等 10 种;根据责任发生根据的不同分为合同责任、侵权责任和其他责任。

2. 行政法律责任

行政法律责任是指行政法律关系主体因违反行政法律义务,由专门国家机关依法追究或主动承担的否定性法律后果。行政法律责任是基于不平等主体之间的行政法律关系发生的,追究机关除了法院还包括权力机关、行政机关,它的实现方式既有补救性的,也有惩罚性的,主要包括行政处分、行政处罚和行政赔偿。

3. 刑事法律责任

刑事法律责任是指行为人实施了刑事法律所禁止的行为或没有

实施刑事法律所规定的应当履行的特定义务而必须承担的不利后果。它包括犯罪和刑罚两部分,犯罪是刑事责任的前提,刑事责任是犯罪的法律后果,也是刑罚的前提,而刑罚是实现刑事责任的基本方式。

4.违宪法律责任

违宪责任是指有关国家机关制定的某种法律、法规和规章与宪法规定相抵触,或有关国家机关、社会组织或公民从事的与宪法规定相抵触的活动而应承担的不利后果。目前我国对违宪法律责任的研究还很少,因为法律并没有明确违宪的概念。在我国,全国人民代表大会及其常务委员会负责监督宪法实施,认定违宪责任。

从整个法的体系和内容的完整性要求来看,现行《天津市全民健身条例》的规定不能体现立法对结构的完整性要求,由于仅仅规定了行为模式缺乏法律后果规定,导致现实中产生很多体育纠纷无法解决,很多违法行为无法追究其法律责任。因此需要对《天津市全民健身条例》中的法律责任进行补充规定。

三、《天津市全民健身条例》法律责任的修改

《天津市全民健身条例》修订需要着重进行相关法律责任规定的有:

有关公民义务的,公民在健身活动中扰乱公共秩序、破坏公共体育设施而影响他人正常工作和生活,或者利用健身活动进行封建迷信、邪教、赌博等违法活动的,公共体育设施管理和维护责任人应当及时予以制止,违反《中华人民共和国治安管理处罚法》的,由公安机关依法予以处罚;构成犯罪的,依法追究刑事责任。

有关高危体育项目经营的,未经体育主管部门批准,擅自经营高危险性体育项目的,或者经营者取得许可证后,不再符合本办法规定条件仍经营该体育项目的,由县级以上地方人民政府体育主管部门按照管理权限责令改正;有违法所得的,没收违法所得;违法所

得不足 3 万元或者没有违法所得的,并处 3 万元以上 10 万元以下的罚款;违法所得 3 万元以上的,并处违法所得 2 倍以上 5 倍以下的罚款。经营者未尽安全告知义务,或指导人员数量不够时,由县级以上地方人民政府体育主管部门责令限期改正,逾期未改正的,处 2 万元以下的罚款。

有关社会体育指导员的,未取得社会体育指导员证书从事经营性健身指导,或者超出证书范围从事经营性健身指导,或者社会体育指导员在指导活动中以欺诈手段谋取利益,由体育行政部门责令限期改正,没收违法所得,并处罚款;聘用无职业资格证书的人员从事有偿健身指导服务的,由体育行政部门责令限期改正,没收违法所得,并处罚款。

有关公共体育设施规划建设的,城乡规划行政管理部门未规划公共体育场地设施的,由本级人民政府、上级人民政府城乡规划主管部门依据职权责令改正,通报批评。全民健身场地配备和使用的全民健身设施不符合国家安全、环保、卫生标准的,由县级以上人民政府体育主管部门或者其他有关部门责令限期改正;拒不改正的,由体育主管部门或者其他有关部门依法处理。

有关公共体育设施开放的,公共体育设施管理人未公开服务项目及开放时间,未按规定向公众免费开放或优惠开放公共体育设施的,由体育行政部门责令限期改正。

有关全民健身设施管理单位的,全民健身管理单位未履行规定职责,如健全安全管理制度、设置使用方法标志、及时更新保养、公示管理单位及联系方式等行为的,由体育行政部门责令限期改正,造成严重后果,对负有责任的主管人员和其他直接责任人员依法给予处分。全民健身管理单位为依法进行备案的,由体育行政部门责令限期改正,拒不改正的,由体育行政部门予以警告。

有关居民配套体育设施的,新建、改建、扩建居民住宅区、农村新型社区未配备符合指标要求体育健身设施的,由住房城乡建设、规划行政部门、体育行政部门责令建设单位限期补建,逾期未补建,进行处罚。

有关学校体育的,学校健身设施未在节假日和寒暑假期间向学生开放,公立学校未依法向社会开放,未开设体育课、将体育课列为考核科目,未配备符合标准的场地设备,未保证学生、幼儿每天至少一小时活动时间,未将学生体质测试结果作为学校工作考核内容的,由教育部门责令改正,拒不改正的,对负有责任的主管人员和其他直接责任人员依法给予处分。

有关公共体育设施侵占破坏的,侵占破坏公共体育设施或者擅自改变其用途性质的,由体育行政部门责令限期改正,恢复原状,造成设施损坏的,应当赔偿损失;违反治安管理处罚行为的,由公安机关依法处罚,构成犯罪的,依法追究刑事责任。侵占公共体育建设预留地或者擅自改变其功能、用途的,由住房城乡建设、规划行政部门责令限期改正,逾期不改的,申请法院强制执行。

有关行政部门渎职行为的,体育、教育、住房城乡建设、规划、价格、工商、人力资源和社会保障等行政部门及其工作人员违反规定,不依法履行法定职责,或者滥用职权、谋取私利的,对负有责任的主管人员和其他直接责任人员,依法给予行政处分;构成犯罪的,依法追究刑事责任。

第四节 本学术专著研究的结论与不足

一、本研究的结论

《天津市全民健身条例》颁布至今,有很多规定需要依照国家法律法规规定重新进行规范,如"三纳入"、公共体育设施规划建设管理、社会体育指导员分类管理、高危项目许可经营管理等等方面,通过借鉴其他省市的修订模式来完善《天津市全民健身条例》的修订,从而全面保障公民的体育健身权利。《天津市体育事业发展"十二五"规划》提出要修订该条例,2011年列入工作计划,全国不少省市也已经进行修订,该条例修订既有必要性也具有可行性。

借鉴其他省市的修改模式,《天津市全民健身条例》的体例结构可以设置为,第一章总则,第二章全民健身实施计划,第三章全民健身设施,第四章全民健身活动,第五章全民健身保障,第六章法律责任,第七章附则。对于条例中涉及的主要内容修改建议为:重视各区县的"三纳入"特别是保障全民健身专项经费投入,公共体育场地设施便民利民且符合国家标准,规定天津市公共体育设施开放时限并公开信息名录,确立天津市居民配套体育健身设施的标准,加强学校体育设施向社会开放的立法,明确区分公益性、职业性社会体育指导员和志愿者。

法律责任的规定主要是对公民义务、高危体育项目经营、社会体育指导员、公共体育设施规划建设、公共体育设施开放、居民配套体育设施、全民健身设施管理单位、学校体育、公共体育设施侵占破坏、行政部门渎职行为这些方面进行规制。

二、本学术专著研究的不足

《天津市全民健身条例》包含很多方面的内容,本研究主要是针对实践中突出的几个问题研究,如公共体育设施规划建设、居民配套体育设施建设、公共体育场地设施开放(包括学校)、社会体育指导员、体例结构等方面,但是对于条例中涉及的学校体育相关规定、国民和学生体质监测以及医保支付体育健身消费、广场舞规定等没有进一步涉及,会有偏颇之处。对于《天津市全民健身条例》修订研究中所涉及的数据,大多数是来源于体育局信息网站,比较权威,但也会存在与现状不完全相符的情况,因为资料会随时更新,对于各省制定的法规制度方面的资料搜集统计并不完全。有些关于天津市全民健身事业的统计汇报来源于报纸、网站介绍,具有时间限制,可能会有不全的情况。

附　　录

全民健身条例

（2009 年 08 月 30 日国务院令第 560 号发布 根据 2013 年 7 月 18 日《国务院关于废止和修改部分行政法规的决定》第一次修订　根据 2016 年 2 月 6 日国务院令第 666 号《国务院关于修改部分行政法规的决定》第二次修订）

第一章　总　则

第一条　为了促进全民健身活动的开展，保障公民在全民健身活动中的合法权益，提高公民身体素质，制定本条例。

第二条　县级以上地方人民政府应当将全民健身事业纳入本级国民经济和社会发展规划，有计划地建设公共体育设施，加大对农村地区和城市社区等基层公共体育设施建设的投入，促进全民健身事业均衡协调发展。

国家支持、鼓励、推动与人民群众生活水平相适应的体育消费以及体育产业的发展。

第三条　国家推动基层文化体育组织建设，鼓励体育类社会团体、体育类民办非企业单位等群众性体育组织开展全民健身活动。

第四条　公民有依法参加全民健身活动的权利。

地方各级人民政府应当依法保障公民参加全民健身活动的权利。

第五条　国务院体育主管部门负责全国的全民健身工作，国务院其他有关部门在各自职责范围内负责有关的全民健身工作。

县级以上地方人民政府主管体育工作的部门(以下简称体育主管部门)负责本行政区域内的全民健身工作,县级以上地方人民政府其他有关部门在各自职责范围内负责有关的全民健身工作。

第六条 国家鼓励对全民健身事业提供捐赠和赞助。

自然人、法人或者其他组织对全民健身事业提供捐赠的,依法享受税收优惠。

第七条 对在发展全民健身事业中做出突出贡献的组织和个人,按照国家有关规定给予表彰、奖励。

第二章 全民健身计划

第八条 国务院制定全民健身计划,明确全民健身工作的目标、任务、措施、保障等内容。

县级以上地方人民政府根据本地区的实际情况制定本行政区域的全民健身实施计划。

制定全民健身计划和全民健身实施计划,应当充分考虑学生、老年人、残疾人和农村居民的特殊需求。

第九条 国家定期开展公民体质监测和全民健身活动状况调查。

公民体质监测由国务院体育主管部门会同有关部门组织实施;其中,对学生的体质监测由国务院教育主管部门组织实施。

全民健身活动状况调查由国务院体育主管部门组织实施。

第十条 国务院根据公民体质监测结果和全民健身活动状况调查结果,修订全民健身计划。

县级以上地方人民政府根据公民体质监测结果和全民健身活动状况调查结果,修订全民健身实施计划。

第十一条 全民健身计划由县级以上人民政府体育主管部门会同有关部门组织实施。县级以上地方人民政府应当加强组织和协调,对本行政区域全民健身计划实施情况负责。

县级以上人民政府体育主管部门应当在本级人民政府任期届满时会同有关部门对全民健身计划实施情况进行评估，并将评估结果向本级人民政府报告。

第三章　全民健身活动

第十二条　每年 8 月 8 日为全民健身日。县级以上人民政府及其有关部门应当在全民健身日加强全民健身宣传。

国家机关、企业事业单位和其他组织应当在全民健身日结合自身条件组织本单位人员开展全民健身活动。

县级以上人民政府体育主管部门应当在全民健身日组织开展免费健身指导服务。

公共体育设施应当在全民健身日向公众免费开放；国家鼓励其他各类体育设施在全民健身日向公众免费开放。

第十三条　国务院体育主管部门应当定期举办全国性群众体育比赛活动；国务院其他有关部门、全国性社会团体等，可以根据需要举办相应的全国性群众体育比赛活动。

地方人民政府应当定期举办本行政区域的群众体育比赛活动。

第十四条　县级人民政府体育主管部门应当在传统节日和农闲季节组织开展与农村生产劳动和文化生活相适应的全民健身活动。

第十五条　国家机关、企业事业单位和其他组织应当组织本单位人员开展工间（前）操和业余健身活动；有条件的，可以举办运动会，开展体育锻炼测验、体质测定等活动。

第十六条　工会、共青团、妇联、残联等社会团体应当结合自身特点，组织成员开展全民健身活动。

单项体育协会应当将普及推广体育项目和组织开展全民健身活动列入工作计划，并对全民健身活动给予指导和支持。

第十七条　基层文化体育组织、居民委员会和村民委员会应当组织居民开展全民健身活动,协助政府做好相关工作。

第十八条 鼓励全民健身活动站点、体育俱乐部等群众性体育组织开展全民健身活动,宣传科学健身知识;县级以上人民政府体育主管部门和其他有关部门应当给予支持。

第十九条 对于依法举办的群众体育比赛等全民健身活动,任何组织或者个人不得非法设置审批和收取审批费用。

第二十条 广播电台、电视台、报刊和互联网站等应当加强对全民健身活动的宣传报道,普及科学健身知识,增强公民健身意识。

第二十一条 学校应当按照《中华人民共和国体育法》和《学校体育工作条例》的规定,根据学生的年龄、性别和体质状况,组织实施体育课教学,开展广播体操、眼保健操等体育活动,指导学生的体育锻炼,提高学生的身体素质。

学校应当保证学生在校期间每天参加1小时的体育活动。

第二十二条 学校每学年至少举办一次全校性的运动会;有条件的,还可以有计划地组织学生参加远足、野营、体育夏(冬)令营等活动。

第二十三条 基层文化体育组织、学校、家庭应当加强合作,支持和引导学生参加校外体育活动。

青少年活动中心、少年宫、妇女儿童中心等应当为学生开展体育活动提供便利。

第二十四条 组织大型全民健身活动,应当按照国家有关大型群众性活动安全管理的规定,做好安全工作。

第二十五条 任何组织或者个人不得利用健身活动从事宣扬封建迷信、违背社会公德、扰乱公共秩序、损害公民身心健康的行为。

第四章 全民健身保障

第二十六条 县级以上人民政府应当将全民健身工作所需经费列入本级财政预算,并随着国民经济的发展逐步增加对全民健身的投入。

按照国家有关彩票公益金的分配政策由体育主管部门分配使用的彩票公益金,应当根据国家有关规定用于全民健身事业。

第二十七条　公共体育设施的规划、建设、使用、管理、保护和公共体育设施管理单位提供服务,应当遵守《公共文化体育设施条例》的规定。

公共体育设施的规划、建设应当与当地经济发展水平相适应,方便群众就近参加健身活动;农村地区公共体育设施的规划、建设还应当考虑农村生产劳动和文化生活习惯。

第二十八条　学校应当在课余时间和节假日向学生开放体育设施。公办学校应当积极创造条件向公众开放体育设施;国家鼓励民办学校向公众开放体育设施。

县级人民政府对向公众开放体育设施的学校给予支持,为向公众开放体育设施的学校办理有关责任保险。

学校可以根据维持设施运营的需要向使用体育设施的公众收取必要的费用。

第二十九条　公园、绿地等公共场所的管理单位,应当根据自身条件安排全民健身活动场地。县级以上地方人民政府体育主管部门根据实际情况免费提供健身器材。

居民住宅区的设计应当安排健身活动场地。

第三十条　公园、绿地、广场等公共场所和居民住宅区的管理单位,应当对该公共场所和居民住宅区配置的全民健身器材明确管理和维护责任人。

第三十一条　国家加强社会体育指导人员队伍建设,对全民健身活动进行科学指导。

国家对不以收取报酬为目的向公众提供传授健身技能、组织健身活动、宣传科学健身知识等服务的社会体育指导人员实行技术等级制度。县级以上地方人民政府体育主管部门应当免费为其提供相关知识和技能培训,并建立档案。

国家对以健身指导为职业的社会体育指导人员实行职业资格证书制度。以对高危险性体育项目进行健身指导为职业的社会体育指导人员,应当依照国家有关规定取得职业资格证书。

第三十二条　企业、个体工商户经营高危险性体育项目的,应当符合下列条件,并向县级以上地方人民政府体育主管部门提出申请:

(一)相关体育设施符合国家标准;

(二)具有达到规定数量的取得国家职业资格证书的社会体育指导人员和救助人员;

(三)具有相应的安全保障制度和措施。

县级以上人民政府体育主管部门应当自收到申请之日起30日内进行实地核查,做出批准或者不予批准的决定。批准的,应当发给许可证;不予批准的,应当书面通知申请人并说明理由。

国务院体育主管部门应当会同有关部门制定、调整高危险性体育项目目录,经国务院批准后予以公布。

第三十三条　国家鼓励全民健身活动组织者和健身场所管理者依法投保有关责任保险。

国家鼓励参加全民健身活动的公民依法投保意外伤害保险。

第三十四条　县级以上地方人民政府体育主管部门对高危险性体育项目经营活动,应当依法履行监督检查职责。

第五章　法律责任

第三十五条　学校违反本条例规定的,由县级以上人民政府教育主管部门按照管理权限责令改正;拒不改正的,对负有责任的主管人员和其他直接责任人员依法给予处分。

第三十六条　未经批准,擅自经营高危险性体育项目的,由县级以上地方人民政府体育主管部门按照管理权限责令改正;有违法所得的,没收违法所得;违法所得不足 3 万元或者没有违法所得的,并处 3 万元以上 10 万元以下的罚款;违法所得 3 万元以上的,并处违法所得 2 倍以上 5 倍以下的罚款。

第三十七条　高危险性体育项目经营者取得许可证后,不再符合本条例规定条件仍经营该体育项目的,由县级以上地方人民政府体育主管部门按照管理权限责令改正;有违法所得的,没收违法所得;违法所得不足 3 万元或者没有违法所得的,并处 3 万元以上 10 万元以下的罚款;违法所得 3 万元以上的,并处违法所得 2 倍以上 5 倍以下的罚款;拒不改正的,由原发证机关吊销许可证。

第三十八条　利用健身活动从事宣扬封建迷信、违背社会公德、扰乱公共秩序、损害公民身心健康的行为的,由公安机关依照《中华人民共和国治安管理处罚法》的规定给予处罚;构成犯罪的,依法追究刑事责任。

第三十九条　县级以上人民政府及其有关部门的工作人员在全民健身工作中玩忽职守、滥用职权、徇私舞弊的,依法给予处分;构成犯罪的,依法追究刑事责任。

第六章　附　则

第四十条　本条例自 2009 年 10 月 1 日起施行。

上海市市民体育健身条例

(2000 年 12 月 15 日上海市第十一届人民代表大会常务委员会第二十四次会议通过　根据 2003 年 6 月 26 日上海市第十二届人民代表大会常务委员会第五次会议《关于修改〈上海市市民体育健身条例〉的决定》第一次修正　2012 年 4 月 19 日上海市第十三届人民代

表大会常务委员会第三十三次会议修订 根据 2017 年 11 月 23 日上
海市第十四届人民代表大会常务委员会第四十一次会议《关于修改本
市部分地方性法规的决定》第二次修正)

第一章 总 则

第一条 为了促进本市市民体育健身活动的开展,保障市民参加
体育健身活动的合法权益,增强市民体质,根据《中华人民共和国体育
法》《全民健身条例》《公共文化体育设施条例》等有关法律、行政法
规,结合本市实际情况,制定本条例。

第二条 本条例适用于本市行政区域内市民体育健身活动及其
管理。

第三条 市民有依法参加体育健身活动的权利。

各级人民政府应当依法保障市民参加体育健身活动的权利。

第四条 市体育行政管理部门是本市市民体育健身工作的主管
部门。区体育行政管理部门负责本行政区域内市民体育健身工作。

各级人民政府有关行政管理部门应当按照各自职责,共同做好市
民体育健身工作。

第五条 市和区人民政府应当加强对市民体育健身工作的领导,
将市民体育健身事业纳入本级国民经济和社会发展规划,将市民体育
健身工作所需经费列入本级财政预算,并随着国民经济的发展逐步增
加对市民体育健身工作的投入。

镇(乡)人民政府、街道办事处应当协调、推动本区域内公共体育
健身设施的开放和管理,组织开展社区体育健身活动,提供必要的人
员和经费保障。

第六条 各级人民政府及其体育行政管理部门对开展市民体育
健身活动成绩显著的单位和个人,应当按照国家和本市有关规定给予

表彰和奖励。

第二章　市民体育健身活动

第七条　每年 8 月 8 日为全民健身日。

第八条　鼓励市民参加科学、文明、健康的体育健身活动。

市民参加体育健身活动,应当安全使用体育健身设施。市民应当遵守防止社会生活噪声污染的相关规定和社会公德,避免影响其他市民的正常工作和生活。

第九条　国家机关、企业事业单位、社会团体和其他组织应当根据本单位的特点,提供设施、经费、时间等必要条件,保障职工参加体育健身活动的合法权益。企业事业单位应当将开展职工体育健身情况向职工代表大会或者职工大会报告。

国家机关、企业事业单位、社会团体和其他组织应当在每个工作日组织本单位人员开展工间(前)操或者其他形式的体育健身活动;有条件的,可以举办运动会等体育健身活动,开展体育锻炼测验、体质测定等活动。提倡在节假日开展多种形式的体育健身活动。

产业园区和商务楼宇等的管理组织应当提供必要的体育健身设施,协调推动企业事业单位组织开展体育健身活动,体育行政管理部门和工会组织应当加强指导。

第十条　学校应当按照教育行政管理部门的有关规定,实施学生体质健康标准,加强对学生体质的监测,开设体育课、体育活动课,开展广播体操、眼保健操等活动,保证学生在校期间每天参加一个小时的体育健身活动。

学校每学年至少举办一次全校性的体育运动会。学校应当开展多种形式的课外体育活动,培养学生体育锻炼兴趣,提高学生体育技能,增强学生体质。

教育行政管理部门应当定期对学校体育健身工作进行督导检查,

将学生体质健康状况作为评价、考核学校工作的重要指标。

第十一条 体育行政管理部门应当加强对市民体育健身活动的督促和指导,组织各种形式的群众性体育健身活动,举办市民运动会,推广体育锻炼达标,引导和鼓励市民经常、持久地参加体育健身活动。

体育行政管理部门应当会同卫生行政管理等部门开展健身知识宣传普及,指导市民体育健身。

第十二条 工会、共产主义青年团、妇女联合会、残疾人联合会等社会团体应当结合自身特点,组织成员开展体育健身活动。

第十三条 各级各类体育协会应当按照其章程,在体育行政管理部门指导下,发挥专业优势,组织开展科学的体育健身活动。

第十四条 鼓励社区体育组织、基层群众性健身团队以及其他社会组织开展市民体育健身活动。

第十五条 居民委员会应当结合居民住宅区特点,组织居民开展小型多样的体育健身活动。

村民委员会应当结合农村特点,组织开展与农村生产劳动和文化生活相适应的体育健身活动。

第十六条 广播电台、电视台、报刊、互联网站等媒体应当宣传科学、文明、健康的体育健身项目和方法,刊登、播放公益性体育健身内容,增强市民体育健身意识。

第三章 市民体育健身设施

第十七条 市体育行政管理部门应当根据本市国民经济和社会发展规划,会同规划土地等行政管理部门组织编制公共体育设施规划,报市人民政府批准后,纳入相应的城乡规划。规划土地行政管理部门应当为公共体育设施预留建设用地。

第十八条 各级人民政府应当按照国家和本市对城市公共体育设施用地定额指标、公共体育设施规划,建设公共体育设施。

建设公共体育设施,应当充分考虑未成年人、老年人、残疾人等群体的特殊要求,采取无障碍和安全防护措施,满足各类人群参加体育健身的需要。

各级人民政府及其体育行政管理部门应当加强对公共体育设施的监督管理。任何单位和个人不得侵占、破坏公共体育设施或者擅自改变公共体育设施的使用性质。

鼓励企业事业单位、社会团体、其他组织和个人建设公共体育健身设施。

第十九条　规划土地行政管理部门在组织编制居民住宅区所在区域的控制性详细规划时,应当按照国家和本市有关规定征求体育行政管理部门的意见。

新建、改建、扩建居民住宅区,应当按照国家和本市有关规定建设相应的体育健身设施。

居民住宅区配套建设的体育健身设施,应当与居民住宅区的主体工程同时设计、同时施工、同时投入使用。建设工程竣工验收时,建设单位应当通知所在地的体育行政管理部门参与验收。

任何单位或者个人不得擅自改变居民住宅区体育健身设施的建设项目和功能,不得缩小其建设规模和降低其用地指标。

第二十条　公共体育场馆应当全年向市民开放,每周累计开放时间不得少于五十六个小时,法定节假日和学校寒暑假期间应当延长开放时间。

公共体育场馆在学校寒暑假期间应当增设适应学生特点的体育健身项目,开设学生专场。

鼓励企业事业单位向市民开放体育健身设施。

第二十一条　学校应当在课余时间和节假日向学生开放体育健身设施。公办学校应当积极创造条件向市民开放体育健身设施。鼓励民办学校向市民开放体育健身设施。

区人民政府对向市民开放体育健身设施的学校给予经费支持,并为向市民开放体育健身设施的学校办理有关责任保险。

区人民政府应当制定学校体育健身设施向市民开放的具体管理办法,由学校所在地的镇(乡)人民政府或者街道办事处会同学校组织实施。体育行政管理部门应当会同教育行政管理部门加强对学校体育健身设施开放的指导监督。

第二十二条 社区文化活动中心应当按照国家和本市有关规定开设体育健身活动场地,配置体育健身设施。

社区文化活动中心的体育健身活动场地和设施应当全年向市民开放,每周累计开放时间不得少于五十六个小时,开放时间应当与市民的工作时间、学习时间适当错开。属于国家规定基本服务项目的体育健身项目应当免费开放。

第二十三条 公共体育场馆、公办学校、社区文化活动中心等体育健身设施实行收费的,具体价格由政府有关部门核定,一般不超过其运营成本。对学生、老年人、残疾人等实行价格优惠。

公共体育场馆应当在全民健身日等规定时间向市民免费开放,并逐步增加免费开放的时间。

第二十四条 向市民免费开放的体育健身设施应当符合下列基本要求:

(一)体育健身设施符合国家、行业或者地方标准;

(二)在醒目位置标明安全使用方法和注意事项;

(三)建立、健全维修保养更新制度,保持体育健身设施完好。

第二十五条 公园、绿地等公共场所的管理单位,应当根据自身条件安排体育健身活动场地。需要设置体育健身设施的,由所在地的体育行政管理部门根据实际情况免费提供并承担维修保养更新经费。

第二十六条 政府出资建设或者配置的居民住宅区体育健身设施,其维修保养更新经费由镇(乡)人民政府、街道办事处承担。

建设单位按照规定配套建设的业主共用的体育健身设施,由居民住宅区业主或者其委托的物业服务企业负责维修保养,维修保养经费按照国家和本市有关规定在住宅专项维修资金中列支或者通过其他途径予以保障,确有困难的,由镇(乡)人民政府和街道办事处给予适当补贴。

第二十七条　因城乡建设确需拆除公共体育设施或者改变其功能、用途的,有关人民政府在作出决定前应当依法组织专家论证,并征得上一级人民政府体育行政管理部门的同意,报上一级人民政府批准。

经批准拆除后重新建设的公共体育设施,应当符合规划要求,一般不得小于原有规模。

第四章　市民体育健身服务与保障

第二十八条　各级人民政府应当支持高等院校和科学研究机构开展体育健身科学研究,加强国际国内交流,推广科学的体育健身项目和方法。

第二十九条　各级人民政府及其体育行政管理部门应当根据实际情况,通过政府购买公共服务、专项资金补助、奖励等形式,支持体育协会、社区体育组织以及其他社会团体向市民提供体育健身服务。

第三十条　市和区体育行政管理部门应当建立体育健身信息服务平台,公布市民体育健身工作经费投入和使用情况,公示本行政区域内市民体育健身设施目录、开放时段、收费标准、免费项目和优惠措施等信息,制定和发布科学健身指南,并为市民提供体质测定、体育健身指导等信息。

第三十一条　体育健身设施没有国家标准、行业标准的,市体育行政管理部门可以向市标准化行政主管部门提出制定体育健身设施等地方标准的建议,由市标准化行政主管部门按照国家和本市有关规定组织制定地方标准。

第三十二条 市体育行政管理部门应当根据国家有关规定,制订本市市民体质监测方案,会同有关部门组织实施,并定期向社会公布市民体质监测结果。

第三十三条 体育彩票公益金应当根据国家有关规定,用于组织开展市民体育健身活动、培训社会体育指导人员、进行市民体质监测以及市民体育健身设施的建设和管理,并逐步提高对社区市民体育健身的投入比例。

利用福利彩票公益金建设社会福利设施时,应当按照国家有关规定,设置适合老年人和残疾人体育健身活动的设施。

彩票公益金的管理、使用单位,应当依法接受财政部门、审计机关和社会公众的监督,每年向社会公告公益金的使用情况。

第三十四条 鼓励企业事业单位、社会团体、其他组织和个人向市民体育健身事业捐赠财产、提供赞助。向市民体育健身事业捐赠财产的,依法享受税收优惠。

第三十五条 鼓励市民体育健身活动组织者和健身场所管理者依法投保有关责任保险。

鼓励参加市民体育健身活动的公民依法投保意外伤害保险。

第三十六条 鼓励挖掘民间传统体育健身项目、创编新颖体育健身项目、研发体育健身器材,依法维护相关单位和个人的知识产权合法权益。

第三十七条 对不以收取报酬为目的的社会体育指导人员,按照国家有关规定实行技术等级制度。市和区体育行政管理部门应当免费为其提供相关知识和技能培训,并建立档案。

公共体育设施应当按照项目要求,配备社会体育指导人员指导体育健身活动。居(村)民委员会和有条件的单位,也可以配备社会体育指导人员。

社会体育指导人员负责组织居民开展体育健身活动,传授体育健身技能,宣传科学健身知识。

第三十八条　对以健身指导为职业的社会体育指导人员实行职业资格证书制度。

以对高危险性体育项目进行健身指导为职业的社会体育指导人员,应当依照国家有关规定取得职业资格证书。

第三十九条　企业、个体工商户经营高危险性体育项目的,应当按照国家有关规定取得体育行政管理部门的许可。

第五章　法律责任

第四十条　任何单位和个人发现违反市民体育健身法律、法规的行为,可以向体育行政管理部门或者其他相关部门投诉。接到投诉的部门应当按照规定程序进行调查、核实,予以处理。

第四十一条　违反本条例规定,侵占、破坏公共体育设施的,由体育行政管理部门责令限期改正,并依法承担民事责任。

有前款所列行为,违反治安管理的,由公安机关依照《中华人民共和国治安管理处罚法》的有关规定予以处罚;构成犯罪的,依法追究刑事责任。

第四十二条　违反本条例规定,擅自改变公共体育设施使用性质的,按照国务院《公共文化体育设施条例》的规定予以处罚。

第四十三条　违反本条例规定的其他行为,法律、行政法规已有处罚规定的,从其规定。

第六章　附　则

第四十四条　本条例所称市民体育健身设施,是指公共体育设施以及其他向市民开放用于开展体育健身活动的建(构)筑物、场地和设备。

第四十五条　本条例自 2012 年 6 月 10 日起施行。

江苏省全民健身条例

（2002 年 10 月 23 日江苏省第九届人民代表大会常务委员会第三十二次会议通过 根据 2010 年 9 月 29 日江苏省第十一届人民代表大会常务委员会第十七次会议《关于修改〈江苏省全民健身条例〉的决定》修正）

第一条 为了促进全民健身活动的开展,增强公民体质,适应社会主义物质文明和精神文明建设的需要,根据《中华人民共和国体育法》以及有关法律、行政法规,结合本省实际,制定本条例。

第二条 在本省行政区域内开展和参加全民健身活动,实施对全民健身活动的管理,适用本条例。

本条例所称的全民健身活动,是指政府倡导全体公民参加的,以增进身心健康为目的的群众性体育健身活动。

第三条 全民健身活动应当遵循因地制宜、灵活多样、注重实效和科学文明的原则。

公民依法参加全民健身活动的权益受法律保障。

第四条 县级以上地方人民政府体育行政部门或者本级人民政府授权的机构（以下简称体育主管部门）主管本行政区域内的全民健身工作。

县级以上地方人民政府其他有关部门,应当按照各自职责,共同做好全民健身工作。

乡（镇）人民政府和街道办事处应当明确负责全民健身工作的机构或者人员。

第五条 地方各级人民政府应当将全民健身工作纳入国民经济和社会发展计划,将开展全民健身工作所需的经费纳入财政预算,并随着国民经济的发展逐步增加投入。

第六条　地方各级人民政府应当支持高等院校和科研机构开展全民健身科学研究,推广科学的全民健身活动。

广播、电视、报刊、互联网络等大众传媒应当加强对全民健身活动的宣传,普及科学、文明、健康的全民健身知识。

第七条　地方各级人民政府及其有关部门对在全民健身工作中作出显著成绩的单位和个人,应当予以表彰和奖励。

第八条　每年六月十日为本省全民健身日。

第九条　社区居民委员会、村民委员会等基层组织应当组织、推广小型多样的全民健身活动。

第十条　学校必须开设体育与健康课程,并将体育与健康课程列为考核学生学业成绩的科目。

学校应当组织开展广播操活动和课外体育活动,保证学生每天有一小时体育活动时间,每学年至少举行一次全校性体育运动会。

学校应当实施国家规定的学生体质健康标准,加强对学生的体质监测。

第十一条　机关、企业事业单位、社会团体和其他组织应当根据本单位特点,制订全民健身活动计划,经常性地组织开展全民健身活动。

有条件的单位应当为本单位工作人员的全民健身活动提供场地、设施等必要条件。

第十二条　各级各类体育协会应当在体育主管部门的指导下,组织公民开展全民健身活动。

第十三条　各级体育主管部门提出用于全民健身活动的体育设施(以下简称全民健身设施)设置规划布局建议,由规划部门在组织编制城市规划时统筹安排。

第十四条　地方各级人民政府应当按照国家关于城市公共体育设施用地定额指标的规定和城市规划,建设全民健身设施。城市社区、农村集镇和有条件的村应当建设全民健身设施。新建的非营利性全民健身设施,地方人民政府可以采用划拨方式提供用地。

建设单位新建、扩建住宅区,应当按照国家和省居住区规划设计规范有关公共服务设施配套建设指标的规定,规划、建设全民健身设施。建设单位新建、扩建住宅区,配套建设全民健身设施的规划设计方案未达到规定指标的,规划行政部门不予发放建设工程规划许可证。

按照规划建设全民健身设施,有关单位和住户应当给予配合和支持。

第十五条 街道和乡镇的全民健身设施建设和维护所需经费,由各级人民政府统筹安排。体育彩票公益金中应当安排一定比例的资金用于全民健身设施的建设和维护。

新建、扩建住宅区,按照规划建设全民健身设施的经费由建设单位负责。

全民健身设施建设单位在建设的同时,必须明确维护资金的来源渠道及管理单位。

鼓励企业事业单位、其他组织和个人依照《中华人民共和国公益事业捐赠法》自愿无偿向全民健身事业捐赠资金或者设施。捐赠的资金或者设施,按照有关规定享受优惠政策。受赠单位或者使用人应当负责设施的维护和管理。

第十六条 全民健身设施应当符合保障人体健康、人身财产安全的标准,并在醒目位置上标明使用方法和注意事项。全民健身设施的管理单位应当建立使用、维修、安全、卫生管理制度,定期对全民健身设施进行维修保养,保证正常使用。

第十七条 全民健身设施应当全年向社会开放,并公布开放时间。在法定节假日和学校寒暑假期间应当延长开放时间,并增设适应学生特点的全民健身项目。

不需要增加投入和专门服务的公益性全民健身设施,应当免费开放;需要消耗水、电、气或者器材有损耗的,可以适当收费,但不得以营利为目的。收费标准由省物价部门会同有关部门共同制定。

收费的全民健身设施应当对学生、老年人、残疾人、军人实行优惠。

第十八条　综合性公园应当对公民的晨练活动免费开放。

第十九条　学校的体育健身场地应当在法定节假日和学校寒暑假期间向学生开放。在不影响教学和学校安全的情况下,学校的体育健身场地应当向社会开放。

第二十条　鼓励企业事业单位和个人兴办面向大众的体育健身服务经营实体。

第二十一条　任何单位和个人不得侵占、破坏全民健身设施。临时占用全民健身设施的,必须经体育主管部门和建设规划部门批准。临时占用期满,占用单位或者个人应当及时归还并保证全民健身设施完好。

全民健身设施拆迁或者改变用途的,应当经体育主管部门和建设规划部门批准,并按照就近、方便使用的原则,先行择地新建偿还。新建的全民健身设施的面积、标准不得低于原设施。

第二十二条　公民参加全民健身活动,应当遵守全民健身活动场所的规章制度,爱护全民健身设施和环境绿化,不得影响其他公民的正常工作和生活。

严禁在全民健身活动中渲染封建迷信、色情和暴力。严禁利用全民健身活动进行赌博等违法行为。

第二十三条　各级体育主管部门应当加强社会体育指导员的组织和培训工作。

在全民健身活动中从事体育技能传授、锻炼指导和组织管理的人员,必须持有社会体育指导员技术等级证书。

公共体育场馆应当按照项目要求,配备社会体育指导员指导全民健身活动。社区居民委员会、村民委员会和有条件的单位可以配备社会体育指导员。

第二十四条 县级以上体育主管部门应当根据国家的体质测定标准,制定公民体质监测方案,会同有关部门组织实施,定期公布公民体质监测结果。

第二十五条 违反本条例第十四条第二款规定,新建、扩建住宅区未按照规划要求建设全民健身设施的,由有关主管部门责令限期补建,并依照有关法律、法规的规定予以处罚。

第二十六条 违反本条例第二十一条规定,侵占、破坏全民健身设施的,由体育主管部门责令限期改正,并依法承担民事责任。

有前款所列行为,构成违反治安管理行为的,由公安机关依照《中华人民共和国治安管理处罚条例》的有关规定给予处罚;构成犯罪的,依法追究刑事责任。

第二十七条 本条例自 2003 年 1 月 1 日起施行。

云南省全民健身条例

(2004 年 3 月 26 日云南省第十届人民代表大会常务委员会第八次会议通过)

第一条 为了促进全民健身活动的开展,提高公民健康素质,根据《中华人民共和国体育法》等有关法律、法规,结合本省实际,制定本条例。

第二条 本省行政区域内的全民健身活动及其管理适用本条例。

本条例所称全民健身是指以提高公民健康素质为目的,形式多样、因地制宜、科学文明的各种群众性体育活动。

第三条 各级人民政府应当加强对全民健身工作的领导,建立健全促进全民健身事业发展的机制,为公民健身活动创造良好的社会环境。

各级人民政府应当将全民健身工作纳入国民经济和社会发展计划,支持公益性全民健身体育设施及其相关环境的建设,逐步增加投入;鼓励多渠道筹集资金,保障公民健身活动的基本需求。

第四条　本条例所称的全民健身体育设施是指下列体育训练、竞技和健身的运动场所和固定设备:

(一)国家投资或者彩票公益金投资建设的体育设施;

(二)社会筹资兴建的体育设施;

(三)机关、企业事业单位和其他社会组织的内部体育设施;

(四)城市社区和农村的体育设施;

(五)各类经营性体育设施。

第五条　县级以上人民政府体育行政主管部门负责本行政区域内的全民健身工作,履行下列职责:

(一)宣传贯彻全民健身的法律、法规和规章;

(二)编制全民健身中长期规划和年度计划;

(三)组织指导体育健身活动,实施国家体育锻炼标准,研究和推广科学的体育健身方法;

(四)组织实施国民体质监测和检测,定期公布国民体质状况;

(五)管理、培训、考核、评定社会体育指导员;

(六)参与有关部门新建公共体育设施规划的编制,对居民住宅区体育设施的建设进行指导和监督;

(七)对全民健身活动实施监督管理;

(八)法律、法规规定的其他职责。

第六条　各级人民政府倡导科学、文明、健康的全民健身活动,对在全民健身活动中做出显著成绩的组织和个人,给予表彰奖励。广播、电视、报刊等媒体应当加强对全民健身活动的宣传,普及全民健身知识。

第七条 每年 6 月 10 日所在周为全民健身活动宣传周。县级以上人民政府体育等行政主管部门及有关组织,应当根据国家确定的全民健身活动宣传周的主题,组织开展有益身心健康、丰富多彩的各种全民健身活动。

第八条 鼓励发展民族体育,支持民族、民间传统体育项目的发掘、整理和提高。

鼓励社会力量举办以民间传统体育项目为主的体育健身活动。

第九条 城市街道办事处、乡(镇)人民政府负责本辖区内的全民健身工作,应当指定专职或者兼职工作人员,在上级体育行政主管部门的指导下组织开展全民健身活动。

有条件的居民委员会、村民委员会应当建立晨、晚练点。

第十条 机关、企业事业单位和其他组织应当使职工在每周工作时间内有不少于 1 小时的体育健身活动;提倡在节假日组织开展小型多样的体育健身活动,并定期举办职工体育健身运动会。

工会、共青团、妇联、残联、老年人体育协会、农民体育协会等社会团体,应当组织开展多种形式的体育健身活动。

第十一条 学校应当按照国家有关规定配备专职体育教师,开设体育课,并开展课间和课外体育活动,保证学生每天有不少于 1 小时体育活动时间,每年至少举办一次全校性体育运动会,增强学生体质,逐步达到国家规定的学生体质健康标准。

幼儿园应当根据幼儿特点,开展适宜的体育活动。

第十二条 鼓励建立各类有益于身心健康的社会化全民健身组织。

鼓励企业事业单位、社会组织和个人兴办面向大众的体育健身服务经营实体。

鼓励有条件的科研机构、大中专院校等单位开展全民健身的科学研究,创编简便易行、科学实用的健身方法。

第十三条　鼓励机关、企业事业单位和其他组织及个人为全民健身事业捐赠资金和设施。捐赠资金兴建公益性全民健身体育设施的,享受国家和省有关税收等优惠政策。

体育彩票公益金应当按照国家规定的比例,用于全民健身活动。

第十四条　县级以上人民政府应当将全民健身设施建设纳入城乡建设规划,并根据当地民族特色加强民族民间传统体育活动设施的建设。

第十五条　公益性全民健身体育运动场所采用划拨方式取得的用地,不得随意改变其用途。

新建、改建、扩建居民住宅区、公园、广场的,应当规划全民健身体育设施用地。

已建成的住宅区应当按照规划逐步完善全民健身体育设施,有关单位和住户应当给予配合和支持。

第十六条　州(市)人民政府应当完善体育场馆,建设多功能全民健身活动中心;县级人民政府应当建设体育场馆和适当规模的全民健身场所;乡(镇)人民政府、城市街道办事处应当建设公共球场或者多功能体育活动室等公共健身场所;有条件的居民委员会、村民委员会应当建设体育活动室或者简易健身场地。

第十七条　全民健身体育设施应当符合国家质量标准和安全标准。管理单位应当建立健全使用、维修、安全、卫生等管理制度,并在醒目位置上标明使用方法和注意事项,定期对全民健身体育设施进行维修、保养,保证安全使用。

由国家投资和体育彩票公益金投资建设的全民健身体育设施,管理单位还应当保证其完整性和公益性。

第十八条　公益性全民健身体育设施应当向公众开放。

社会公共体育设施健身项目需要收费的,应当对学生、老年人、残疾人等特殊人群实行优惠。

有条件的公园应当对公民晨、晚练活动免费开放并公布开放时间。

第十九条 公民参加健身活动,应当遵守健身活动场所的规定,爱护全民健身体育设施,不得妨碍其他公民的正常工作和生活。

禁止利用全民健身进行违法活动。

第二十条 全民健身工作执行社会体育指导员技术等级制度。省、州(市)、县(市、区)体育行政主管部门分别负责一级、二级、三级社会体育指导员的培训和管理工作。

在全民健身活动中,从事经营性体育技能传授、锻炼指导、体育表演、体育咨询的人员,应当持有社会体育指导员技术等级证书。

对公众开放的全民健身体育设施的管理单位应当按照项目要求,配备社会体育指导员。

社会体育指导员应当持证上岗、文明服务,并不得从事与其资质等级不相符的社会体育指导工作。

第二十一条 县级以上人民政府体育行政主管部门应当为公民提供科学健身咨询服务。

第二十二条 任何组织和个人不得侵占公益性全民健身体育运动场所,确因建设需要使用的,建设单位应当根据国家有关规定,不少于原面积和不低于原标准,先行择地新建偿还。

第二十三条 违反本条例第十五条第一款规定,随意改变土地用途的,由土地行政主管部门责令限期改正;逾期不改正的,由作出决定的机关申请人民法院强制执行。

第二十四条 违反本条例第十七条规定的,由体育行政主管部门责令限期改正;情节严重的,由所在的单位或者上级主管部门对直接负责的主管人员和其他直接责任人员依法给予行政处分,或者由体育行政主管部门通报批评。

第二十五条　损坏或者破坏全民健身体育设施的,应当赔偿损失,并可视情节轻重,由县级以上体育行政主管部门对直接责任人员处以三百元以上三千元以下的罚款;违反治安管理规定的,由公安机关依照治安管理规定给予处罚;构成犯罪的,依法追究刑事责任。

第二十六条　体育行政主管部门及其工作人员,违反本条例的规定,有滥用职权、玩忽职守、徇私舞弊等不依法履行职责行为的,由其上级主管部门或所在单位责令改正;逾期不改的,对直接负责的主管人员和其他直接责任人员,依法给予行政处分;构成犯罪的,依法追究刑事责任。

第二十七条　本条例自 2004 年 5 月 1 日起施行。

杭州市全民健身条例

(2004 年 6 月 30 日杭州市第十届人民代表大会常务委员会第十八次会议通过　2004 年 7 月 30 日浙江省第十届人民代表大会常务委员会第十二次会议批准　根据 2010 年 8 月 25 日杭州市第十一届人民代表大会常务委员会第二十六次会议通过　2010 年 11 月 25 日浙江省第十一届人民代表大会常务委员会第二十一次会议批准的《杭州市人民代表大会常务委员会关于修改〈杭州市全民健身条例〉的决定》修正)

第一章　总　则

第一条　为了促进全民健身活动的开展,保障市民参加健身活动的权益,增强市民体质,根据《中华人民共和国体育法》《全民健身条例》《浙江省实施〈中华人民共和国体育法〉办法》等有关法律、法规,结合本市实际,制定本条例。

第二条　本条例适用于本市行政区域内的全民健身活动及其管理工作。

本条例所称的全民健身活动,是指政府倡导、市民参与,以增进身心健康为目的的群众性健身活动。

第三条　杭州市人民政府体育行政部门(以下简称市体育行政部门)是本市全民健身工作的主管部门。区、县(市)体育行政部门负责本辖区内的全民健身活动的管理工作。

各级人民政府有关行政部门应当按照各自职责,做好全民健身活动的管理工作。

各级体育总会和各类体育社团应按照国家有关规定,在各级体育行政部门的指导下,组织开展全民健身活动。

第四条　市民依法参加全民健身活动的权利受法律保护。

全社会应当关心和支持老年人、残疾人参加全民健身活动。

第五条　各级人民政府应当加强对全民健身工作的领导,将全民健身工作纳入国民经济和社会发展计划,保证公共体育设施适应全民健身的基本需要,为全民健身活动提供必要的资金保障。

各级人民政府应当重视、支持全民健身的科学研究工作,推广科学的全民健身项目和方法,发展具有地方特色的健身活动。

第六条　全民健身活动应当科学、文明、健康,任何组织和个人不得利用全民健身活动宣传封建迷信或者从事其他违法活动。

第七条　各级人民政府及其体育行政部门对组织、开展全民健身活动成绩显著的单位和个人,应当给予表彰和奖励。

第二章　健身活动的组织

第八条　各级人民政府应当根据国家全民健身计划纲要,组织制定本地区实施方案,鼓励、引导市民积极参加健身活动,推动全民健身活动的开展。

第九条　各级体育行政部门负责组织实施国家全民健身计划纲要和本地区实施方案，推广科学的健身方法，实施体育锻炼标准，指导、督促全民健身活动的开展。

第十条　乡镇人民政府和街道办事处应当确定人员，组织开展和协调乡镇、街道的全民健身活动。乡镇、街道每年至少举办一次专项体育活动或综合性的体育运动会。

社区居民委员会应当把开展全民健身活动纳入社区工作的重要内容，建立健全社区体育组织，因地制宜地组织开展业余、自愿、小型多样的全民健身活动。

村民委员会应当组织开展适合农村特点的全民健身活动。

提倡具有体育特长和热心体育事业的人员参与组织辅导健身活动。

第十一条　学校应当按照国家教育行政部门的有关规定开设体育与健康课程，并将其列为考核学生学业成绩的科目；组织开展广播体操和课外体育活动，保证学生在校期间每天参加一小时的体育活动；实施国家规定的学生体质健康标准，加强对学生的体质检测。

学校每学年至少举行一次全校综合性体育运动会。法定节假日和学校假期期间，学校应当向学生开放健身设施。

学校应当积极创造条件，组织学生开展游泳活动，掌握游泳技能。

第十二条　机关、企业、事业单位、社会团体和其他组织应当根据本单位特点，按照因地制宜、因时制宜、小型多样、注重实效的原则，制定健身计划，组织开展工前操、工间操等多种形式的健身活动。提倡在节假日组织开展健身活动。

机关、事业单位应当积极推行每日做广播体操的制度。

第十三条　市民参加健身活动，应当遵守法律、法规和健身活动场所的规章制度，爱护体育设施和健身环境。

开展健身活动，不得影响他人的正常工作和学习、生活。

第十四条　每年 8 月 8 日为全民健身日。

各级人民政府应当在全民健身日举行一次市民广泛参与的大型健身活动。

第三章　公共体育设施建设

第十五条　各级人民政府应当根据国家有关规定,将城市公共体育设施建设纳入城市近期建设规划和土地利用总体规划,合理布局,统一安排。

公共体育设施用地定额指标,由同级人民政府土地行政部门、规划行政部门会同体育行政部门按照国家有关规定制定。

本条例所称的公共体育设施,是指由政府投资或政府筹集社会资金兴建的,用于开展社会体育活动,满足群众进行体育锻炼或观赏运动竞技以及运动员训练、竞赛要求的体育活动场所和设备。

第十六条　公共体育设施的设计应当符合国家规定的技术指标和标准。

规划、建设行政部门审批公共体育设施建设的规划设计方案时,应当征求同级人民政府体育行政部门的意见。

第十七条　新建、改建、扩建住宅区,建设单位应当按照城市规划和建设的要求同步建设公共体育设施。按照规划建设的公共体育设施,有关单位和住户应当给予支持和配合。

已建住宅区应当逐步增添公共体育设施。

任何单位和个人不得擅自改变住宅区的公共体育设施的建设项目,不得缩小其建设规模和降低其用地指标。

第十八条　公共体育设施的建设要严格执行国家、省和市有关规定,确保工程质量。严禁使用未经检测合格的健身器材。

第十九条　鼓励国内外组织和个人投资兴建公共体育设施。

鼓励国内外组织和个人向全民健身事业捐赠资金、器材和设施。

向全民健身事业捐赠资金、器材和设施的,可以依照《中华人民共和国公益事业捐赠法》的规定留名纪念、命名以及享受税收等有关方面的优惠政策。

受赠单位或者使用人应当将受赠物品或资金专门用于公共体育设施的建设、维护与管理。

第四章　健身活动的服务与管理

第二十条　实行国民体质监测制度。各级人民政府应当把国民体质监测工作纳入社会发展目标,建立健全国民体质监测体系和监测网络,并在经费上予以保障。体育行政部门应当根据国家的有关规定,会同相关部门制定、实施国民体质监测方案,并定期向社会公布监测结果。

第二十一条　广播、电视、报刊、互联网络等大众传播媒体应当加强对全民健身活动的宣传,普及全民健身知识,推广科学、文明、健康、简便易行的健身项目和方法。

第二十二条　社区居民委员会、村民委员会应当加强对本社区、本村公共体育设施的管理;充分利用体育设施的综合服务功能,做好本社区、本村的健身工作。

第二十三条　以健身指导为职业的社会体育指导员必须按照国家规定取得职业资格证书,不得超越证书确定的项目范围进行有偿健身指导服务。

经营性健身服务单位不得聘用无职业资格证书的人员从事有偿健身指导服务。

第二十四条　公共体育设施应当向社会开放,并公布开放时间。在法定节假日和学校假期期间应当延长开放时间,并增设适应学生特点的健身项目。

中小学校活动场所在保证正常教学活动的条件下,应当面向社会开放。鼓励机关、企业事业单位、社会团体和个人兴办的体育设施向社会开放。

公共体育设施的管理单位应当根据当地人民政府的规定,在醒目位置公布免费开放的设施和时间,并公布对学生、老年人、残疾人、军人实行免费或者优惠的项目。

公共体育设施在全民健身日向公众免费开放。

第二十五条　任何组织和个人不得侵占、破坏公共体育设施,不得擅自改变公共体育设施的使用性质。

因城市规划确需拆除公共体育设施的,应当先行择地新建补偿,并不得低于原有规模和标准。

第二十六条　公共体育设施的维护管理单位应当建立、健全专门制度,定期进行检查、维修和保养,确保公共体育设施的安全及卫生,并在醒目位置标明使用方法和注意事项。管理人员应当具备设施使用、维护及管理的相关知识。

第五章　法律责任

第二十七条　违反本条例第十三条规定的,管理单位应当及时制止;违反治安管理规定的,由公安机关依法处理。

第二十八条　违反本条例第十七条规定,新建、改建、扩建住宅区未按照规划同步建设公共体育设施的,由规划行政部门责令建设单位限期补建;逾期不补建的,由体育行政部门组织实施补建,其建设费用由建设单位承担。

第二十九条　违反本条例第二十三条第一款规定的,超越职业资格证书确定的范围,进行有偿健身指导服务的,由体育行政部门责令限期改正,没收违法所得,并处一千元以上三千元以下罚款;情节严重的,处三千元以上五千元以下罚款;违反本条例 第二十三条第二款规定,聘用无职业资格证书的人员从事有偿健身指导服务的,由体育行政部门责令限期改正,没收违法所得,并处一千元以上五千元以下的罚款。

第三十条　违反本条例第二十五条规定,侵占、破坏公共体育设施或者擅自改变其使用性质的,由体育行政部门责令限期改正;造成设施损坏的,应当赔偿损失。

第三十一条　体育、规划、土地等有关行政部门及其工作人员,不依法履行职责的,对负有责任的主管人员和其他直接责任人员,依法给予行政处分。

第三十二条　在健身活动中发生的人身伤害或者财产损失,按照国家有关法律、法规的规定处理。

第六章　附　则

第三十三条　本条例自 2004 年 9 月 1 日起施行。

唐山市全民健身条例

(2005 年 10 月 21 日唐山市第十二届人民代表大会常务委员会第十九次会议通过　2006 年 3 月 30 日河北省第十届人民代表大会常务委员会第二十次会议批准)

第一章　总　则

第一条　为促进本市公民健身活动的开展,增强全民体质,根据《中华人民共和国体育法》和《公共文化体育设施条例》等有关法律、法规,结合本市实际,制定本条例。

第二条　本条例适用于本市行政区域内的全民健身活动及管理。

第三条　本条例所称全民健身活动是指以增进全体公民身心健康为目的的各种群众性体育健身活动。本条例所称公共健身设施是指由各级人民政府或者社会力量、体育彩票公益金投资的,向公众开放用于健身活动的广场、文体活动站、体育场(馆)、游泳池、健身房、健身路径、健身公园等的建筑物、场地和设备。

第四条　全民健身活动应当坚持业余、自愿、小型多样,遵循因地制宜和科学文明的原则,严禁利用全民健身活动和公共健身设施从事封建迷信和邪教活动。

第五条　市、县(市)区人民政府领导本行政区域的全民健身工作,应当将公共健身设施的建设和全民健身工作纳入国民经济和社会发展计划。市、县(市)区人民政府体育行政部门主管本行政区域的全民健身工作。

其他有关部门按照各自职责,配合体育行政部门做好全民健身工作。

第六条　市、县(市)区人民政府应当在本级财政预算中安排一定资金用于推动全民健身活动的开展,并逐年加大全民健身活动的资金投入。

鼓励村民委员会、居民委员会、机关、企业、事业单位、社会团体和其他组织自筹资金,发展体育事业,开展健身活动。鼓励单位和个人投资、赞助或者捐赠资金,用来发展全民健身活动。

第七条　市、县(市)区人民政府应当对组织、开展全民健身活动成绩显著的单位和个人,给予表彰或者奖励。

第二章　健身活动

第八条　每年六月十日所在的周为本市"全民健身周",在健身周内,市、县(市)区应当开展全民健身宣传教育并结合本地实际举办相关健身活动。

第九条　广播、电视、互联网络等媒体应当设置全民健身活动的专题或者专栏,定期宣传科学、文明、健康的体育健身活动、项目和方法。

第十条　乡(镇)人民政府和街道办事处负责组织、协调辖区的全民健身活动。

村民委员会和居民委员会可以建立健身点,加强健身活动骨干队伍建设,并根据各自特点,组织村民、居民开展小型多样的健身活动。

各级各类体育协会或者基层体育组织应当按照业余、自愿、因地因时制宜的原则组织、协调体育健身活动的开展。

第十一条　市级综合性运动会每四年举办一次,县(市)区综合性运动会每两年举办一次。

工人、农民、少数民族、青少年、残疾人等特定人群的市级综合性运动会应当每四年举办一次。乡镇和街道可以根据本地情况不定期举办多种形式的运动会。

第十二条　政府有关部门和工会、妇联、共青团、残联等社会团体,应当根据自身的特点,组织开展相应人群的体育健身活动。

第十三条　学校应当按照教育行政部门的规定开设体育课,保证学生每天参加体育活动时间不少于国家规定的时间,并按学生体质健康标准,依法对学生体质进行监测。学校每学年至少应当举行一次全校性运动会,并适当增加集体体育项目。

第十四条　幼儿园应当在保证安全的前提下,开展适合幼儿特点的健身活动。

第十五条　国家机关、企业、事业单位和社会团体等各类用人单位应当结合本单位实际,制定体育健身计划,为开展健身活动提供便利条件。

用人单位在不影响工作和生产的前提下,应当组织工前操或者工间操等形式的体育健身活动,也可以利用节假日开展其他形式的健身活动。

第十六条　公民进行健身活动,应当遵守公共秩序和健身活动场所的管理制度,不得损坏健身设施,不得影响他人的正常工作和生活。

第十七条　实行社会体育指导员技术等级制度。从事体育健身指导服务的人员应当取得社会体育指导员技术等级证书。

社会体育指导员提供服务不得超越证书核定的项目范围。

经营性体育健身服务单位,应当聘请有社会体育指导员技术等级证书的人员从事体育健身指导工作。

第三章　健身设施

第十八条　市、县(市)区人民政府应当根据当地经济和社会发展水平、人口结构、环境条件和全民健身活动的需求确定公共健身设施的数量、规模、种类、布局,其选址应当符合人口集中、交通便利的原则。

公共健身设施的规划和建设应当兼顾残疾人等特殊群体的需求。

第十九条　市、县(市)区国土资源、规划行政部门应当按照国家有关用地定额指标的规定,会同同级体育行政部门将公共健身设施的建设预留地纳入本级土地利用总体规划和城乡建设规划。任何单位和个人不得侵占公共健身设施建设预留地或者改变其用途。

第二十条　县(市)区人民政府应当按照国家规定建设公共健身设施,每个县(市)区至少应当建有四百米标准跑道体育场、带看台的灯光篮球场、游泳池和健身房各一处。乡镇、街道、社区、村应当建有能够基本满足健身需求的公益性健身设施。

第二十一条　公共健身设施应当按照有关规定纳入城市居住区和乡村的新建、改建、扩建规划,配套建设的公共健身设施应当与主体工程同时设计、同时施工、同时投入使用。体育行政部门应当参与设计审查和工程验收工作。任何单位和个人不得擅自改变公共健身设施的建设项目和功能,不得缩小其建设规模和降低其用地指标。

第二十二条　公共健身设施应当向社会开放,并由公共健身设施管理单位公布服务项目和开放时间。实行有偿使用的,应当按照国家、省以及市人民政府的相关规定对儿童、学生、老年人、残疾人等特殊群体优惠开放。政府投资兴建的收费公园应当在每日早五时三十分至早七时三十分对公民免费开放。

在健身周内,政府投资以及单位和个人捐赠的公共健身设施应当向社会免费开放。

公共健身设施在法定节假日和学生寒、暑假期间应适当延长开放时间,并增设适应学生特点的健身项目。

第二十三条　各类健身设施的所有者、经营管理者应当建立健全使用、维修和保养、安全、卫生等管理制度,根据设施规模制定相应的突发事故应急救援预案,并依法配备安全保护设施、人员,保障设施的正常使用和公众安全。

公共健身设施的质量应当符合国家标准,并在醒目位置标明使用方法和注意事项。

从事体育经营活动的单位和个人,应当遵守国家、省、市制定的相关体育规则,其场地、体育器材应当符合国家有关规定和标准。

第二十四条　在不影响正常教学秩序的情况下,学校健身设施应当逐步向社会开放,具体开放方案由教育行政部门会同体育行政部门制定。

鼓励单位建设的非公共健身设施向驻地居民开放,实现健身设施资源共享。

第二十五条　企业、事业单位、社会组织或者个人投资兴建公共健身设施的,可以按照国家的有关规定享受税收优惠,也可以依法享受留名、命名等其他相关优惠待遇。

单位或者个人投资建设的公共健身设施可以依法向人民政府、体育行政部门或者其指定的相关单位办理移交。

第二十六条　市、县(市)区人民政府投资或者接收的公共健身设施的更新、维修费用由同级人民政府财政负担。

第二十七条　任何单位和个人不得侵占、破坏公共健身设施或者擅自改变其使用性质。

第四章　法律责任

第二十八条　有关行政部门及其工作人员不依法履行职责或者发现违法行为不予依法查处的,对负有责任的主管人员和其他直接责任人员,依法给予行政处分;涉嫌犯罪的,移交司法机关处理。

第二十九条　单位和个人违反本条例第十七条第四款规定从事有偿体育健身指导服务的,由体育行政部门责令改正,没收违法所得,并处违法所得一倍以上三倍以下罚款,但最高不得超过一万元。

第三十条　单位和个人违反本条例第十九条第二款规定的,由国土资源行政部门、规划行政部门依据各自职权给予处罚,并责令限期改正;逾期不改正的,由作出决定的机关依法申请人民法院强制执行。

第三十一条　单位和个人违反本条例第二十一条规定,未按照规划要求建设公共健身设施的,由规划行政部门责令改正或者限期补建,并按照有关法律、法规的规定处罚。

第三十二条　健身设施管理单位违反本条例第二十二条、第二十三条规定有下列情形之一的,由体育行政部门或者有关主管部门依据各自职权责令限期改正,并按照有关法律、法规的规定处罚;造成人身损害或者其他严重后果的,依法承担相应的民事责任;涉嫌犯罪的,移交司法机关处理:

(一)公共健身设施不按照规定的条件和最低时限对公众开放的;或者未公示其服务项目、开放时间等事项的;

(二)未在醒目位置标明设施的使用方法或者注意事项的;

(三)未建立、健全公共健身设施的安全、卫生以及使用维修保养等管理制度的;

（四）场地、器材不符合国家有关规定和标准或者存在其他安全隐患的。

第三十三条　单位和个人侵占、破坏公共健身设施或者擅自改变其使用性质的,由体育行政部门责令限期改正,依法赔偿损失。违反治安管理有关规定的,由公安机关依法给予处罚;涉嫌犯罪的,移交司法机关处理。

第三十四条　当事人对行政机关的具体行政行为不服的,可以依法申请行政复议或者提起行政诉讼。当事人逾期不申请复议、不提起诉讼又拒不履行的,由作出具体行政行为的行政机关申请人民法院强制执行。

第五章　附　则

第三十五条　本条例自 2006 年 7 月 1 日起施行。

浙江省全民健身条例

（2007 年 11 月 23 日浙江省第十届人民代表大会常务委员会第三十五次会议通过　根据 2014 年 11 月 28 日浙江省第十二届人民代表大会常务委员会第十四次会议《关于修改〈浙江省水利工程安全管理条例〉等十件地方性法规的决定》修正）

第一章　总　则

第一条　为了推动全民健身的开展,保障公民参加健身活动的权利,增强全民体质,促进社会和谐,根据《中华人民共和国体育法》和其他法律、行政法规的规定,结合本省实际,制定本条例。

第二条　本省行政区域内全民健身活动的开展和服务,全民健身设施的建设、使用及其监督管理,适用本条例。

第三条 全民健身应当坚持因地制宜、形式多样、广泛参与、注重实效、科学文明的原则。

第四条 各级人民政府应当加强对全民健身工作的领导,将全民健身工作列入议事日程,将全民健身事业经费纳入本级财政预算,增加对全民健身设施的投入,建立和完善全民健身保障、服务体系。

县级以上人民政府应当制定全民健身规划,将全民健身事业纳入国民经济和社会发展规划。

第五条 县级以上人民政府体育行政部门或者本级人民政府授权的部门(以下统称体育行政部门)负责本行政区域内的全民健身工作。

县级以上人民政府其他有关部门在各自职责范围内做好全民健身工作。

第六条 各级人民政府及其体育行政部门应当鼓励单位和个人组织、参与全民健身活动。按照城乡统筹的要求,加大对农村体育的支持力度,鼓励农村基层组织开展丰富多彩的健身活动。鼓励发掘、整理和开展民族民间传统体育活动。

各级人民政府及其有关部门、单位应当为妇女、儿童、青少年、老年人、残疾人参加全民健身活动提供便利条件。

第七条 体育彩票公益金应当按照国家和省规定的范围和比例用于全民健身事业,专款专用,不得挪作他用。

体育彩票公益金用于全民健身事业的情况应当接受审计等部门的监督,并定期向社会公布。

第八条 广播、电视、报刊、网站等大众传播媒体应当加强对全民健身的宣传,普及全民健身知识,增强全民健身意识。

对组织开展全民健身活动成绩显著的单位和个人,人民政府或者体育行政部门应当给予表彰、奖励。

第二章　健身活动

第九条　县级以上人民政府体育行政部门应当根据本级全民健身规划制订实施方案并组织实施,加强对全民健身活动的督促和指导,推广科学文明、形式多样的健身活动项目和方法。

第十条　县级以上人民政府及其体育行政部门应当根据实际情况,定期举办以推动全民健身为目的的群众性体育活动。

第十一条　乡(镇)人民政府、街道办事处应当将全民健身工作纳入公共服务体系建设,加强乡村文体俱乐部、文体活动室等农村体育社会组织和全民健身场所的建设,配备相应的工作人员,组织开展辖区内的全民健身活动。

村(居)民委员会应当因地制宜地组织开展形式多样的全民健身活动。

第十二条　工会、共青团、妇联、残联等团体应当根据各自职能和特点,组织开展全民健身活动,并配合体育行政部门做好相应的全民健身工作。

第十三条　学校应当按照国家有关规定开设体育课程,保证体育课时,并组织开展多种形式的课外体育活动,确保学生每天至少一小时的体育锻炼时间。

学校应当加强对学生参加体育健身活动的引导和规范管理,提高学生参加体育健身活动的安全意识。实施国家学生体质健康标准,建立学生体质健康档案,每年对学生进行一次体质测定。

第十四条　国家机关、企业事业单位和社会团体等应当建立健全全民健身活动组织,有计划地组织和开展经常性的全民健身活动。为职工开展健身活动提供健身场地、设施等必要条件,并鼓励职工利用工余和法定节假日开展多种形式的全民健身活动。

第十五条　鼓励和支持社会力量建立体育协会、健身俱乐部、健身辅导站(点)等体育社会组织,宣传普及健身知识,组织开展全民健身活动。

各级体育总会、单项体育协会、行业体育协会和体育类民办非企业单位等体育社会组织,应当根据组织章程和各自特点,组织开展全民健身活动。

第十六条 公民参加全民健身活动,应当遵守公共秩序和健身场所的规章制度,不得损害健身设施和健身环境,不得影响他人的正常工作和生活。

禁止利用全民健身活动从事迷信、赌博等违法活动。

第十七条 每年六月为本省全民健身月。

各级人民政府及其各部门、企业事业单位、体育社会组织等应当在全民健身月组织开展全民健身宣传和全民健身活动。

第三章 健身设施

第十八条 县级以上人民政府应当加强全民健身设施的建设和保护,发挥全民健身设施的功能,提高利用率。

县级以上人民政府体育行政部门应当加强对全民健身设施的建设和使用情况的监督管理。

第十九条 县级以上人民政府体育行政部门应当根据国家有关规定,会同发展改革、建设、规划、国土资源等部门编制公共体育设施建设规划。

公共体育设施的建设选址,应当符合公共体育设施建设规划,遵循人口集中、交通便利、统筹安排、合理布局、方便利用的原则,并以公示的方式征求公众意见;大型公共体育设施的建设选址,应当举行听证会。

公共体育设施应当有方便残疾人参加的相关设施。

县级以上人民政府应当扶持少数民族地区、欠发达地区和农村的公共体育设施建设。

第二十条　各市、县、区应当按照公共体育设施建设规划和国家规定的标准,建设独立的有规模的全民健身设施。

学校、企业事业等单位新建的体育健身设施应当便于向社会开放。

第二十一条　新建、改建和扩建居民住宅区,应当按照国家和省有关规定规划和建设相应的体育健身设施。建设单位应当按照国家有关体育健身设施建设用地的规定和规划行政部门审定的规划条件,在设计方案中标明配套体育健身设施用地的位置、范围和面积。

建设单位应当按照国家规定和设计方案的要求,同步建设居民住宅区的配套体育健身设施。

第二十二条　新建、改建、扩建公共体育设施和涉及强制性标准的其他全民健身设施,应当征求县级以上人民政府体育行政部门的意见,竣工验收应当邀请体育行政部门参与。

第二十三条　公共体育设施管理单位应当自公共体育设施工程竣工验收合格之日起三十日内,将该设施的名称、地址、服务项目等内容报所在地县级以上人民政府体育行政部门备案。

已建公共体育设施的管理单位应当自本条例施行之日起三十日内办妥备案手续。

第二十四条　县级以上人民政府体育行政部门应当通过报刊、广播、电视、网站等大众传播媒体及时向公众公布本行政区域内的公共体育设施名录及相关信息。

第二十五条　任何单位和个人不得侵占、破坏公共体育设施,不得擅自改变公共体育设施的功能、用途。

因城乡建设确需拆除公共体育设施或者改变其功能、用途的,应当按照国务院《公共文化体育设施条例》和其他有关法律、法规的规定择地迁建。

第二十六条　鼓励单位和个人以捐赠、投资等方式支持公共体育设施建设和全民健身活动。

向全民健身事业捐赠资金、设施和器材的，可以根据《中华人民共和国公益事业捐赠法》的规定留名纪念，享受有关税收等优惠。

第四章　健身服务

第二十七条　实行国民体质监测制度。县级以上人民政府体育行政部门应当根据国家有关规定和本地区实际，制定本行政区域的国民体质监测方案，并会同统计、教育、卫生等部门组织实施，定期向社会公布监测结果。

第二十八条　从事国民体质测定的单位，应当具备国家规定的条件。

对公民进行体质测定时，应当按照国家体质测定标准规范操作，为被测定者提供测定结果，对个人测定结果保密，并给予科学健身指导。

第二十九条　实行社会体育指导员制度。社会体育指导员应当在全民健身活动中宣传科学健身知识，传授体育健身技能，指导体育健身活动。

县级以上人民政府体育行政部门应当根据国家制定的社会体育指导员技术等级制度的要求，有计划地开展公益社会体育指导员培训工作。职业社会体育指导员的培训和技能鉴定按照国家有关规定执行。

鼓励具有体育特长或者热心体育事业的人员，志愿参与组织和辅导全民健身活动。

第三十条　全民健身设施投入使用前，应当明确管理单位及其职责。

利用体育彩票公益金配建的全民健身设施，由受赠单位负责设施的日常维护和保养,保证其使用的安全性和公益性。设施管理和更新的具体办法,由省体育行政部门制定。

第三十一条　公共体育设施除赛事、维修、保养外,应当全年向公众开放。开放时间,不得少于省体育行政部门规定的最低时限。在法定节假日和学校寒假、暑假期间,应当适当延长开放时间,并增设适合学生特点的健身项目。

具体开放时间应当向公众公示。

第三十二条　公共体育设施应当免费向公众开放。管理单位在提供服务过程中确有服务成本开支的,可以适当收取成本费用。收费收入应当专项用于公共体育设施的日常维修、保养和管理,不得挪作他用。具体收费标准应当报经价格行政主管部门批准。

收费的公共体育设施,管理单位应当对老年人、残疾人和在校中、小学生等实行半价优惠开放或者在规定时段免费开放。

收费标准和优惠条件等应当向公众公示。

第三十三条　国家机关的体育健身设施和由政府投资建设的体育专用设施,管理单位应当创造条件,利用法定节假日、假期和其他适当时间向公众开放。

第三十四条　学校的体育健身设施,在法定节假日、寒假、暑假和其他适当的时间,应当向公众开放。具体办法由省教育行政部门会同省体育行政部门制定。

第三十五条　公园和具有晨练场地的景点,应当向公众晨练活动开放,并公示开放时间。

第三十六条　各级人民政府应当采取奖励、专项资金补助、彩票公益金补助等措施,鼓励学校、企业事业等单位和公民个人的体育健身设施向社会开放,实现资源共享。

第三十七条　全民健身设施管理单位应当建立健全全民健身活动服务规范和安全管理制度,加强对设施的日常维护和保养,落实相应的卫生和安全防护措施,保证设施的完好和正常、安全使用。配备相应技术等级的社会体育指导员,为全民健身活动提供科学指导。

向儿童、青少年开放的体育健身设施,应当根据儿童、青少年的生理、心理特点采取必要的安全防护措施。

第三十八条　全民健身设施管理单位应当配备和使用符合强制性标准的设施和器材,并在醒目位置标明设施和器材的使用方法和注意事项。

第三十九条　从事专业性强、技术要求高、危险性大的体育健身经营活动的,应当配备相应资质的职业社会体育指导员;从事危险性大的体育健身经营活动的,还应当配备必要的救护人员。

第四十条　对全民健身设施建设、使用和全民健身活动中违反法律、法规、规章的行为,任何单位和个人均有权向体育行政部门或者其他有关部门投诉、举报。

接到投诉、举报的部门应当根据各自职责进行调查、核实,并依法予以处理。

第五章　法律责任

第四十一条　违反本条例规定的行为,法律、行政法规已有行政处罚规定的,从其规定;构成犯罪的,依法追究刑事责任。

第四十二条　违反本条例第三十九条规定,未按规定配备救护人员、相应资质的职业社会体育指导员的,由县级以上人民政府体育行政部门责令改正,可处以一千元以上一万元以下的罚款。

第四十三条　体育、建设、规划、国土资源等部门及其工作人员违反本条例规定,不依法履行职责或者发现违法行为不予依法查处的,由其上级主管部门或者监察部门对直接负责的主管人员和其他直接责任人员依法给予行政处分。

第六章　附　则

第四十四条　本条例所称全民健身,是指公民参加的以增进身心健康为目的的群众性体育活动。

本条例所称全民健身设施,是指公共体育设施和其他向公众开放用于开展全民健身活动的健身设施。

第四十五条　本条例自 2008 年 1 月 1 日起施行。

四川省全民健身条例

（2007 年 7 月 27 日四川省第十届人民代表大会常务委员会第29 次会议通过　根据2010 年 5 月 28 日四川省第十一届人民代表大会常务委员会第16 次会议《关于修改〈四川省全民健身条例〉的决定》修正）

第一章　总　则

第一条　为了促进全民健身活动的开展,增强公民体质,保障公民参加体育健身活动的合法权益,根据《中华人民共和国体育法》及有关法律、法规,结合四川省实际,制定本条例。

第二条　本条例适用于四川省行政区域内全民健身活动的开展和管理。

第三条　全民健身活动遵循政府统筹、群众参与、社会支持、因地制宜和科学文明的原则。

第四条　县级以上地方各级人民政府负责本行政区域内全民健身事业的发展,将全民健身事业纳入地方国民经济和社会发展规划,将群众体育经费和公共体育设施建设纳入本级财政预算,并随着国民经济的发展和财政收入的增长逐步增加投入。

体育彩票公益金应当按国家规定安排资金用于开展全民健身活

动及健身设施的建设、管理和维护。福利彩票公益金应当对老年人和残疾人的体育健身活动给予资助。

第五条　县级以上地方各级人民政府体育行政部门或者本级人民政府授权的机构(以下统称体育主管部门)主管本行政区域内的全民健身工作,编制全民健身规划,组织、指导、协调和督促开展全民健身活动,宣传全民健身知识。

乡(镇)人民政府和城市街道办事处组织开展本区域内的全民健身活动。

第六条　工会、共青团、妇联、残联等组织应当结合各自特点组织开展全民健身活动。

体育社会团体按照有关规定和章程,在体育主管部门指导下组织开展全民健身活动。

鼓励社会力量组织开展全民健身活动。

第七条　县级以上地方各级人民政府及有关部门对在全民健身工作中做出显著成绩的单位和个人给予表彰和奖励。

第八条　每年8月8日为四川省全民健身日。

第二章　体育健身活动

第九条　全民健身活动施行《普通人群体育锻炼标准》。体育主管部门应当结合本地实际制定实施细则,推进全民健身活动的开展。

第十条　县级以上地方各级人民政府通过举办综合性运动会、城市社区运动会、农民运动会、少数民族运动会、老年人运动会和残疾人运动会等体育比赛,推动全民健身活动的广泛开展。

第十一条　学校按照国家规定实施学生体质健康标准,加强对学生的体质监测;将体育课列为考核学生学业成绩的科目,保证体育课时间;开展多种形式的课外体育活动,保证学生在校期间每天不少于一小时的体育活动。

学校每年至少举行一次全校性体育运动会。

第十二条　社区居民委员会应当结合社区特点,组织开展小型多样的体育健身活动。

村民委员会和农村基层体育组织应当结合农村特点,组织开展适合农民参加的体育健身活动。

第十三条　机关、企业事业单位、社会团体和其他组织应当举办形式多样、健康文明的群众性体育健身活动。

第十四条　促进现代体育与民族民间传统体育相结合,发掘、整理和提高民族民间传统体育项目,开展民族民间传统体育健身活动。鼓励发展少数民族传统体育项目。

第十五条　鼓励开展适合老年人、妇女、少年儿童生理和心理特点的体育健身活动,关心、支持并创造条件保障残疾人参加体育健身活动。

第十六条　公民参加体育健身活动,应当按照体育健身规律,维护自身健康安全;遵守体育健身场所的管理制度,爱护体育健身设施和环境;遵守社会公德,不影响他人的正常工作和生活。

禁止任何单位和个人利用体育健身活动进行迷信、邪教、色情、暴力和赌博等违法活动。

第三章　体育健身设施

第十七条　县级以上地方各级人民政府在组织编制城乡建设规划时,应当根据国家对城乡建设规划有关体育设施用地规划定额指标的规定,将公共体育场馆及健身设施场地纳入城乡建设总体规划、控制性详细规划。

第十八条　体育健身设施的规划遵循统筹协调、合理布局、规范实用和方便群众的原则。

体育健身设施应当按照国家有关标准进行设计和建设,符合实用、安全、科学、美观的要求,并采取无障碍措施,满足未成年人、老年人和残疾人等特殊群体参加体育健身的需要。

第十九条　县级以上地方各级人民政府应当按照国家和省有关规定,结合实际规划建设综合性的公共体育设施。

乡(镇)人民政府和城市街道办事处应当规划建设小型多样、方便实用的体育健身场所。

机关、企业事业单位、社会团体结合本单位实际建设体育健身场所、配置体育健身设施器材,为体育健身提供必要条件。

广场、公园等公共场所管理单位应当因地制宜规划体育健身区域和配置体育健身设施。

第二十条　新建、改建、扩建居民住宅区,应当按照国家和省有关规定规划、建设体育健身设施。任何单位和个人不得擅自改变体育健身设施建设项目和功能,不得缩小建设规模和降低用地指标。

建设与居民住宅区配套的体育健身设施,应当与居民住宅区的主体工程同时设计、同时施工、同时投入使用,竣工验收时应当有体育主管部门参加。

第二十一条　按照规划建设公共体育设施需要使用国有土地的,可以按照有关规定以划拨方式取得国有土地使用权。

第二十二条　鼓励社会力量投资建设面向社会的体育健身设施和体育健身经营场所。

自愿无偿向全民健身事业捐赠资金和设施的单位和个人可以享受国家规定的优惠政策。

第二十三条　公共体育设施应当向社会开放,并在法定节假日和学生寒暑假期间延长开放时间。

鼓励学校在不影响教学和安全的情况下,向社会开放体育健身设施。

收取门票的公园、旅游景区应当对日常健身的个人实行门票优惠。

机关、企业事业单位、社会团体的体育健身设施可以有偿向社会开放。

第二十四条　公共体育设施向社会开放,不需要增加投入和专门服务的,应当免费;需要人员管理,消耗成本和设施维护保养的,可以适当收费,但不得以营利为目的。收费项目和收费标准由财政、物价部门会同有关部门制定。

需要收费的公共体育设施,其管理单位应当根据设施的功能、特点对未成年人、老年人和残疾人实行免费或者优惠。

第二十五条　体育健身设施管理单位应当遵守下列规定:

(一)有健全的管理和安全制度;

(二)有健全的服务规范;

(三)使用的体育设施、设备符合国家和省制定的安全标准;

(四)标明体育设施、设备的使用方法、注意事项以及安全提示、公共信息图形符号;

(五)符合国家和省的其他相关规定。

第二十六条　乡(镇)人民政府和城市街道办事处承担所配置的公共体育设施的维护费用。

按照建设规划与居民住宅区配套的体育健身设施,其建设和维护费用由设施的产权所有人负责。

体育健身设施的管理单位或者受赠单位负责体育健身设施的维护和管理。

第二十七条　公共体育设施管理单位不得将设施的主体部分用于非体育活动,但因举办公益性活动或者大型文化活动等特殊情况需要临时出租的除外。临时出租时间一般不得超过 10 日;租用期满,租用人应当负责恢复原状,不得影响该设施的功能、用途。

第二十八条　公共体育设施向社会开放取得的收入,应当用于公共体育设施的维护、管理和事业发展,不得挪作他用。

第二十九条　任何单位和个人不得侵占城市规划确定的公共体育设施用地或者改变其用途。因特殊情况需要调整公共体育设施用地的,在城市规划区范围内应当确保公共体育设施用地总规模不减少。

第三十条　任何单位和个人不得侵占、损坏公共体育设施,不得擅自改变公共体育设施的用途。

因特殊情况需要临时占用公共体育设施的,应当经体育主管部门批准。

因城乡规划建设确需拆除公共体育设施或者改变其功能、用途的,应当按照不低于原有的规模和标准先行择地新建返还后再行拆除。

第四章　体育健身服务

第三十一条　体育主管部门应当为从事全民健身服务的单位和个人提供信息服务,指导和督促从事全民健身服务的单位和个人开展标准化、规范化服务。

第三十二条　鼓励体育民间组织、体育训练和教育机构举办体育健身俱乐部、培训班等,传授、推广、普及科学实用的体育健身技能、知识和方法。达到国家体育运动标准的,按照国家有关规定申报体育运动等级。

第三十三条　鼓励、支持科研机构、高等院校开展体育健身科学研究,推广体育健身新项目、新器材、新方法。

第三十四条　实行社会体育指导员技术等级制度。社会体育指导员技术等级的认定标准和程序,按照国家有关规定执行。

从事社会体育健身指导服务的人员,应当依法取得社会体育指导员技术等级证书,按照技术等级证书确定的范围从事社会体育健身指导服务。

第三十五条　经营国家确认的具有危险性的体育项目应当实行并达到国家、行业、地方强制性标准的要求,配备具有国家规定的从业资格的人员。

第三十六条　广播、电视、报刊、互联网等新闻媒体应当开展对全民健身活动的宣传,普及科学、文明、健康的全民健身知识。

第三十七条　实施国民体质监测制度。体育主管部门应当建立国民体质监测系统,将国民体质监测结果纳入社会统计指标,每五年向社会公布国民体质状况。

从事国民体质监测的单位应当按照国家体质监测标准规范操作,为测试者提供真实的测试结果,并给予科学健身指导;为测试者建立档案,保存有关数据和资料。

第五章　法律责任

第三十八条　违反本条例第十六条第二款规定的,由公安机关依照治安管理有关法律、法规处理;构成犯罪的,依法追究刑事责任。

第三十九条　违反本条例第二十条规定,新建、改建、扩建居民住宅区未按照规定规划、建设体育健身设施的,由县级以上人民政府城乡规划建设行政主管部门责令限期补建;逾期未补建的,由县级以上人民政府城乡规划建设行政主管部门依法查处。

第四十条　违反本条例第二十九条规定,侵占公共体育设施用地或者改变其用途的,由县级以上人民政府国土资源、城乡规划建设行政主管部门依法处理。

第四十一条　违反本条例第三十条规定,侵占、损坏公共体育设施,擅自拆除公共体育设施或者改变其功能、用途的,由县级以上人民政府体育行政部门责令限期改正,恢复原状;造成设施损坏的,应当赔偿损失;违反治安管理规定的,由公安机关依法处理;构成犯罪的,依法追究刑事责任。

第四十二条　违反本条例第三十五条规定,经营国家确认的具有危险性的体育项目未达到相应国家、行业、地方强制性标准要求的,由县级以上人民政府质量技术监督部门依法处理。

第四十三条　有关行政机关和公共体育设施管理单位及其工作人员不依法履行职责或者滥用职权、谋取私利的,对直接负责的主管人员和其他直接责任人员依法给予行政处分;构成犯罪的,依法追究刑事责任。

第六章　附　　则

第四十四条　本条例自 2007 年 10 月 1 日起施行。

内蒙古自治区全民健身条例

(2008 年 9 月 25 日内蒙古自治区第十一届人民代表大会常务委员会第四次会议通过　根据 2015 年 5 月 22 日内蒙古自治区第十二届人民代表大会常务委员会第十六次会议《关于修改 < 内蒙古自治区全民健身条例 > 的决定》修正)

第一章　总　　则

第一条　为了增强公民体质,保障公民参加体育健身活动的合法权益,根据《中华人民共和国体育法》和国家有关法律、法规,结合自治区实际,制定本条例。

第二条　本条例所称的全民健身,是指以增强公民体质和促进公民身心健康为目的的各种群众性体育活动。

在自治区行政区域内组织开展全民健身活动的,适用本条例。

第三条　全民健身活动实行政府负责、社会支持、全民参与的管理体制,坚持因地制宜、注重实效、科学文明和业余自愿、小型多样的原则。

各级人民政府和全社会应当依法保障公民参加体育健身活动的基本权益,对青少年、老年人和残疾人参加体育健身活动应当给予特别保障。

第四条　各级人民政府应当倡导和支持民族民间传统体育健身活动,鼓励和促进开展少数民族传统体育健身活动。

第五条　县级以上人民政府应当将全民健身事业纳入国民经济和社会发展规划。各级人民政府应当将全民健身经费作为专项支出列入本级财政预算,并随着国民经济的发展和财政收入的增长逐步增加。

体育彩票公益金应当按照国家和自治区规定,用于发展全民健身事业,专款专用。福利彩票公益金应当对老年人和残疾人的健身活动和设施建设给予资助。任何组织和个人不得克扣、挪用用于全民健身事业的体育彩票、福利彩票公益金。

第六条　县级以上人民政府体育行政部门负责本行政区域内的全民健身工作,履行下列职责:

(一)宣传执行全民健身的法律、法规和规章;

(二)编制全民健身中长期发展规划和年度工作计划;

(三)组织和指导体育健身活动,实施国家体育锻炼标准,研究和推广科学的体育健身方法;

(四)按照国家标准组织实施国民体质监测,定期公布国民体质状况;

(五)管理、培训、考核、评定社会体育指导员;

(六)对全民健身活动和场所实施监督管理;

(七)对居民住宅区体育设施的建设进行指导和监督;

(八)法律、法规规定的其他职责。

县级以上人民政府其他有关部门应当在各自职责范围内做好全民健身工作。

第七条 县级以上人民政府应当建立和完善全民健身科学评价机制,对本行政区域内的全民健身工作进行综合评价。

第八条 各级人民政府应当将国民体质监测工作纳入社会发展目标,建立健全国民体质监测网络。

第九条 各级人民政府应当建立和完善社会体育指导的工作机制和组织体系,充分发挥社会体育指导员在增强全民健身意识、开展体育健身活动、指导群众科学健身和引导社会体育消费等方面的作用。

第十条 各级人民政府应当鼓励和支持社会各界兴办体育协会、俱乐部、健身指导站点等民间体育组织,鼓励和支持社会团体、企业事业组织、公民兴办面向大众的体育健身经营服务实体。

第十一条 县级以上人民政府及有关部门应当对在全民健身工作中作出突出贡献的单位和个人给予表彰和奖励。

第二章 组织领导

第十二条 县级以上人民政府应当加强全民健身工作的组织、领导和协调,对有关部门承担的全民健身工作实施监督。

第十三条 乡级人民政府应当建设和充实文化体育指导站点等基层体育组织,发展农村、牧区体育社会团体和健身指导骨干队伍。

村民委员会应当组织开展适合农村、牧区特点的体育健身活动。

第十四条 街道办事处应当成立由辖区单位参加的社区居民健身组织,加强对辖区单位和各类人群健身组织的建设与管理,将组织开展全民健身活动纳入创建和谐社会和创建精神文明活动范围。

辖区单位对社区居民健身组织开展的全民健身活动,应当给予支持、配合。

第十五条　工会、共青团、妇联、残联等社会团体,应当加强相应人群的体育健身组织建设,开展形式多样的体育健身活动。

第十六条　各级体育总会应当协助同级体育行政部门,做好对体育社会团体和社会体育活动的组织、管理与指导工作。

第十七条　行业体育协会、单项体育协会、俱乐部、健身指导站点应当依照法律、法规和章程,在体育行政部门的指导下组织开展全民健身活动。

第三章　健身活动

第十八条　县级以上人民政府应当重视普及性广、参与度高的健身项目,加快发展足球、篮球、排球、乒乓球、羽毛球等项目,大力推广校园足球和社会足球。

第十九条　各级体育行政部门应当根据不同人群的体育锻炼标准,结合实际,做好组织实施工作。

倡导公民每人学会两种以上体育健身方法。

提倡公民开展每周不少于三次、每次不低于三十分钟的健身活动,并参加体育锻炼达标测试。

第二十条　学校应当逐步建立和完善青少年体育组织,按照规定开设体育课,保证体育课学时,组织学生进行多种形式的课外体育健身活动,确保学生每天锻炼一小时,定期进行体质监测。

自治区内各少数民族聚居地区的学校,可以根据当地实际情况将民族传统体育项目纳入体育课程内容,开展民族传统体育健身活动。

第二十一条　各级人民政府应当鼓励和支持社会力量举办形式多样的体育健身比赛。各类比赛应当突出参与性、趣味性和科学性。

第二十二条　机关、社会团体、企业事业组织和其他组织应当制定职工体育健身计划,提供必要条件,组织开展工间操或者其他形式的健身活动,定期举办职工体育健身运动会。倡导每天健身一小时。

第二十三条　苏木乡级人民政府和街道办事处应当加强体育健身站点的建设与管理工作,结合农村、牧区和社区特点,组织开展适合农牧民和城市居民参加的体育健身活动。

第二十四条　健身活动的组织者应当按照有关规定制定突发事件应急预案,办理有关责任保险。

鼓励体育健身活动参与者办理意外伤害保险。

第二十五条　经营或者开展体育健身活动,涉及安全保护难度大、专业性强和技术要求高、直接关系人身安全活动项目的,应当具备下列条件:

(一)有与开展活动项目相适应的场所;

(二)使用的体育器材和设备符合相应的国家标准;

(三)配备符合国家或者自治区规定的从业人员;

(四)有必要的安全保护措施。

涉及国家强制性体育服务标准的项目应当符合国家强制性体育服务标准。

第二十六条　公民参加体育健身活动,应当遵循体育健身规律,维护自身健康安全;遵守健身场所的有关规定,不影响他人正常工作和生活。

严禁在体育健身活动中掺杂封建迷信、邪教、色情、暴力和赌博等违法行为。

第四章　健身设施

第二十七条　各级人民政府应当加强公共体育健身设施的建设、管理与维护。任何组织和个人不得侵占公共体育健身设施或者将其挪作他用。

各级人民政府应当将公共体育健身设施的建设依法纳入城乡规划和土地利用总体规划,提高体育基本建设资金的支出比例。

县级人民政府体育行政部门应当公布当地公共体育健身设施名录和开放时间等。

第二十八条　各级人民政府应当根据当地民族特点,加强民族传统体育健身设施的建设。

第二十九条　新建居住区和社区应当按照室内人均建筑面积不低于 0.1 平方米或者室外人均用地不低于 0.3 平方米的标准配套建设体育健身设施,并且与住宅区主体工程同步设计、同步施工、同步投入使用。老城区与已经建成居住区无体育健身设施或者现有设施没有达到规划建设指标要求的,应当通过改造等多种方式予以完善。规划、建设体育健身设施应当明确维护资金的来源和管理单位。

配套建设体育健身设施的规划设计方案未达到国家规定标准的,规划行政部门不予发放建设工程规划许可证。

第三十条　县级以上人民政府规划行政部门应当向体育行政部门通报已审批的居住区配套体育设施建设项目情况;体育行政部门应当配合规划、建设、国土资源等行政部门做好居住区配套体育设施建设的监督管理工作。

第三十一条　各级人民政府应当对农村、牧区和边远贫困地区的体育健身设施建设予以扶持。苏木、乡镇以及嘎查村的体育健身设施建设,应当纳入当地政府新农村、新牧区建设的整体规划和相关评价体系。

边远贫困地区体育健身设施建设和更新所需经费,除由当地人民政府财政支出外,体育彩票公益金中应当安排一定的比例予以支持。

第三十二条　公益性体育健身设施的建设应当遵循统筹安排、合理布局、方便群众和规范实用的原则。

盟、设区的市应当建有多功能全民健身活动中心,旗县市区应当建有适当规模的全民健身活动场所,苏木、乡镇和街道应当建有公共球场和多功能体育活动室等健身场所,有条件的社区和嘎查村应当建有体育活动室或者小型健身场地。

广场、园林等公共场所管理单位应当为群众健身活动提供便利和条件,因地制宜规划体育健身区域和配置体育健身设备。

第三十三条 鼓励和支持机关、社会团体、企业事业组织和其他组织加强各类体育健身设施的建设,并适时向社会开放。

第三十四条 免费开放体育设施的学校,旗县级以上人民政府应当为其办理公众责任保险。学校体育设施开放期间的物耗费用,由旗县级以上人民政府承担,自治区体育彩票公益金予以适当补助。具体办法由自治区财政、教育和体育行政部门另行制定。

第三十五条 利用体育彩票公益金配建的全民健身设施,由受赠单位负责日常管理和维护,保证其使用的安全性和公益性。

第三十六条 体育健身活动场所管理单位应当保障健身者的人身安全,并遵守下列规定:

(一)有健全的安全和管理制度;

(二)有健全的服务规范;

(三)使用的设施、设备和器材符合国家规定;

(四)在醒目位置标明设施、设备的使用方法、注意事项及危险提示,并按照国家标准要求设置公共信息图形符号;

(五)国家和自治区的其他规定。

第五章　健身指导

第三十七条 全民健身指导实行社会体育指导员制度。加强公益和职业社会体育指导员的队伍建设,发挥社会体育指导员在构建群众性多元化体育服务体系中的作用。

第三十八条 职业社会体育指导员应当按照有关规定取得执业资格。

职业社会体育指导员的培训和职业技能鉴定工作,由国家批准的体育行业特有工种职业技能鉴定机构承担。

第三十九条　自治区、盟行政公署和设区的市、旗县级人民政府体育行政部门分别负责一级、二级、三级公益社会体育指导员的培训与管理。公益社会体育指导员的技术等级评定和审批程序按照国家有关规定执行。鼓励和支持公益社会体育指导员参加升级考核和评定。

第四十条　在健身指导站点提供健身指导的公益社会体育指导员,应当向当地苏木乡级人民政府或者街道办事处登记备案;职业社会体育指导员的管理工作按照国家和自治区的有关规定执行。

第四十一条　各级各类体育协会应当参与对公益社会体育指导员的管理,协助体育行政部门制定社会体育指导员专项技能标准,承担公益社会体育指导员的专项技能考核。

第四十二条　鼓励和支持体育院校和设有体育专业的院校开设社会体育指导相关课程;具备条件的院校经体育行政部门认定,可以承担公益社会体育指导员的培训工作。

第四十三条　行业体育协会经自治区体育行政部门授权,可以负责本行业内社会体育指导员的管理工作。

第六章　服务保障

第四十四条　各级体育行政部门应当为从事全民健身服务的组织和个人提供信息服务,指导和督促从事体育健身服务的组织和个人开展标准化、规范化服务。推行体育服务认证制度,鼓励体育服务提供者获得体育服务认证。

第四十五条　公共体育场馆设施应当免费或者低收费向社会开放。每周开放时间应当不少于35小时,全年开放时间应当不少于330天。公休日、法定节假日、学校寒暑假期间应当延长开放时间。体育场馆附属户外公共区域以及户外健身器材应当全天免费开放。

学校体育场馆课余时间应当向学生开放,公休日、法定节假日和学校寒暑假期间应当向社会开放。

体育场馆等健身场所的水、电、气、热价格按照不高于一般工业标准执行。

第四十六条 倡导公民自愿进行体质测定,及时了解体质状况,科学评价锻炼效果。

从事国民体质测定的单位,应当按照国家体质监测标准规范操作,提供真实的测试结果,给予科学的健身指导,保存测定数据和资料。

第四十七条 从事国民体质测定的单位,应当具备以下基本条件:

(一)有合格的体质测定和健身指导人员;

(二)有符合体质测定项目要求的场地和器材;

(三)有处理测试数据的设备。

第四十八条 鼓励和支持有条件的组织和个人兴办体育健康咨询、体质监测、锻炼指导和运动康复等经营实体。

第四十九条 鼓励和支持科研机构、大中专学校等单位开展全民健身的科学研究、技术开发和社会服务,创编简便易行、科学实用的健身方法。

第五十条 广播、电视、报刊、互联网络等媒体应当开展对全民健身知识的宣传,普及科学、文明、健康的体育健身知识。

第五十一条 鼓励机关、社会团体、企业事业组织、其他组织和个人为全民健身事业捐赠资金和设施。

第五十二条 鼓励和支持全民健身工作的对外交流与合作,推进民族民间传统体育项目的传播。

第七章 法律责任

第五十三条 违反本条例第二十五条规定,不具备条件开设专业性强、技术要求高、直接关系人身安全和国家强制性体育服务标准项目的,由旗县级以上人民政府体育行政部门责令其限期改正;逾期不改正的,依法予以处罚;造成人身伤害的,相关责任人应当依法承担民事赔偿责任;构成犯罪的,依法追究刑事责任。

第五十四条　违反本条例第二十六条规定,以健身名义进行迷信、邪教、色情、暴力和赌博等违法活动的,由公安机关依法给予相应处罚;构成犯罪的,依法追究刑事责任。

第五十五条　违反本条例第二十九条规定,新建居住区和社区未按照相关标准配套建设体育健身设施的,由旗县级以上人民政府有关部门责令限期改正。

第五十六条　违反本条例第四十七条规定,不具备条件从事国民体质测定的,由旗县级以上人民政府体育行政部门给予警告,责令限期改正。

第五十七条　体育行政部门和其他有关行政主管部门有下列行为之一的,对直接负责的主管人员和其他直接责任人员依法给予行政处分,构成犯罪的,依法追究刑事责任:

(一)批准不符合法定条件的健身场所的;

(二)擅自侵占公共体育健身设施或者将其挪作他用的;

(三)在社会体育指导员的培训和考核中弄虚作假的;

(四)克扣、挪用体育彩票、福利彩票公益金的;

(五)不依法履行监督管理职责的其他行为。

第八章　附　则

第五十八条　本条例自2008年12月1日施行。

安徽省全民健身条例

(2008年8月22日安徽省第十一届人民代表大会常务委员会第四次会议通过)

第一章 总 则

第一条 为了促进全民健身活动的广泛开展,增强全民体质,根据《中华人民共和国体育法》和有关法律、行政法规,结合本省实际,制定本条例。

第二条 本条例适用于本省行政区域内全民健身活动及其指导和监督工作。

本条例所称全民健身活动,是指以增强公民体质、促进公民身心健康为目的的群众体育活动。

第三条 全民健身应当遵循政府统筹、社会支持、公众参与、科学文明的原则。

第四条 各级人民政府应当加强对全民健身工作的领导,将全民健身事业纳入本地区国民经济和社会发展规划,建立全民健身工作协调机制,为全民健身提供服务保障。

第五条 县级以上人民政府体育行政主管部门负责本行政区域内全民健身工作。发展改革、教育、财政、文化、民政、城乡规划、建设、农业、民族事务等行政主管部门在各自职责范围内做好全民健身的相关工作。

乡(镇)人民政府、街道办事处应当指定机构负责全民健身工作。

工会、共青团、妇女联合会、残疾人联合会等群众团体根据各自职能特点,组织开展全民健身活动。

第六条 各级人民政府应当采取措施,积极发展民族、民间传统体育健身活动,并为青少年、儿童的体育健身活动给予特别保障,为老年人和残疾人参加体育健身活动提供方便。

鼓励公民因地制宜、形式多样地开展体育健身活动。

第七条 鼓励企业事业单位、社会团体、其他组织和个人兴办全民健身事业,鼓励对全民健身事业的捐赠和赞助。

第八条　各级人民政府或者有关部门对在发展全民健身事业中做出突出贡献的组织和个人,以及在全民健身活动中取得优异成绩的组织和个人,给予表彰和奖励。

第二章　全民健身活动

第九条　每年6月10日为本省全民健身日。

第十条　县级以上人民政府每四年举办一次以全民健身为主要内容的综合性运动会,有关部门和组织定期举办不同人群参加的各类运动会,推动全民健身活动的广泛开展。

第十一条　乡(镇)人民政府、街道办事处应当将全民健身工作纳入公共服务体系,发展社会体育组织和体育骨干队伍,组织开展全民健身活动。

第十二条　村民委员会、居民(社区)委员会应当结合本地特点,组织开展适合不同人群参加的全民健身活动。

第十三条　鼓励和支持社会力量依法兴办体育协会、健身俱乐部和辅导站(点)。

体育协会、健身俱乐部和辅导站(点)应当依照法律、法规和章程,在体育行政主管部门和行业主管部门的指导下,组织开展全民健身活动。

第十四条　鼓励公民自发组织科学文明的体育健身活动。对公民自发组织的体育健身活动,县级以上人民政府体育行政主管部门应当进行指导和监督。

第十五条　学校应当按照国家规定的课时实施体育课教学,开展课间操、课外体育活动、课余体育训练和体育竞赛,保证学生每天至少锻炼1小时,每学年至少举办一次全校性体育运动会。

学校应当组织施行《国家学生体质健康标准》,建立学生体质健康档案,定期组织学生进行体质测试,把体质健康情况作为学生综合素质评价指标,将体育课列入学生学业考试科目。

第十六条　国家机关、企业事业单位、社会团体和其他组织应当施行《普通人群体育锻炼标准》,有计划地开展全民健身活动,组织职工参加达标测试,并保证所需经费。

提倡职工利用工间、工余和节假日参加健身活动。

第十七条　新闻媒体应当加强全民健身的宣传,普及全民健身知识。

第十八条　大型全民健身活动的承办者,应当制定安全工作方案,并按照国务院《大型群众性活动安全管理条例》和有关大型体育活动管理的规定报批。

第十九条　组织开展全民健身活动,举办涉及国家规定的直接关系人身安全、公共安全的体育项目,应当符合国家《体育场所开放条件与技术要求的规定》,具备下列条件,并向所在地的市或者县人民政府体育行政主管部门提出申请:

(一)运动场所与其所开展的体育项目相适应;

(二)体育器材和设施符合国家标准;

(三)健身指导、救助等从业人员符合规定的等级和数量;

(四)国家规定的安全保障措施;

(五)法律、行政法规规定的其他条件。

市、县人民政府体育行政主管部门应当自收到申请之日起20日内做出批准或不予批准的决定,并书面通知申请人;不予批准的,应当说明理由。

第二十条　公民参加体育健身活动应当遵守公共秩序和健身场所的管理制度,保护环境,爱护设施,不影响他人的正常生产生活。

禁止任何组织和个人以体育健身名义从事违法活动。

第三章　全民健身设施

第二十一条　各级人民政府应当制定公共体育设施专项建设规

划,将其纳入本地区国民经济和社会发展规划及土地利用总体规划和城乡规划,有计划地组织实施,并将人均公共体育设施建成面积纳入文明城镇评价指标。

第二十二条　各级人民政府兴建公共体育设施所需的建设、维护、管理资金,应当列入本级人民政府年度基本建设投资计划和财政预算。

县级以上人民政府应当对乡(镇)、村公共体育设施的建设和体育健身器材的配置给予支持。

第二十三条　公共体育设施规划遵循统筹协调、合理布局、规范实用和方便群众的原则。

公共体育设施应当按照国家有关标准进行设计和建设,符合实用、安全、科学、美观的要求,并采取无障碍措施。

第二十四条　学校应当按照国家制定的各类学校体育设施、器材、设备标准,规划建设体育设施,配备体育器材与设备,并向学生开放。

第二十五条　新建、改建、扩建居民住宅区,应当按照国家有关规定规划、设计和建设相应的体育设施。城乡规划主管部门在审定居住区修建性详细规划时,应当根据国家、省有关居住区规划设计规范与标准对体育设施配套情况进行审查。

居民住宅区配套建设的体育设施,应当与居民住宅区的主体工程同时设计、同时施工、同时投入使用,组织验收时应当有当地体育行政主管部门参加。

第二十六条　鼓励、支持、引导企业事业单位、社会团体和个人等社会力量捐资兴建公共体育设施,投资兴建向社会开放的体育设施和体育健身经营场所。

社会力量投资、捐资兴建公共体育设施,享受国家和省规定的优惠政策。

第二十七条 公共体育设施由体育行政主管部门或者政府指定的管理单位负责管理维护;利用体育彩票公益金建设的体育设施由受赠单位负责管理维护;其他体育设施由其建设或者管理单位负责管理维护。

第二十八条 任何单位或者个人不得擅自改变公共体育设施和居民住宅区体育设施的建设项目和功能、用途,不得缩小其建设规模、减少其用地面积。

第二十九条 因城乡建设确需拆除公共体育设施或者改变其功能、用途的,应当按照国务院《公共文化体育设施条例》的规定报批和重建。

居民住宅区因公共利益确需拆除配套的体育设施或者改变其功能、用途的,应当经业主大会讨论决定,报原城乡规划审批机关批准。

第三十条 公共体育设施应当根据其功能、特点向公众开放,开放时间应当与当地公众的工作、学习时间适当错开,一般每天不少于8小时。在法定节假日和学校寒暑假期间应当适当延长开放时间。

公共体育设施管理单位不得将设施的主体部分用于非体育活动。因举办公益性活动或者大型文化活动等特殊情况可以临时出租,但出租时间一般每次不得超过10日。公共体育设施因维修需要暂时停止开放或者临时出租的,应当提前7日向公众公示。

第三十一条 政府兴建和社会力量捐资兴建的不需要提供专门服务的公共体育设施免费向社会开放;需要提供专门服务的,可以适当收取服务费,但应当对学生、军人、老年人和残疾人等给予优惠。收费项目和标准由县级以上人民政府价格主管部门会同体育行政主管部门制定,并予公示。

第三十二条 政府投资兴建的公园和其他可以健身的公共场所,应当逐步向公民免费开放,其管理单位应当为参加体育健身的公民提供便利条件。

第三十三条　鼓励学校、国家机关、企业事业单位和社会团体的体育设施在不影响教学、工作、生产秩序和安全的情况下,有组织地向公众开放。

居民(社区)委员会、村民委员会建设的体育设施,以及居民住宅区配套建设的体育设施,应当向居民开放。

第三十四条　向公众开放的体育设施,应当达到国家有关体育场所开放条件与技术要求,使用的设施、器材符合国家标准,并明示设施、器材的使用方法、注意事项以及安全提示。

体育设施的管理单位应当建立安全管理制度,做好体育设施、器材的维护、保养,保证安全、适用。

第三十五条　在体育健身场所承担专业性强、技术要求高或者直接关系人身安全、公共安全的体育项目健身指导、救助等工作的从业人员,应当具有符合国家规定的相应职业资格。

第四章　服务保障

第三十六条　县级以上人民政府应当将全民健身事业经费作为专项支出列入本级体育行政主管部门预算,并随着国民经济的发展和财政收入的增长逐步增加。

体育彩票公益金应当按照国家规定的比例用于全民健身事业,专款专用,不得截留、挪用。

用于全民健身事业的体育彩票公益金收支情况,应当接受财政、审计等部门的监督,并向社会公布,接受群众监督。

第三十七条　实行社会体育指导员制度。

社会体育指导员的培训、技术等级认定和职业技能鉴定,按照国家有关规定执行。

社会体育指导员应当在全民健身活动中宣传科学健身知识,传授体育健身技能,指导体育健身活动。

第三十八条　实施国民体质监测制度。

县级以上人民政府体育行政主管部门应当会同有关部门,根据国家规定,制定本地区国民体质监测方案,建立国民体质监测系统和监测站点,组织开展国民体质测定工作,定期向社会公布国民体质监测结果。

第三十九条　从事国民体质测定的单位,应当具备国家规定的资质条件。

对公民进行体质测定时,应当按照国家体质测定标准规范操作,为被测试者提供测定结果,对个人测定结果保密,并给予科学健身指导。

第四十条　县级以上人民政府体育行政主管部门应当组织开展全民健身的科学研究,推广科学健身方法,为社会提供健身服务指导。

第四十一条　县级以上人民政府体育行政主管部门应当加强全民健身信息化建设,为从事体育健身服务的单位、个人及健身者提供体育健身信息服务。

第四十二条　县级以上人民政府体育行政主管部门应当加强对体育健身服务质量的监督检查,并向社会公布检查结果。

县级以上人民政府教育督导机构应当将学校体育工作纳入督导内容,定期进行督导。

第四十三条　鼓励体育健身服务的提供者依照国家有关规定申请体育健身服务认证,提高体育健身服务质量。

第五章　法律责任

第四十四条　违反本条例第十五条、第二十四条规定,有下列情形之一的,县级以上人民政府教育行政主管部门应当责令限期改正;逾期不改正的,对直接负责的主管人员和其他直接责任人员依法给予处分:

（一）未按规定实施体育课教学的；

（二）未按规定施行《国家学生体质健康标准》的；

（三）未将体育设施向学生开放的。

第四十五条　违反本条例第十九条规定，未经批准擅自开展涉及国家规定的直接关系人身安全、公共安全的体育项目的，市、县人民政府体育行政主管部门应当予以取缔，可处以5000元以上1万元以下罚款；有违法所得的，没收违法所得，可并处1万元以上3万元以下的罚款。

第四十六条　违反本条例第二十五条规定，城乡规划主管部门未根据国家、省有关居住区规划设计规范与标准对体育设施配套情况进行审查的，由有权机关对直接负责的主管人员和其他直接责任人员依法给予处分。

第四十七条　违反本条例第二十五条、第二十八条、第三十条、第三十一条规定，有下列情形之一的，县级以上人民政府体育行政主管部门应当会同有关部门责令限期改正；逾期不改正的，对直接负责的主管人员和其他直接责任人员依法给予处分：

（一）新建、改建、扩建居民住宅区，未按规定建设配套体育设施的；

（二）擅自改变公共体育设施的建设项目或者功能、用途的；

（三）擅自缩小公共体育设施建设规模、减少其用地面积的；

（四）未按规定向公众开放公共体育设施或者违章收费的。

第四十八条　违反本条例第三十四条规定，向公众开放的体育设施未达到国家规定的开放条件和技术要求的，县级以上人民政府体育行政主管部门应当责令限期改正；逾期不改正或者经改正仍达不到规定条件和要求的，责令停止开放。

第四十九条　体育健身场所未按本条例第三十五条规定聘用相应职业资格从业人员的，由县级以上人民政府体育行政主管部门责令限期改正;逾期不改正的,处以 5000 元以上 1 万元以下罚款;有违法所得的,没收违法所得。

第五十条　违反本条例第三十六条规定,体育彩票公益金未按国家规定的比例用于全民健身事业;或者截留、挪用的,由有权机关对直接负责的主管人员和其他直接责任人员依法给予处分。

第五十一条　县级以上人民政府体育和其他有关行政主管部门直接负责的主管人员和其他直接责任人员在全民健身工作中滥用职权、玩忽职守、徇私舞弊的,依法给予处分。

第六章　附　则

第五十二条　本条例自 2008 年 10 月 1 日起施行。

广州市全民健身条例

(2009 年 12 月 17 日广州市第十三届人民代表大会常务委员会第二十四次会议通过　2010 年 3 月 31 日广东省第十一届人民代表大会常务委员会第十八次会议批准　根据 2015 年 5 月 20 日广州市第十四届人民代表大会常务委员会第三十九次会议通过并经 2015 年 12 月 3 日广东省第十二届人民代表大会常务委员会第二十一次会议批准的《广州市人民代表大会常务委员会关于因行政区划调整修改〈广州市建筑条例〉等六十六件地方性法规的决定》修正)

第一章　总　则

第一条　为促进全民健身活动的开展,保障市民在全民健身活动中的合法权益,增强市民体质,根据《中华人民共和国体育法》《全民健身条例》《公共文化体育设施条例》等法律、法规,结合本市实际,制定本条例。

第二条　本条例适用于本市行政区域内全民健身活动的组织开展以及全民健身设施的规划、建设和管理。

第三条　市、区、县级市人民政府应当根据本地区的实际情况制定本行政区域的全民健身实施计划并组织实施,将全民健身工作纳入本级国民经济和社会发展规划。市、区、县级市人民政府应当将全民健身工作所需经费纳入本级财政预算,并随着国民经济发展和财政收入增长而逐步增加。

第四条　市、区、县级市人民政府体育主管部门负责本行政区域内的全民健身工作,其他相关行政管理部门在各自职责范围内,负责有关的全民健身工作。

第五条　镇人民政府和街道办事处应当将全民健身工作纳入基层公共服务体系建设,逐步建立体育健身辅导站(点)等基层体育服务场所,组织开展本行政区域内的全民健身活动。

第六条　各级人民政府以及体育、教育等有关部门应当加强全民健身宣传,普及全民健身知识,推广科学的健身方法,支持全民健身科学研究。

第七条　国家规定的全民健身日所在周为本市全民健身周。

全民健身周期间,市、区、县级市人民政府及其体育主管部门应当集中组织开展全民健身宣传和全民健身活动。

第二章　健身活动

第八条　组织开展全民健身活动应当遵循科学、文明、安全、自愿、因地制宜的原则。

各级人民政府应当按照《国家体育锻炼标准》和《普通人群体育锻炼标准》,推动全民健身活动的开展。

第九条　工会、共产主义青年团、妇女联合会、残疾人联合会等社会团体应当结合自身特点,组织成员开展全民健身活动。

第十条 居民委员会应当将组织开展全民健身活动作为社区工作的重要内容,结合当地实际,组织居民开展形式多样的全民健身活动。

村民委员会应当组织村民开展适合农村特点的全民健身活动。

第十一条 学校应当按照《学校体育工作条例》和国家课程标准开设体育课程和开展课外体育活动。

学校应当保证学生在校期间每天参加不少于一小时的体育活动。当天没有体育课的,中小学校应当组织学生进行不少于一小时的课外体育活动。课外体育活动包括课间操等学校组织的学生健身活动。

学校应当按照国家规定实施学生体质健康标准,建立学生体质健康档案,每年对学生进行一次体质抽样监测,并根据学生体质监测结果,指导学生科学开展体育活动。

第十二条 市教育行政主管部门应当组织实施初中毕业升学体育考试,体育考试成绩按照上级教育行政主管部门规定的比例纳入中考总分。

第十三条 体育总会和各类体育协会应当根据章程,在体育主管部门的指导下,发挥专业优势,组织开展体育健身活动。

未成年人的监护人应当督促未成年人参加体育健身活动。

第十四条 鼓励社会力量兴办经营性体育健身组织,满足公众健身需求。

第十五条 经营国家高危险性体育项目目录中的体育项目的,应当按照《全民健身条例》的有关规定,取得县级以上体育主管部门的行政许可,并办理相关的工商登记手续。

第十六条 举办大型全民健身活动和高危险性体育活动,应当按照国家和省的有关规定制定可行的安全保障措施以及突发事件应急预案。

第十七条 公民参加健身活动时,应当遵守公共秩序和健身场所的规章制度,爱护设施,保护环境,不得影响他人的正常工作和生活。

禁止任何组织和个人利用全民健身活动进行封建迷信、邪教、赌博等违法活动。

第三章　健身设施

第十八条　公共体育设施的规划和建设应当遵循统筹协调、城乡兼顾、合理布局、规范实用和方便群众的原则。

第十九条　市体育主管部门应当会同规划、林业和园林、城乡建设等相关行政管理部门,按照不低于国家对公共体育设施用地定额规定的指标,根据本市国民经济、社会发展水平以及体育事业发展的需要,制定城市和村镇的公共体育设施设置标准,并报市人民政府批准。

第二十条　市、县级市人民政府城乡规划行政管理部门应当在组织编制控制性详细规划时,根据经批准的城市总体规划、镇总体规划、城市和村镇的公共体育设施设置标准,规划市级、区级、居住区级、居住小区级和居住组团级的公共体育设施。

市、区、县级市人民政府城乡规划行政管理部门应当为公共体育设施预留建设用地,兴建并逐步完善公共体育设施。

各级人民政府兴办的公共体育设施的建设、维修、管理资金应当列入本级人民政府财政预算。

第二十一条　新建、扩建、改建城市道路、公园、广场和建设珠江、河涌堤岸等市政工程,应当根据全民健身活动的需要,依照有关设置标准配建健身路径等公共体育设施。

第二十二条　已建的城市居民住宅区公共体育设施不足的,各级人民政府应当组织有关单位逐步补建。

已建的城市居民住宅区配套体育设施不足的,市、县级市人民政府在新建、扩建、改建该区域的公共体育设施时,应当提高该区域的公共体育设施的服务规模。

第二十三条　公共体育设施的设计,应当符合国家规定的技术规范,并符合市民的实际需要。

已经投入使用的公共体育设施的所有者或者管理者因开展全民健身活动的需要,可以依法向规划等行政管理部门申请调整功能布局。

第二十四条　任何组织和个人不得擅自侵占、损坏或者拆除公共体育设施,不得擅自改变公共体育设施的功能、用途。

第二十五条　公共体育设施应当全年向公众开放,但因维修、保养、训练、举办赛事或者季节因素关闭的除外。

公共体育设施每天开放时间应当不低于十二小时,但因气候以及安全因素关闭的除外。

法定节假日和学校寒暑假期间,公共体育设施应当适当延长每天开放时间。

公共体育设施管理人应当向公众公告其服务内容和开放时间。需要临时调整开放时间的,应当提前向公众公告。

第二十六条　公共体育设施管理人提供服务可以适当收取费用,收费项目和标准应当经价格行政管理部门批准。收费收入应当用于公共体育设施的日常维修、保养和管理,不得挪作他用。

收取成本费用的公共体育设施,应当根据设施的功能、特点对学生、老年人、残疾人等在规定时段免费开放或者优惠开放。具体办法由市人民政府制定。

收取成本费用的公共体育设施应当在全民健身日向公众免费开放。

第二十七条　公共体育设施投入使用前,应当确定管理和维护责任人。管理和维护责任人无法确定的,产权人是管理和维护责任人。

利用体育彩票公益金和社会捐赠建设的公共体育设施,受赠单位是管理和维护责任人。无法确定受赠单位的,所在地镇人民政府、街道办事处或者其指定的组织是管理和维护责任人。

第二十八条　公共体育设施的管理和维护责任人,应当履行以下责任:

(一)建立健全管理制度和服务规范;

(二)使用符合国家安全标准的设施,并在显著位置标明设施的使用方法、注意事项及安全提示;

(三)定期对设施进行保养、检查并及时维修;

(四)按照国家标准配备安全防护设备以及人员;

(五)符合国家和省的其他相关规定。

第二十九条　新建、扩建、改建居民住宅区,应当按照市人民政府批准的城乡规划技术标准,规划和建设配套体育设施。

配套体育设施应当与居民住宅区的主体工程同时设计、同时投入使用。

任何单位和个人不得擅自改变配套体育设施的用地性质,不得降低其用地指标或者缩小建设规模。

第三十条　在法定节假日和课余时间,具备开放条件的学校体育设施应当对本校师生免费开放。经价格行政管理部门核定需要收取成本费用的学校体育设施应当对本校师生优惠开放。

鼓励民办学校向公众开放学校体育设施。鼓励国家机关、企业事业单位、社会团体等单位的内部体育设施向公众开放。

第三十一条　公办的中小学校、中等职业学校、普通高等学校在优先满足本校学生体育健身需求的前提下,在非教学期间,应当积极创造条件向公众开放学校体育设施。

公办学校向公众开放体育设施实行有偿服务的,应当按照价格行政管理部门核定的收费项目和标准收取费用。该费用专项用于学校体育场馆设施的维护和管理,不得挪作他用。

公办学校向公众开放学校体育设施的,应当建立校园安全管理制度,明确安全责任,保障校园安全,并定期对学校体育设施进行检查和维护。

公办学校向公众开放体育设施以及依法投保有关责任保险的必要支出,由政府根据具体情况予以补助。

公办学校向公众开放体育设施的具体办法由市人民政府制定。

第四章　健身保障

第三十二条　各级体育彩票公益金用于全民健身工作的比例应当不低于百分之六十。体育彩票公益金的使用和管理等应当符合国家有关规定,依法接受财政、审计等政府有关部门和社会的监督,收支情况应当每年向社会公开。

第三十三条　鼓励企业事业单位、社会团体、其他组织和个人以投资、赞助、捐赠等形式支持公共体育设施建设和全民健身活动。

向全民健身事业捐赠资金、设施和器材的,捐赠人可以依法享有留名纪念和税收优惠等权利。

第三十四条　广州市体育基金会依照章程接受社会捐赠,用于支持全民健身事业。

基金的使用和管理应当符合国家关于基金会的有关规定,依法接受财政、审计等政府有关部门和社会的监督,收支情况应当每年向社会公开。

第三十五条　市、区、县级市体育主管部门应当建立全民健身信息服务平台,为市民提供全民健身指导信息,并通过广播、电视、报刊、互联网等途径公布本行政区域内免费和收取成本费用的公共体育设施名录以及向公众开放的学校体育设施名录,对公共体育设施的管理和使用情况进行监督检查。

设施名录应当包括设施名称、地址、开放时间、收费方式、管理单位、联系方式等信息。

第三十六条　本市实行国民体质监测制度。

市、区、县级市体育主管部门应当建立健全国民体质监测网络,会同统计、教育、卫生、人力资源和社会保障等有关行政管理部门每年开展一次国民体质监测。国民体质监测结果应当纳入社会统计指标并向社会公布。

国民体质监测机构应当按照国家标准实施体质监测,并建立国民体质监测档案,公布研究报告,指导市民科学健身。

第三十七条　市、区、县级市体育主管部门按照国家规定组织推行社会体育指导员制度,社会体育指导员的评定标准和程序,按照国家有关规定执行。

镇人民政府、街道办事处应当组织社会体育指导员为本辖区内市民的体育健身活动提供指导。

社会体育指导员应当在全民健身活动中宣传科学健身知识、传授体育健身技能、组织指导体育健身活动。

第三十八条　体育主管部门应当建立日常监督检查制度,对违反本条例的行为进行监督检查,并将监督检查情况定期向社会公布。

任何组织和个人发现违反本条例的行为的,可以向体育主管部门投诉,体育主管部门应当依法受理并在受理之日起十五日内回复处理情况。

第五章　法律责任

第三十九条　违反本条例第十一条第一款规定的,由教育行政管理部门按照《学校体育工作条例》的有关规定予以处理。

违反本条例第十一条第二款规定的,由教育行政管理部门责令限期改正;拒不改正的,对负有责任的主管人员和其他直接责任人员,由任免机关按照管理权限依法给予处分。

第四十条　违反本条例第十五条规定,未经体育主管部门批准,擅自经营高危险性体育项目的,由体育主管部门依照《全民健身条例》的有关规定予以处理。

第四十一条　违反本条例第十七条规定,公民在健身活动中扰乱公共秩序、破坏公共体育设施,或者影响他人正常工作和生活,或者利用健身活动进行封建迷信、邪教、赌博等违法活动的,公共体育设施管理和维护责任人应当及时予以制止,违反《中华人民共和国治安管理处罚法》的,由公安机关依法予以处罚;构成犯罪的,依法追究刑事责任。

第四十二条　违反本条例第二十条规定,城乡规划行政管理部门未规划公共体育设施的,由本级人民政府、上级人民政府城乡规划主管部门依据职权责令改正,通报批评。

第四十三条　违反本条例第二十四条规定,擅自侵占、损坏或者拆除公共体育设施的,由体育主管部门责令限期改正,恢复原状,造成设施损坏的,依法承担相应的民事责任,违反《中华人民共和国治安管理处罚法》的,由公安机关依法处理;构成犯罪的,依法追究刑事责任。

第四十四条　违反本条例第二十五条第四款、第二十六条第二款、第三款规定,公共体育设施管理人未公告服务项目以及开放时间,未按规定向公众免费开放或者优惠开放公共体育设施的,由体育主管部门责令限期改正。

第四十五条　违反本条例第二十八条规定,公共体育设施管理和维护责任人未履行对公共体育设施的管理和维护责任的,由体育主管部门责令限期改正,造成他人人身和财产损害的,依法承担民事责任。

第四十六条　违反本条例第二十九条规定,新建、扩建、改建居民住宅区,未按照规定建设配套体育设施的,由规划行政管理部门依照《中华人民共和国城乡规划法》的有关规定处理。

第四十七条　体育、教育、人力资源和社会保障、规划、工商、价格等有关行政管理部门及其工作人员不依法履行法定职责,或者滥用职权、谋取私利的,对负有责任的主管人员和其他直接责任人员,由任免机关或者监察机关按照管理权限给予处分;构成犯罪的,依法追究刑事责任。

第四十八条　体育主管部门在监督检查中,发现本条例规定应由其他行政管理部门处理的违法行为的,应当向相关行政管理部门提出处理建议。相关行政管理部门应当将处理情况告知体育主管部门。相关行政管理部门不依法处理的,体育主管部门应当建议监察机关按照有关规定进行调查处理。

第六章　附　则

第四十九条　本条例所称公共体育设施,包括由各级人民政府举办和社会力量举办的,向公众开放用于开展体育活动的公益性的各类健身场馆、场地和设施。

第五十条　本条例自 2010 年 8 月 8 日起施行。

吉林省全民健身条例

(2010 年 9 月 29 日吉林省第十一届人民代表大会常务委员会第二十一次会议通过　根据 2017 年 3 月 24 日吉林省第十二届人民代表大会常务委员会第三十三次会议《吉林省人民代表大会常务委员会关于修改和废止 < 吉林省农业机械管理条例 > 等 21 件地方性法规的决定》修改)

第一章　总　则

第一条　为了促进全民健身活动的开展,保障公民参加全民健身活动的合法权益,提高公民身体素质,根据《中华人民共和国体育法》《全民健身条例》等法律、法规的规定,结合本省实际,制定本条例。

第二条　本省行政区域内的全民健身活动,适用本条例。

第三条　县级以上人民政府应当将全民健身事业纳入国民经济和社会发展规划,制定全民健身实施计划,建立和完善公共体育服务体系,加大对农村地区和城市社区等基层公共体育设施建设的投入,促进全民健身事业均衡协调发展。

第四条　全民健身工作实行政府统筹协调、部门各负其责、社会共同支持、公民积极参与的机制。

第五条　县级以上人民政府体育主管部门负责本行政区域内的全民健身工作,其他有关部门在各自的职责范围内做好与全民健身有关的工作。

县级以上人民政府及其体育主管部门应当加强对全民健身的科学研究,发掘、整理民族、民间传统健身项目,开发适合本地特点的全民健身项目,开展具有本地特色的全民健身活动,推广科学的健身方法。

第六条　乡(镇)人民政府、街道办事处负责组织开展辖区内的全民健身活动。将全民健身工作纳入公共服务体系建设,加强文体活动站、文体活动室的建设。

社区居民委员会、村民委员会应当协助政府和有关部门做好全民健身工作,为辖区内的单位、组织和公民参与健身活动提供服务。

第七条　工会、共青团、妇联、残联等人民团体应当结合各自特点,组织开展全民健身活动。

第八条　广播、电视、报刊、互联网站等大众传播媒体应当加强对全民健身的宣传,普及科学健身知识,增强公民健身意识。

第九条　县级以上人民政府应当将全民健身工作所需经费纳入本级财政预算,并随着经济的发展逐步增加对全民健身的投入。

体育彩票公益金应当按照国家规定,重点用于组织开展群众性体育活动、培训社会体育指导员、进行国民体质监测和全民健身设施的建设、管理与维护,并逐步提高对农村地区和城市社区的投入比例。

利用福利彩票公益金建设社会福利设施时,应当按照国家规定,设置适合老年人和残疾人健身活动的设施。

鼓励自然人、法人或者其他组织投资兴建全民健身设施,举办健身活动,为全民健身事业提供捐赠或者赞助。

第十条　县级以上人民政府对组织开展全民健身活动成绩显著的单位和个人,应当给予表彰、奖励。

第二章　全民健身活动

第十一条　县级以上人民政府及其体育主管部门应当举办以推动全民健身为目的的群众性体育活动。每年六月至十月组织开展全省"全民健身百日行"系列活动。

第十二条　县级人民政府体育主管部门应当在传统节日和农闲季节组织开展与农村生产劳动和文化生活相适应的全民健身活动。

第十三条　县级以上人民政府应当健全体育总会组织,发挥体育群众团体组织作用,服务于全民健身活动。

国家机关、社会团体、企业事业单位等应当建立健全全民健身活动组织,有计划地组织和开展经常性的全民健身活动。

第十四条　鼓励和支持社会力量依法建立体育协会、健身俱乐部、健身辅导站(点)等体育社会组织,组织开展全民健身活动,宣传普及健身知识。

各级体育总会、单项体育协会、行业体育协会和体育类民办非企业单位等体育社会组织,应当根据组织章程和各自特点,组织开展全民健身活动。

第十五条　学校应当按照国家规定课时开设体育课,组织开展广播体操、眼保健操和多种形式的课外体育活动,确保学生每天至少一小时的体育锻炼时间。

学校每年至少要举办一次全校运动会。

学校应当加强对学生参加体育健身活动的引导和管理,执行国家学生体质健康标准,建立学生体质健康档案,定期对学生进行体质监测。

第十六条 社区居民委员会应当结合社区特点,组织开展小型多样的体育健身活动。

村民委员会应当结合农村特点,组织开展适合农民参加的体育健身活动。

第十七条 公民参加全民健身活动,应当遵守健身场所的规章制度,爱护健身设施,维护健身环境,不得影响他人的正常工作和生活。

第十八条 任何组织和个人不得利用健身活动宣扬封建迷信、违背社会公德、扰乱公共秩序、损害公民身心健康。

第三章 全民健身设施

第十九条 本条例所称全民健身设施,是指公共体育设施和其他向公众开放用于开展全民健身活动的设施。

本条例所称公共体育设施,是指由各级人民政府举办或者社会力量举办的,向公众开放用于开展体育活动的公益性体育场(馆)等的建筑物、场地和设备。

第二十条 县级以上人民政府应当加强全民健身设施的建设和管理,扶持少数民族地区、欠发达地区和农村的全民健身设施建设。

县级以上人民政府体育主管部门应当加强对全民健身设施建设和使用情况的监督管理,充分发挥全民健身设施功能。

第二十一条 县级以上人民政府体育主管部门应当根据国家有关规定,会同有关部门编制全民健身设施建设规划,并将其纳入城乡规划、土地利用总体规划和国民经济与社会发展五年规划。

全民健身设施的建设选址,应当符合全民健身设施建设规划,遵循统筹安排、合理布局、方便利用的原则,并以公示的方式征求公众意见。大型全民健身设施的建设选址,应当举行听证会。

全民健身设施应当为老年人和残疾人参与健身活动提供方便。

第二十二条　县级以上人民政府体育主管部门应当有计划地为没有全民健身设施的已建成居民住宅区配建全民健身设施。

第二十三条　新建、改建和扩建居民住宅区,规划部门和建设单位应当按照有关规定,规划和建设配套的全民健身设施。

居民住宅区配套建设的全民健身设施,应当与居民住宅区的主体工程同时设计、同时施工、同时投入使用。任何单位和个人不得擅自改变全民健身设施的建设项目和功能,不得缩小其建设规模和降低其用地指标。

第二十四条　新建、改建、扩建全民健身设施的竣工验收,应当有县级以上人民政府体育主管部门参加。

第二十五条　全民健身设施管理单位应当自全民健身设施工程竣工验收合格之日起三十日内,将该设施的名称、地址、服务项目等内容报当地县级以上人民政府体育主管部门备案。

已建成全民健身设施的管理单位应当自本条例施行之日起三十日内办理备案手续。

第二十六条　县级以上人民政府体育主管部门应当通过报刊、广播、电视、互联网站等大众传播媒体及时向公众公布本行政区域内的全民健身设施名录及相关信息。

第二十七条　国家机关、社会团体、企业事业单位应当为职工开展健身活动提供场地、设施等必要条件。

第二十八条　教育主管部门和学校应当按照国家规定的学校体育设施配备标准,建设体育场地,配备体育设施,保证体育教学和学生开展体育锻炼的需要。

第二十九条　任何单位和个人不得侵占、破坏全民健身设施。

不得擅自改变公共体育设施的功能和用途,因城乡建设确需拆除或者改变公共体育设施功能、用途的,应当按照有关法律、法规的规定择地重建。

第三十条　向全民健身事业捐赠资金、设施和器材的,享受税收等优惠政策,可以根据国家有关规定留名纪念。

第四章　全民健身服务

第三十一条　实行国民体质监测制度。县级以上人民政府体育主管部门应当根据国家有关规定和本地区实际,制定本行政区域的国民体质监测方案,并会同统计、教育、卫生等部门组织实施,定期向社会公布监测结果。

第三十二条　从事国民体质测定的单位,应当具备国家规定的条件,定期培训国民体质监测人员。

对公民进行体质测定时,应当按照国家体质测定标准规范操作,为被测定者提供测定结果,给予科学健身指导,并对测定结果保密。

第三十三条　实行社会体育指导员制度,建立社会体育指导员协会。县级以上人民政府体育主管部门应当根据国家制定的社会体育指导员技术等级制度的要求,有计划地开展社会体育指导员培训工作。

全民健身设施管理单位应当配备相应技术等级的社会体育指导员,为全民健身活动提供科学指导。

开展全民健身志愿者活动,鼓励具有体育特长或者热心体育事业的人员,志愿参与组织和辅导全民健身活动。

第三十四条　全民健身设施投入使用前,应当明确管理单位并由管理单位负责设施的日常运行维护,保证其公益性和使用的安全性。设施管理的具体办法,由县级以上人民政府体育主管部门制定。

第三十五条　公共体育设施除赛事、维修、保养外,应当向公众开放。开放时间应当与当地公众的工作时间、学习时间适当错开。在法定节假日和学校寒假、暑假期间,应当适当延长开放时间,并增设适合学生特点的健身项目。

具体开放时间应当向公众公示。

第三十六条　公共体育设施管理单位在提供服务过程中有服务成本开支的,可以适当收取成本费用。收费所得应当专项用于全民健身设施的日常维修、保养和管理,不得挪作他用。具体收费标准应当报经所在地价格主管部门批准。

收费的公共体育设施,管理单位应当对老年人、残疾人和在校中、小学生等实行优惠开放或者在规定时段免费开放。

收费标准和优惠条件等应当向公众公示。

第三十七条　国家机关的体育健身设施和由政府投资建设的体育专用设施,管理单位应当创造条件,利用法定节假日、假期和其他适当时间向公众开放。

第三十八条　学校的体育健身设施,应当以学校正常授课和学生活动为主,在法定节假日、寒假、暑假和其他适当的时间向公众开放。

县级以上人民政府应当对向公众开放体育健身设施的学校给予支持,为其办理有关责任保险。

开放体育健身设施的学校经所在地价格主管部门审核同意后,可以适当收费。对开放过程中发生的水电费用,水电部门按照原收费标准收取。

第三十九条　公园和具有晨练、晚练场地的景点,应当向公众免费开放,并公示开放时间。

第四十条　县级以上人民政府应当采取奖励、专项资金补助、彩票公益金补助等措施,鼓励企业事业单位和公民个人的体育健身设施向社会开放。

第四十一条　全民健身设施管理单位应当配备和使用符合强制性标准的设施和器材,并在醒目位置标明设施和器材的使用方法和注意事项。

向儿童、青少年开放的体育健身设施,应当根据儿童、青少年的生理、心理特点采取安全防护措施。

第四十二条 企业、个体工商户经营高危体育项目的,应当向所在地县级以上人民政府体育主管部门提出书面申请。

县级以上人民政府体育主管部门应当自收到经营高危体育项目申请书之日起的三十日内作出决定。对审核合格的,予以登记,颁发《高危体育项目经营许可证》;对审核不合格的,应当书面通知申请人并说明理由。

高危体育项目以国务院体育主管部门公布的目录为准。

第四十三条 《高危体育项目经营许可证》由省人民政府体育主管部门统一印制。

《高危体育项目经营许可证》遗失的,应当向原发证机关提交书面报告,申请补办《高危体育项目经营许可证》。

第四十四条 高危体育项目经营场所改变名称、场所、法定代表人、经营范围等,应当向原审批部门办理变更登记。

高危体育项目经营场所停业、复业的,应当向原审批部门办理停业、复业登记。

第四十五条 对全民健身设施建设、使用和全民健身活动中的违法行为,任何单位和个人均有权向体育主管部门或者其他有关部门投诉、举报。

接到投诉、举报的部门应当根据各自职责在六十日内进行调查、核实,并依法予以处理。

第五章 法律责任

第四十六条 学校违反本条例第十五条第一款规定的,由县级以上人民政府教育主管部门按照管理权限责令改正;拒不改正的,对负有责任的主管人员和其他直接责任人员依法给予处分。

第四十七条　违反本条例规定,新建、改建、扩建居民住宅区未按照规划要求建设体育健身设施的,由县级以上建设主管部门责令限期补建;逾期未补建的,由县级以上建设主管部门依法处理。

第四十八条　违反本条例规定,侵占、破坏全民健身设施,擅自拆除公共体育设施或者改变其功能、用途的,由县级以上人民政府体育主管部门责令限期改正,恢复原状;造成设施损坏的,应当赔偿损失;违反《中华人民共和国治安管理处罚法》的,由公安机关依法处理;构成犯罪的,依法追究刑事责任。

第四十九条　未经许可,擅自经营高危体育项目的,由县级以上人民政府体育主管部门按照管理权限责令改正;有违法所得的,没收违法所得;违法所得不足三万元或者没有违法所得的,并处三万元以上十万元以下的罚款;违法所得三万元以上的,并处违法所得二倍以上五倍以下的罚款。

第五十条　高危体育项目经营者取得许可证后,不再符合规定条件仍经营该体育项目的,由县级以上人民政府体育主管部门按照管理权限责令改正;有违法所得的,没收违法所得;违法所得不足三万元或者没有违法所得的,并处三万元以上十万元以下的罚款;违法所得三万元以上的,并处违法所得两倍以上五倍以下的罚款;拒不改正的,由原发证机关吊销许可证。在吊销许可证后五个工作日内通知工商行政管理部门,由工商行政管理部门责令当事人依法办理变更登记。

第五十一条　利用健身活动宣扬封建迷信、违背社会公德、扰乱公共秩序、损害公民身心健康的,由公安机关依照《中华人民共和国治安管理处罚法》的规定给予处罚;构成犯罪的,依法追究刑事责任。

第五十二条　县级以上人民政府及其有关部门的工作人员在全民健身工作中玩忽职守、滥用职权、徇私舞弊的,依法给予行政处分;构成犯罪的,依法追究刑事责任。

第六章 附 则

第五十三条 本条例自 2010 年 12 月 1 日起施行。

甘肃省全民健身条例

（2011 年 5 月 31 日甘肃省第十一届人民代表大会常务委员会第二十一次会议通过）

第一章 总 则

第一条 为了推动全民健身活动的开展,保障公民参加健身活动的合法权益,提高全民身体素质,根据《中华人民共和国体育法》《全民健身条例》等有关法律、行政法规,结合本省实际,制定本条例。

第二条 本省行政区域内开展全民健身活动,全民健身设施的建设、使用及其监督管理,适用本条例。

第三条 全民健身工作坚持政府主导、社会支持、全民参与、科学文明的原则。

第四条 县级以上人民政府应当加强对全民健身工作的领导,将全民健身工作纳入国民经济和社会发展规划,将全民健身事业所需经费纳入本级财政预算,并随着国民经济的发展和财政收入的增长而增加。

体育彩票公益金应当按照规定比例用于公共体育设施建设、全民健身活动开展等,其收支情况,应当接受财政、审计等部门的监督,并向社会公布。

第五条 县级以上人民政府体育行政部门主管本行政区域内的全民健身工作,其他有关部门按照各自职责,做好相关的全民健身工作。

乡（镇）人民政府、街道办事处负责组织开展本辖区全民健身活动。

居民委员会、村民委员会应当协助人民政府和有关部门做好全民健身工作,支持辖区内的单位、组织和公民参与全民健身活动。

第六条　工会、共青团、妇联、残联等组织应当结合各自特点,组织开展全民健身活动。

各级各类体育协会应当按照有关规定和章程,组织开展全民健身活动,并接受体育行政部门的指导。

第七条　鼓励企业事业单位、社会团体、其他组织和个人投资兴建公共体育设施,举办全民健身活动,为全民健身事业提供捐赠和赞助。

为全民健身事业提供捐赠的捐赠人,按照有关规定享受税收优惠政策。

第八条　鼓励支持科研机构、高等院校开展体育健身科学研究,推广科学的体育健身新项目、新器材、新方法。

第九条　广播电视、报刊、网络等大众媒体应当加强对全民健身活动的宣传报道,普及科学、文明、健康的全民健身知识,增强公民健身意识。

第二章　全民健身活动

第十条　县级以上人民政府体育行政部门应当根据当地实际,制定并组织实施本行政区域全民健身活动的中长期规划和年度计划,指导和监督全民健身活动,会同有关部门组织开展适宜青少年、职工、农民、妇女、老年人、残疾人等各类人群的健身活动,并根据国家规定对全民健身计划的实施情况进行评估。

第十一条　学校应当按照国家规定开设体育课,并将体育课列为考核学生学业成绩的科目;根据《国家学生体质健康标准》,每年进行一次学生体质健康检测;保证学生在校期间每天不少于一小时的体育活动。

鼓励中小学校开设体育特长班,发展传统体育项目;鼓励有条件的高等院校组建高水平运动队,提高学校竞技体育水平。

第十二条　乡(镇)人民政府、街道办事处应当建立健全文化体育指导站(室)等基层文化体育组织,配备专职或者兼职工作人员,建立体育健身骨干队伍,组织开展适合当地居民特点的全民健身活动。

第十三条　国家机关、企业事业单位、社会团体和其他组织应当结合各自特点,制订体育健身计划,建设体育活动场所,配置相应的体育设施、器材,定期对本单位职工进行体质健康监测,组织本单位职工开展工间操、单项体育比赛、运动会等体育活动。

第十四条　鼓励开展适合老年人、未成年人、残疾人生理和心理特点的健身活动,体育健身场馆应当为残疾人开展健身活动免费开放并提供方便。

第十五条　支持社会力量开展多种形式的体育竞赛和表演,鼓励发展民族、民间传统体育项目,开展武术、龙舟、赛马、腰鼓、太平鼓、自行车、健身秧歌等具有民族、民间特色的传统体育健身活动。

少数民族聚居区应当注重发掘和整理少数民族传统体育项目,开展少数民族传统体育健身活动。

第十六条　各级人民政府应当定期举办综合性运动会、城市运动会、农民运动会、少数民族运动会、残疾人运动会和老年人运动会等体育比赛,推动全民健身活动的开展。

省教育、体育行政部门每四年组织一次全省综合性大学生运动会,每三年组织一次中学生运动会。市(州)、县(市、区)教育和体育行政部门每三年组织一次本市(州)、县(市、区)中学生运动会。学校每年至少组织一次全校综合性运动会。

第十七条　县级以上人民政府质量技术监督部门和体育行政部

门应当按照各自职责,加强对举办游泳、攀岩、蹦极、滑雪、滑冰、射击、射箭、潜水、漂流、卡丁车、热气球、滑翔伞、动力滑翔伞等关系人身安全的体育项目和活动的监督检查。

第十八条　经营高危险性体育项目应当按照国家有关规定,办理行政许可,所使用的场所和设施器材应当符合国家相关标准。

以对高危险性体育项目进行健身指导为职业的社会体育指导人员,应当依照国家有关规定取得职业资格证书。

举办攀登海拔 3500 米以上独立山峰的活动,应当经国家或者省体育行政部门批准;举办健身气功活动,应当经县级以上人民政府体育行政部门批准。

第十九条　任何单位和个人不得利用健身活动宣传封建迷信、邪教、色情、暴力等不健康内容和进行赌博等违法活动。

第二十条　公民参加全民健身活动,应当遵守公共秩序和健身活动场所的规章制度,爱护设施,保护环境,不得影响其他公民的正常工作和生活。

第二十一条　每年 8 月 8 日所在周为本省全民健身周。在全民健身周期间,各级体育行政部门管理使用的全民健身场馆应当向公众免费开放,并延长开放时间。

第三章　全民健身设施

第二十二条　县级以上人民政府应当将公共体育设施建设纳入土地利用总体规划和城乡建设规划。

乡(镇)人民政府应当按照县级人民政府的统一规划,结合新农村建设,建设实用的公共体育设施。

县级以上人民政府体育行政部门应当根据实际情况,为公园、广场等公共场所免费提供公共体育设施。

第二十三条　已列入规划的公共体育设施用地,任何单位和个人不得侵占、擅自改变其用途。因特殊情况需要调整公共体育设施用地的,应当先确定新的用地,新的用地面积不得少于原有面积。

第二十四条 公共体育设施的规划和建设应当遵循统筹规划、合理布局、规范实用和方便群众的原则。

设计、建设、安装公共体育设施,应当符合国家有关质量和安全标准,标明使用说明和安全警示,符合安全、实用、科学、美观的要求。

建设公共体育设施,应当充分考虑未成年人、老年人和残疾人的特殊要求,采取无障碍和安全防护措施,满足各类人群参加体育健身的需要。

第二十五条 新建、改建、扩建城市居民住宅区,应当按照国家和省有关规定规划相应的公共体育设施用地。

居民住宅区配套建设的公共体育设施,应当与居民住宅区的主体工程同时设计、同时施工、同时投入使用。组织验收时应当有当地体育行政部门参加。任何单位和个人不得擅自改变公共体育设施建设项目和功能,不得缩小建设规模和降低建设标准。

已建的城市居民住宅区没有公共体育设施的,当地人民政府应当组织有关单位补建公共体育设施。

第二十六条 利用体育彩票公益金和社会捐赠建设的公共体育设施,由管理单位或者受赠单位负责维护与管理;没有管理单位的,由乡(镇)人民政府、街道办事处指定所在地的居民委员会、村民委员会或者单位负责日常管理与维护。

第二十七条 学校应当按照国家和本省规定的学校体育设施配备标准,建设配置体育场地、设备、器材,保证体育教学和学生开展体育锻炼的需要。

第二十八条 公共体育设施场所管理单位应当建立健全安全管理制度和服务规范,场所的卫生环境和安装的健身设施、设备、器材应当符合国家、行业和地方制定的标准。

安装的健身设施、设备、器材应当标明使用方法、注意事项、警示标志,设置公共信息图形符号并定期检查、维护,保证设施、设备、器材完好。

第二十九条　公共体育设施应当向社会开放,每周不少于五天,周六、周日应当开放,并公布开放时间。法定节假日和学校寒暑假期间应当延长开放时间。

由政府投资兴办的全民健身场所,应当逐步向公民免费开放,公园、广场应当向公民免费提供健身活动场所。

在不影响正常工作、生产、教学秩序和安全的情况下,鼓励国家机关、企业事业单位、学校的体育设施向社会开放。

学校的体育设施应当在法定节假日和寒暑假期间向学生开放。

第三十条　公共体育设施向社会开放需要消耗水、电、气或者损耗器材、支付体育指导人员薪酬和相关保险费用的,可以适当收费或者由同级财政补贴,但不得以营利为目的。收费项目和标准由县级以上人民政府财政、发展和改革部门会同体育行政主管部门制定,并向社会公示。收费收入全部专项用于水、电、气、器材损耗及支出体育指导人员薪酬和相关保险费用。

有偿使用的公共体育设施应当对学生、老年人和残疾人实行优惠,或者在规定时间内免费开放。

第三十一条　任何单位和个人不得侵占、破坏和擅自拆除公共体育设施或者改变其功能、用途。因城乡建设确需拆除或者改变公共体育设施的功能、用途的,应当依法办理批准手续。经批准拆除的,应当依照国家有关规定择地重建,迁建工作应当坚持先建设后拆除或者建设拆除同时进行的原则,迁建所需费用由造成迁建的单位承担。

第四章　全民健身服务

第三十二条　各级人民政府体育行政部门应当为从事全民健身

服务的单位、个人提供信息服务,指导监督从事全民健身服务的单位开展标准化、规范化服务。

各类体育教育、训练机构可以利用现有的场地、设施、器材和体育专业技术人员,组织举办各种体育健身培训,传授、推广、普及科学实用的体育健身知识和方法。

第三十三条　县级以上人民政府应当定期开展国民体质监测,向社会公布监测结果,并将监测结果纳入社会统计指标。

国民体质监测工作由体育行政部门会同有关部门共同实施。

第三十四条　县级以上人民政府应当加强社会体育指导人员和志愿者队伍建设,对以健身指导为职业的社会体育指导人员实行职业资格证书制度。

不以收取报酬为目的,向公众提供传授健身技能、组织健身活动、宣传科学健身知识等服务的社会体育指导人员可以申请相应的技术等级。

技术等级和职业证书的认定标准及程序,按照国家有关规定执行。

第三十五条　实行强制性体育服务标准的体育运动活动场所,应当达到国家规定的强制性服务标准,并配备具有相应执业资格的社会体育指导员。

第三十六条　鼓励企业事业单位和社会组织兴办体育健身服务业。从事公益性体育健身服务业的组织,按照国家有关规定在税收、收费以及用水、用电、用气、用暖等方面享受优惠政策。

第五章　法律责任

第三十七条　违反本条例规定,未经批准,擅自经营高危险性体育项目;或者取得许可证后不符合国家规定条件仍经营高危险性体育项目的,由县级以上人民政府体育行政部门按照管理权限责令停止违法行为;有违法所得的,没收违法所得;违法所得不足三万元或者没有违法所得的,并处三万元以上十万元以下罚款;违法所得三万元以上的,并处违法所得两倍以上五倍以下罚款。

第三十八条　违反本条例规定,未经批准举办攀登海拔三千五百米以上独立山峰、健身气功活动的,由县级以上人民政府体育行政部门责令限期停止违法活动,处以五百元以上三千元以下罚款;情节严重的,处以五千元以上一万五千元以下罚款;给参与者造成损失的,依法承担民事责任;构成犯罪的,依法追究刑事责任。

第三十九条　违反本条例规定,侵占、破坏公共体育设施,擅自拆除公共体育设施或者改变其功能、用途的,由县级以上人民政府体育行政部门责令限期改正,恢复原状;造成设施损坏的,应当赔偿损失;违反治安管理处罚规定的,由公安机关处理;构成犯罪的,依法追究刑事责任。

第四十条　公共体育设施管理单位有下列行为之一的,由县级以上人民政府体育行政部门责令限期改正;拒不改正的,对负有直接责任的主管人员和其他直接责任人员,给予行政处分;造成他人人身伤害和财产损害的,依法承担民事责任:

(一)未按照规定的最低时限对公众开放的;

(二)未公示其服务项目、开放时间等事项的;

(三)未在醒目位置标明设施的使用方法或者注意事项的;

(四)未建立、健全公共体育设施的安全管理制度的。

第四十一条　违反本条例规定,举办全民健身活动所使用的设施器材未达到国家强制性标准的,由县级以上人民政府质量技术监督部门处理;给参与者造成人身伤害和财产损失的,活动的举办者应当依法承担民事责任;构成犯罪的,依法追究刑事责任。

第四十二条　违反本条例规定,超出技术等级证书规定范围从事社会体育健身指导服务,或者未取得社会体育指导员职业资格证书从事经营性社会体育健身指导服务的,由县级以上人民政府体育行政部门给予警告,责令停止违法行为,没收违法所得。

第四十三条 县级以上人民政府体育行政部门及其工作人员违反本条例规定,不依法履行职责造成严重后果的,对直接负责的主管人员和其他直接责任人员给予行政处分;构成犯罪的,依法追究刑事责任。

第四十四条 违反本条例规定的其他行为,法律法规已有处罚规定的,从其规定。

第六章 附 则

第四十五条 本条例自 2011 年 8 月 1 日起施行。

辽宁省全民健身条例

(2012 年 11 月 29 日辽宁省第十一届人民代表大会常务委员会第三十三次会议通过 根据 2017 年 7 月 27 日辽宁省第十二届人民代表大会常务委员会第三十五次会议《关于修改＜辽宁省机动车污染防治条例＞等部分地方性法规的决定》修正)

第一章 总 则

第一条 为了促进全民健身活动的开展,保障公民在全民健身活动中的合法权益,提高公民身体素质,根据《中华人民共和国体育法》《全民健身条例》等法律、法规的规定,结合本省实际,制定本条例。

第二条 本条例适用于本省行政区域内全民健身活动的开展和管理。

第三条 全民健身事业应当遵循政府主导、社会力量推动、全民参与的原则。

第四条 省、市、县(含县级市、区,下同)体育行政部门负责本行政区域内的全民健身工作。

发展改革、教育、公安、城建、民政、财政、规划、卫生、工商等行政部门在各自的职责范围内做好全民健身相关的工作。

乡(镇)人民政府、街道办事处协助体育行政部门做好全民健身工作。

居民委员会、村民委员会协助政府和有关部门做好全民健身工作,为居民、村民参与全民健身活动提供服务。

工会、共青团、妇联、残联等组织根据各自职能特点,组织各自联系的群众开展全民健身活动。

第五条　省、市、县人民政府应当加强对全民健身工作的领导,将全民健身事业纳入本地区国民经济和社会发展规划。以全民健身活动为基础,促进群众体育与竞技体育协调发展。加大对农村地区和城市社区等基层公共体育设施建设的投入,促进全民健身事业与社会主义精神文明建设、文明城区建设和其他社会事业建设协调发展。

全民健身工作所需经费应当纳入本级公共财政预算,并随着国民经济的发展和财政收入的增长逐步增加对全民健身工作的投入。

体育彩票公益金应当按照国家规定百分之六十的比例用于全民健身事业,专款专用,不得截留、挪用。

第六条　省、市、县人民政府根据本地区的实际情况,制定本行政区域的全民健身实施计划。

省、市、县体育行政部门会同有关部门具体组织实施全民健身计划。

第七条　广播电台、电视台、报刊和互联网站等媒体应当加强对全民健身活动的宣传,普及科学、文明、健康的健身知识,增强公民健身意识。

第八条　省、市、县人民政府或者体育行政部门按照国家有关规定,对在全民健身事业中做出突出贡献的组织和个人给予表彰和奖励。

第二章 全民健身活动

第九条 每年 8 月为全民健身月。

第十条 省、市、县人民政府有关部门、媒体应当在全民健身月期间加强全民健身宣传。

体育行政部门以及体育类社团组织应当在全民健身月期间,组织开展免费健身指导服务。

政府投资兴建的公共体育设施应当在全民健身月期间向公众免费开放。鼓励其他体育运动场所和具备徒步走、登山、马拉松等健身活动条件的旅游景区在全民健身月期间实行优惠或者免费开放。

第十一条 省、市、县人民政府应当定期举办以全民健身为目的的群众体育比赛活动,或者根据本地区的实际情况组织开展有特色的全民健身活动。

第十二条 居民委员会应当结合社区特点,组织和引导居民开展小型多样的全民健身活动。

村民委员会应当结合农村特点,组织开展适合村民参加的全民健身活动。

鼓励少数民族地区发展民族传统体育项目,开展具有民族特色的传统体育健身活动。

第十三条 国家机关、企业事业单位、社会团体和其他组织应当组织本单位人员每天定时开展工间(前)操和业余健身活动。有条件的,可以举办运动会,开展体育锻炼测验、体质测定等活动,并为本单位工作人员的健身活动提供场地、设施等必要条件。

第十四条 体育类社团组织应当根据章程,组织成员参与推广体育项目和开展全民健身活动,并对全民健身活动给予指导和支持。

第十五条 学校应当按照有关法律、法规和相关规定配备合格的体育教师,配置体育场地、设施和器材,并根据不同年龄阶段安排体育课教学时间,指导学生开展体育活动。

学校每年应当至少组织一次全校性的运动会。有条件的,可以组织学生参加野营、远足、体育夏(冬)令营等活动,开展特色体育教学。

中小学校应当保证学生每天参加一小时的校园体育活动,每周安排不少于二课时的自由体育活动时间。寄宿制学校还应当组织学生每天参加早操。

第十六条　学校应当实施国家学生体质健康标准,建立学生体质健康档案,每年对学生进行一次体质抽样监测,并根据学生体质监测结果,指导学生科学开展体育活动。

第十七条　公民参加全民健身活动,应当遵守公共秩序和健身场所的规章制度,爱护健身设施,维护健身环境,不得影响其他公民正常的工作和生活。

第三章　全民健身设施

第十八条　建设全民健身设施,应当充分考虑未成年人、老年人、残疾人的特殊要求,采取无障碍和安全防护措施,适应各类人群参加体育健身的需要。

第十九条　市、县人民政府应当有计划地建设公共体育设施,完善各级全民健身设施网络。

大型公共体育设施的建设规划,应当召开听证会,广泛征求社会公众意见。

第二十条　政府投资兴建的公共体育设施,除赛事、维修、保养外,应当全年向公众开放。在学校寒假、暑假和法定节假日期间,应当适当延长开放时间,并增设适合学生特点的健身项目。

第二十一条　公园、绿地、广场等公共场所和居民住宅区的管理单位,应当安排全民健身活动场地,在明确健身器材管理和维护责任人后,向所在地的县体育行政部门提出配置健身器材的申请。

第二十二条 新建、改建和扩建居民住宅区,应当按照国家和省有关规定规划和建设相应的全民健身设施。任何单位或者个人不得擅自改变居住区内公共体育设施的使用功能。

第二十三条 任何单位和个人不得侵占、破坏全民健身设施。临时占用全民健身设施的,应当经体育行政部门同意。临时占用期满,占用单位或者个人应当及时归还并保证全民健身设施完好。

公共体育设施拆迁或者改变用途,按照国务院《公共文化体育设施条例》的规定执行。其他全民健身设施拆迁或者改变用途的,应当经体育行政部门同意后报建设或者规划部门批准,并按照就近、方便的原则,先行择地新建偿还。新建的全民健身设施的面积、标准不得低于原设施。

第二十四条 全民健身场地应当配备和使用符合国家安全、环保和卫生要求的设备和器材,在醒目位置标明设备和器材的使用方法与注意事项。

全民健身设施管理单位应当建立服务制度,健全服务规范,确保健身场地、设备和器材安全、卫生。

第二十五条 公共体育设施的管理单位在提供服务过程中有服务成本的,可以适当收取成本费用,但对儿童、学生、老年人、残疾人应当在规定的时间内实行免费或者优惠开放。收费所得应当用于公共体育设施的日常维修、保养和管理,不得挪作他用。具体收费标准应当报经所在地价格行政部门批准。

第二十六条 全民健身设施开放时间应当便于公众使用。

全民健身设施具体开放时间、收费标准和优惠条件等应当向公众公示。

第四章 全民健身服务保障

第二十七条 体育行政部门应当根据国家有关标准,建立健全全民健身器材的设计、采购、审核、发放、维护、监督等机制,根据场地规模、使用频次、参与人数的情况,逐步保证城乡社区免费配置满足基本需求的健身器材。

全民健身器材应当用于全民健身活动,不得挪作他用。体育行政部门对健身器材的使用情况进行监督。

第二十八条　省、市、县体育行政部门应当鼓励并支持体育类社团组织,宣传健身知识,对全民健身活动给予指导,扶持体育类社团组织的发展,促进体育健身活动与教育、文化、旅游、娱乐、休闲等各类活动的结合,推行科学、文明、健康的健身活动。

第二十九条　教育行政部门、体育行政部门应当共同推动学校与体育类社团组织合作。体育类社团组织应当结合自身特点,定期对学校体育活动给予免费指导。

第三十条　乡(镇)人民政府、街道办事处应当将全民健身工作纳入公共服务体系建设,建立体育健身辅导站(点)等基层全民健身服务场所,为辖区内的全民健身活动提供保障。

第三十一条　省、市、县体育行政部门应当组织建立社会体育指导员队伍,逐步推行社会体育指导员公益岗位制度,建立社会体育指导员档案,并免费为其提供相关知识和技能培训,引导社会体育指导员在不同项目类别、区域的合理分布。

体育行政部门根据国家制定的社会体育指导员技术等级制度,为社会体育指导员授予技术等级。

社会体育指导员有义务对公益性的全民健身活动进行免费指导。为营利性体育健身服务机构提供健身指导服务的,可以收取费用。

第三十二条　全民健身设施管理单位和健身站(点)应当根据需要配备相应技术等级的社会体育指导员,为全民健身活动提供科学指导。

第三十三条　县级以上人民政府体育行政部门应当负责组织社

会力量,开展全民健身志愿服务活动,建立以社会体育指导员为主体、优秀运动员、教练员、体育科技工作者、体育教师、体育专业学生、医务工作者和其他社会热心人士参与的全民健身志愿服务队伍。

鼓励和支持退役运动员通过培训和鉴定,取得职业资格证书,为全民健身服务。

第三十四条 鼓励对全民健身事业的捐赠和赞助。自然人、法人或者其他组织自愿无偿向全民健身事业捐赠资金和设施的,依法享受国家规定的优惠政策。

第三十五条 企业、个体工商户经营高危险性体育项目的,应当依法办理行政许可。

高危体育项目经营单位变更名称、住所、法定代表人、经营范围等,应当向原行政许可机关办理变更登记。

高危体育项目经营场所停业、复业的,应当向原行政许可机关办理停业、复业登记。

第三十六条 省、市、县体育行政部门对高危险性体育项目经营活动,依法履行监督检查职责。

第五章 法律责任

第三十七条 违反本条例第二十二条规定,新建、改建、扩建居民住宅区未按规定规划和建设全民健身设施,或者擅自改变居民住宅区内公共体育设施使用功能的,由县级以上人民政府体育行政部门会同有关部门责令限期改正;逾期不改正的,对直接负责的主管人员和其他直接责任人员依法给予处分。

第三十八条 侵占、破坏公共体育设施的,由体育行政部门责令限期改正,并依法承担民事责任;构成违反治安管理行为的,由公安机关依法给予治安处罚;构成犯罪的,依法追究刑事责任。

第三十九条 学校违反本条例规定的,由县级以上人民政府教育行政部门按照管理权限责令改正;拒不改正的,对负有责任的主管人员和其他直接责任人员依法给予处分。

第四十条　体育类社团组织及其工作人员违反本条例规定的,由体育、民政行政部门责令改正;拒不改正的,按照《社会团体登记管理条例》及其他有关法律、法规的规定给予处罚。

第四十一条　社会体育指导员违反本条例规定,给全民健身工作造成不良影响的,由所在单位、有关体育类社团组织对其予以批评教育,责令改正;情节严重的,由其所在单位、有关体育类社团组织提请有管理权限的体育行政部门撤销其称号。

第四十二条　高危体育项目经营者违反本条例规定,变更单位名称、住所、法定代表人、经营范围等,未向原许可机关办理变更登记的,或者停业、复业,未向原审批部门办理停业、复业登记的,由体育行政部门责令改正;拒不改正的,由体育行政部门给予两千元以上一万元以下罚款。

第四十三条　体育行政部门及其他有关部门的国家机关工作人员有下列行为之一的,由有关行政部门责令改正;情节严重的,由有关部门对直接负责的主管人员和其他责任人员依法给予行政处分;构成犯罪的,依法追究刑事责任:

(一)不履行监督检查职责的;

(二)利用发放健身器材牟利的;

(三)为不符合条件的人员,授予社会体育指导员技术等级的;

(四)其他玩忽职守、滥用职权、徇私舞弊的行为的。

第六章　附　则

第四十四条　本条例自 2013 年 2 月 1 日起施行。

湖南省全民健身条例

(2012 年 5 月 31 日湖南省第十一届人民代表大会常务委员会第 29 次会议通过)

第一章 总 则

第一条 为了促进全民健身活动的开展,保障公民在全民健身活动中的合法权益,提高公民身体素质,根据《中华人民共和国体育法》《全民健身条例》和其他有关法律、行政法规的规定,结合本省实际,制定本条例。

第二条 本条例所称全民健身设施,包括公共体育设施和其他向公众开放用于开展全民体育健身活动的设施。

本条例所称公共体育设施,是指各级人民政府或者社会力量举办的,不以营利为目的、向公众开放用于体育健身活动的场地、设备和器材。

第三条 全民健身工作坚持政府主导、部门协同、社会支持、全民参与的原则。

第四条 县级以上人民政府应当将全民健身事业纳入国民经济和社会发展规划;根据本地区实际情况制定全民健身实施计划,将全民健身工作纳入本级政府目标管理;将公共体育设施的建设、维护、管理等全民健身工作所需经费纳入本级财政预算,并随着国民经济的发展逐步增加对全民健身的投入。

乡镇人民政府、街道办事处负责组织开展辖区内的全民健身活动。

居民委员会、村民委员会应当协助政府和有关部门做好全民健身工作,为辖区内的居民参与全民健身活动提供服务。

第五条 县级以上人民政府体育主管部门负责本行政区域内的

全民健身工作,其他有关部门在各自职责范围内做好全民健身工作。

第六条　各级人民政府应当开展经常性的全民健身宣传教育活动,鼓励和引导公民参加全民健身活动。

广播、电视、报刊、互联网站等大众传播媒体应当加强对全民健身活动的公益宣传,普及科学健身知识,增强公民健身意识。

第七条　县级以上人民政府及其有关部门对在全民健身工作中做出突出贡献的单位和个人给予表彰、奖励。

第二章　全民健身活动

第八条　国家机关、社会团体、企业事业单位应当组织本单位人员开展工间(前)操和业余健身活动;有条件的,可以举办运动会,开展体育锻炼测验、体质测定等活动。

各级体育总会和各类体育社会组织应当根据各自章程和特点组织开展全民健身活动。

鼓励、支持学校和社会力量建立的体育协会、健身俱乐部、健身辅导站(点)组织开展全民健身活动。

第九条　居民委员会应当结合社区特点,发动和引导居民开展小型多样的全民健身活动。

村民委员会应当结合农村、农民的特点,组织开展适合农民参加的全民健身活动。

鼓励少数民族地区发展民族传统体育项目,开展具有民族特色的传统体育健身活动。

第十条　学校应当按照国家规定配备体育教学人员、组织实施体育课教学,开展广播体操、眼保健操和其他形式的课外体育健身活动。学校应当每学年至少举办一次全校性运动会。

中、小学校应当将学生在校期间每天一小时校园体育活动纳入教学计划和学校课表,并制定具体工作方案。县级以上人民政府教育、体育主管部门应当对校园体育活动的开展情况进行监督检查,并将检查结果作为学校年度考核的重要依据。

第十一条 每年八月八日为本省全民健身日。

县级以上人民政府体育主管部门应当在全民健身日组织开展与全民健身相关的主题活动,提供免费健身指导服务。

国家机关、社会团体、企业事业单位应当在全民健身日组织开展适合本单位特点的全民健身活动。

第十二条 各级人民政府应当定期或者不定期举办以推动全民健身为目的的群众性体育竞赛、展示活动。

第十三条 公民参加全民健身活动,应当遵守公共秩序,爱护健身设施,维护健身环境,不得损害他人的合法权益。

任何组织和个人不得利用全民健身活动从事封建迷信、赌博、色情等违法活动。

第三章 全民健身设施

第十四条 全省人均体育场地面积应当达到国家规定的标准。

县级以上人民政府应当根据全民健身实施计划,加大对全民健身设施的投入,有计划地建设公共体育设施;对少数民族地区、边远贫困地区、农村地区给予重点扶持,促进全民健身事业城乡和区域均衡协调发展。

第十五条 县级以上人民政府应当组织发展和改革、住房和城乡建设、城乡规划、国土资源、体育等主管部门,遵循统筹安排、合理布局、方便利用的原则,编制公共体育设施建设规划,保障公共体育设施建设用地。

建设公共体育设施,应当充分考虑未成年人、老年人、残疾人的特殊要求,采取无障碍和安全防护措施,适应各类人群参加体育健身的需要。

大型公共体育设施建设用地选址前,应当举行听证,听取公众意见。

第十六条　全民健身设施投入使用前,应当明确管理单位和管理人员,负责设施的日常运行和维护管理。

公共体育设施管理单位应当自公共体育设施竣工验收合格之日起三十日内,将该设施的名称、地址、服务项目等内容报当地县级以上人民政府体育主管部门备案。

第十七条　县级以上人民政府体育主管部门应当通过广播、电视、报刊、互联网站等大众传播媒体,及时向公众公布本行政区域内的公共体育设施名录及相关信息。

第十八条　任何单位和个人不得擅自拆除公共体育设施或者改变其功能和用途。

因城乡建设确需拆除或者改变公共体育设施功能、用途的,有关地方人民政府应当组织专家论证,并征得上一级人民政府体育主管部门同意,报上一级人民政府批准后实施。

经批准拆除公共体育设施或者改变其功能、用途的,应当依照国家有关法律、行政法规的规定择地重建。重新建设的公共体育设施,不得小于原有规模,并坚持先建设后拆除或者建设与拆除同时进行的原则。

第十九条　新建、改建和扩建居民住宅区应当按照国家有关规划设计规范要求,配套建设全民健身设施。

居民住宅区配套建设的全民健身设施,应当与居民住宅区的主体工程同时设计、同时施工、同时验收、同时投入使用。任何单位或者个人不得缩小全民健身设施的建设规模或者减少其用地指标。

县级以上人民政府城乡规划主管部门审查居民住宅区工程建设设计方案时,应当就涉及全民健身设施的建设规划征求同级人民政府体育主管部门的意见。

居民住宅区全民健身设施的竣工验收应当有体育主管部门参加。

第二十条　新建、改建、扩建学校,应当按照国家、省规定的标准,进行体育场地的规划、设计和建设,配备体育设备和器材,保证体育教学和学生开展体育锻炼的需要。

因受地理条件限制,体育场地未达到标准的学校,应当因地制宜建设和完善相应的体育活动场地。

第二十一条　国家机关、社会团体、企业事业单位应当结合实际,为本单位人员开展全民健身活动配置必要的体育设施。

第二十二条　全民健身场地应当配备和使用符合国家安全、环保和卫生要求的设备和器材,在醒目位置标明设备和器材的使用方法与注意事项;全民健身设施管理单位应当建立服务制度,健全服务规范,确保健身场地、设备和器材安全、卫生。

向儿童、青少年开放的体育健身场地、设备和器材,应当根据儿童、青少年的生理、心理特点采取安全防护措施。

第四章　全民健身保障

第二十三条　县级以上人民政府应当按照国家和省规定,将分配给本级使用的体育彩票公益金按不低于百分之六十的比例,用于组织开展群众性体育活动、培训社会体育指导人员、进行国民体质监测以及全民健身设施的建设、管理和维护等全民健身工作。

体育彩票公益金的管理和使用应当依法接受财政、审计等主管部门和社会公众的监督。

第二十四条　鼓励自然人、法人或者其他组织投资兴建全民健身设施,举办全民健身活动,为全民健身事业提供捐赠或者赞助。

自然人、法人或者其他组织为全民健身事业捐赠资金、物资的,依法享受税收优惠,并享有按照国家有关规定留名纪念、命名等权利。

第二十五条　全民健身设施管理单位和健身站(点)应当根据需要配备相应技术等级的社会体育指导人员,为全民健身活动提供科学指导。

经营性的体育健身服务场所中从事体育健身指导的体育专业技术人员应当取得国家职业资格证书。

第二十六条　县级以上人民政府体育主管部门应当组织社会力量积极开展全民健身志愿服务活动,建立以社会体育指导人员为主体,优秀运动员、教练员、体育科技工作者、体育教师、体育专业学生、医务工作者和其他社会热心人士参与的全民健身志愿服务队伍。

第二十七条　公共体育设施除赛事、维修、保养以及不可抗力因素外,应当向公众开放。

县级以上人民政府应当制定具体办法,鼓励和支持本行政区域内的国家机关、社会团体、学校以及其他企业事业单位在不影响正常工作、生产、教学秩序和保障安全的情况下,向公众开放体育设施。

公园、广场、绿地等公共场所的管理单位,应当根据自身条件安排全民健身活动场地。县级以上人民政府体育主管部门根据实际情况免费提供健身设备和器材。

第二十八条　公共体育设施管理单位在提供服务过程中有服务成本开支的,可以适当收取成本费用,用于公共体育设施的日常维修、保养和管理,不得挪作他用。具体收费项目和收费标准应当报经省人民政府财政、价格主管部门批准。

县级以上人民政府体育、财政、审计等主管部门应当加强对公共体育设施管理单位收支的监督管理。

第二十九条　公共体育设施应当在一定时间和范围内,对学生、老年人、残疾人和现役军人等实行优惠或者免费开放。

公共体育设施应当在全民健身日向公众免费开放。鼓励其他各类体育设施在全民健身日向公众优惠或者免费开放。

第三十条　县级以上人民政府对向公众优惠或者免费开放体育设施的管理单位给予补贴。

县级以上人民政府应当为向公众开放体育设施的学校办理有关责任保险。

第三十一条　县级以上人民政府体育主管部门应当做好公民体质监测工作,定期培训公民体质监测人员,开展城乡居民日常体质监测。

省人民政府体育主管部门会同有关部门每五年通过抽样等形式,组织开展一次全省性的公民体质监测和全民健身活动状况调查,并向社会公布结果。

学校应当定期对学生进行体质监测,建立学生体质健康档案。

县级以上人民政府应当根据公民体质监测结果和全民健身活动状况调查结果,适时修订全民健身实施计划。

第三十二条　县级以上人民政府体育主管部门应当会同有关部门对全民健身实施计划的实施情况进行检查指导。

第五章　法律责任

第三十三条　违反本条例第十条第二款规定,中、小学校未按照规定开展每天一小时校园体育活动的,由县级以上人民政府教育主管部门责令改正;拒不改正的,对学校负责人和其他直接责任人员,依法给予处分。

第三十四条　违反本条例第十八条第一款规定,擅自拆除公共体育设施或者变更其功能、用途的,由同级人民政府体育主管部门或者上一级人民政府按照权限责令改正并通报批评;情节严重的,对直接负责的主管人员和其他责任人员,依法给予处分。

第三十五条　违反本条例第十九条第一款规定,新建、改建、扩建居民住宅区未按照规划设计规范要求配套建设全民健身设施的,由县级以上人民政府城乡规划主管部门责令限期补建;逾期未补建的,由城乡规划主管部门依法处理。

第三十六条　违反本条例第二十二条规定,全民健身场地配备和使用的全民健身设施不符合国家安全、环保、卫生标准的,或者违反本条例第二十五条第二款规定,经营性的体育健身服务场所聘用的从事体育健身指导的体育专业技术人员未取得国家职业资格证书的,由县级以上人民政府体育主管部门或者其他有关部门责令限期改正;拒不改正的,由体育主管部门或者其他有关部门依法处理。

第三十七条　各级人民政府及有关部门的工作人员,在全民健身工作中玩忽职守、滥用职权、徇私舞弊的,依法给予处分;构成犯罪的,依法追究刑事责任。

第六章　附　则

第三十八条　本条例自 2012 年 8 月 1 日起施行。2003 年 9 月 28 日湖南省第十届人民代表大会常务委员会第五次会议通过的《湖南省全民体育健身条例》同时废止。

湖北省全民健身条例

（2013 年 9 月 26 日湖北省第十二届人民代表大会常务委员会第五次会议通过）

第一章　总　则

第一条　为了促进全民健身活动的开展,保障公民在全民健身活动中的合法权益,提高公民身体素质,根据《中华人民共和国体育法》《全民健身条例》等法律、行政法规的规定,结合本省实际,制定本条例。

第二条　本省行政区域内全民健身活动的开展及其服务,全民健身设施的建设、使用和管理,适用本条例。

第三条　全民健身工作应当坚持政府主导、社会支持、全民参与、服务大众、分类指导、科学文明的原则。

坚持全民健身事业公益性,鼓励、支持与人民群众生活水平相适应的体育消费和体育产业发展,加强体育文化建设,满足人民群众多元化的健身需求。

第四条　县级以上人民政府应当加强对全民健身工作的领导,建立健全全民健身公共服务体系,将全民健身工作纳入国民经济和社会发展规划以及精神文明创建和政府绩效考评体系,将全民健身活动、公共体育设施建设、群众体育组织建设等全民健身工作所需经费列入本级财政预算,并随着经济和社会的发展逐步增加。

第五条　县级以上人民政府体育主管部门负责本行政区域内的全民健身工作,履行下列职责:

(一)宣传、贯彻与全民健身工作有关的法律、法规;

(二)组织实施全民健身计划,推行国家体育锻炼标准;

(三)组织、指导全民健身活动的开展,普及推广科学的全民健身方法;

(四)指导、监督全民健身设施的建设和管理;

(五)管理、培训、考核、评定社会体育指导员;

(六)做好国民体质监测,定期公布国民体质状况;

(七)法律、法规规定的其他职责。

县级以上人民政府发展和改革、财政、国土资源、住房和城乡建设、规划、教育、文化、卫生、农业、民政、民族宗教等有关部门在各自职责范围内,做好全民健身的有关工作。

第六条　乡镇人民政府、街道办事处应当将全民健身工作纳入基层公共服务体系建设,做好辖区内全民健身组织协调工作,建设和完善全民健身设施,开展全民健身科学知识宣传,指导社区、村(居)民委员会开展全民健身活动,为全民健身活动提供服务。

第七条　鼓励、支持公民、法人和其他组织对全民健身事业提供捐赠和赞助,兴建全民健身设施,举办全民健身活动,从事健康有益的体育市场经营活动,并依法享受税收优惠。

第二章　全民健身计划

第八条　县级以上人民政府应当根据本行政区域国民经济和社会发展水平、人口结构、环境条件以及全民健身事业发展的需要制定全民健身计划,明确全民健身工作的目标、任务、措施、保障等内容。

第九条　制定全民健身计划应当统筹城乡全民健身事业发展,坚持面向大众、服务基层,发挥传统体育健身优势,创建健身活动品牌,建立健全全民健身组织服务体系,有计划地加强公共体育设施建设,对学校、乡镇、社区以及农村贫困地区的健身设施建设给予重点扶持,完善和提高基层全民健身公共服务功能,促进城乡各类人群全民健身活动的协调发展。

第十条　全民健身计划由县级以上人民政府体育主管部门会同本级人民政府有关部门组织实施。

县级以上人民政府体育主管部门应当会同有关部门对全民健身计划实施情况进行检查、评估,并将检查、评估结果向本级人民政府报告。

第三章　全民健身活动

第十一条　每年8月8日为全民健身日。

县级以上人民政府及其体育主管部门应当在全民健身日组织开展全民健身主题活动,为社会公众提供免费健身指导服务。

国家机关、企业事业单位和其他组织应当在全民健身日结合自身条件组织本单位人员开展全民健身活动。

公共体育设施应当在全民健身日向公众免费开放。鼓励其他各类体育设施在全民健身日向公众免费开放。

第十二条 省人民政府每四年举办一次以全民健身和促进青少年健康为主要内容的全省综合性运动会。市、县级人民政府应当定期举办本行政区域的运动会,在传统节日开展具有地方特色的体育文化活动。

第十三条 乡镇人民政府、街道办事处应当培育发展基层体育社团组织,提高全民健身活动服务能力。社区、村(居)民委员会应当组织辖区居民开展形式多样、广泛经常的健身活动。

第十四条 少数民族地区的人民政府应当积极发展少数民族体育事业,培养少数民族体育人才,建立少数民族传统体育项目培训基地,注重民族、民间传统体育项目的挖掘整理和传播推广,定期举办少数民族传统体育运动会,弘扬民族传统体育文化。

第十五条 工会、共青团、妇联、残联、工商联等团体组织应当结合自身特点,组织开展全民健身活动。

体育总会、单项体育协会、行业体育协会以及其他各类群众性体育组织根据各自章程和特点,组织开展全民健身活动。

第十六条 国家机关、企业事业单位和其他组织应当结合实际,组织开展工前操、工间操或者其他形式的健身活动;有条件的,可以举办运动会,开展体育锻炼测验、体质测定等活动,为职工开展健身活动提供场所、设施、经费、时间等保障。

第十七条 学校应当按照国家课程标准开设体育课,配齐合格的体育教师,根据学生的身心发育特点和体质状况实施体育课教学,指导学生掌握科学的健身知识、技能和方法,增强学生的体育意识,培养学生良好的体育锻炼习惯和健康生活方式。

中小学校应当组织开展广播体操、眼保健操和其他多种形式的体育活动,保证学生在校期间每天参加一小时的体育活动。学校每学年至少举办一次运动会;有条件的,可以组织开展远足、野营、体育夏

（冬）令营等适合学生特点的校外体育活动。

幼儿园应当根据幼儿生理和心理特点，开展幼儿体育健身活动。

第十八条　学校应当全面实施《国家学生体质健康标准》，定期对学生进行体质测试。

中小学校应当将体育课列为学生学业成绩的考核科目。中学学生升学体育考试和体育学业水平评价办法由省人民政府教育主管部门制定。

第十九条　县级以上人民政府及其教育、体育主管部门应当对学校体育工作进行督导和检查，并将督导、检查情况作为学校年度考核的重要内容。

第二十条　公民参加健身活动应当遵守公共秩序和健身活动场所的管理制度，爱护健身设施，维护健身环境，科学、文明健身，不得影响他人的正常工作、生活和休息。

第四章　全民健身设施

第二十一条　县级以上人民政府应当按照国家有关公共体育设施用地定额指标的规定，将公共体育设施建设用地纳入城乡建设规划和土地利用总体规划，合理布局，统一安排。

公共体育设施建设选址应当符合人口集中、交通便利、方便群众的原则。任何单位或者个人不得侵占公共体育设施建设用地或者改变其用途。

第二十二条　县级以上人民政府应当制定公共体育设施建设规划，建设体育场馆、健身广场等设施，并逐步增加人均全民健身设施面积。公共体育设施建设标准应当按照城乡区域、人口总量、地理环境等要素确定。具体建设标准由省人民政府体育主管部门会同有关部门制定。

建设公共体育设施使用国有土地的，经依法批准可以以划拨方式取得。

第二十三条 乡镇人民政府、街道办事处应当在本辖区内规划和建设小型多样、方便实用的全民健身设施和场所,供居民开展健身活动。

二十四条 学校应当按照国家和省的有关规定建设体育场地,配备体育设备和器材,保证体育教学和学生开展体育锻炼的需要。

第二十五条 新建、改建和扩建城乡居民住宅区,其投资和建设、设计单位应当按照国家和省有关居住区规划设计规范标准,将建设配套的全民健身设施纳入建设项目规划,与居民住宅区的主体工程同时设计、同时施工、同时投入使用。任何组织或者个人不得擅自改变全民健身设施建设项目。

县级以上人民政府建设规划主管部门审查居民住宅区工程建设设计方案时,应当同步审查该居民住宅区全民健身设施工程的建设规划。全民健身设施工程的竣工验收,县级以上人民政府体育主管部门应当参加。

第二十六条 全民健身设施应当符合国家、行业质量标准,符合安全、实用、科学、美观的要求,并配有无障碍设施,方便未成年人、老年人和残疾人使用。

第二十七条 政府投资兴建的公共体育设施,由政府及其体育主管部门明确或者指定的单位负责维护和管理;社会力量投资兴建的全民健身设施,由其建设或者管理单位负责维护和管理;捐赠的全民健身设施,由受捐赠单位负责维护和管理。

居民住宅区的全民健身设施由业主委员会、业主委员会委托的物业服务企业或者其他管理人负责维护和管理。

第二十八条 全民健身设施管理者应当履行下列管理职责:

(一)建立完善服务管理制度;

(二)在醒目位置标明健身设施的使用方法、注意事项及警示标志；

（三）定期检查、维护健身设施，保证设施完好安全；

（四）向未成年人开放的健身设施，根据其生理和心理特点采取安全防护措施。

第二十九条　公共体育设施管理单位不得将设施的主体部分用于非体育活动。但因举办公益性活动或者大型文化活动等特殊情况需要临时出租的除外。临时出租时间一般不得超过 10 日；租用期满，租用人应当负责恢复原状，不得影响该设施的功能、用途。

第三十条　因城乡建设需要，必须拆除公共体育设施或者改变其功能、用途的，当地人民政府在作出决定前，应当组织专家论证，并征得上一级人民政府体育主管部门同意，报上一级人民政府批准。

经批准拆除公共体育设施或者改变其功能、用途的，按照先建设后拆除或者建设拆除同时进行的原则，依法择地重建。重新建设的公共体育设施应当符合规划要求，不得低于原有规模和标准。

第三十一条　公共体育设施应当向公众开放，并公示其服务项目和开放时间；因体育比赛、设施维护等特殊情况需要暂时停止开放的，应当提前 7 日向公众公示。

国家法定节假日和学校寒暑假期间，公共体育设施应当适当延长开放时间，并增设适合学生特点的健身项目。

第三十二条　公共体育设施向公众开放不需要增加成本投入和专门服务的，应当免费；有成本消耗、需要人员管理和服务的，可以按照规定适当收取费用；对未成年人、学生、老年人、残疾人、现役军人应当实行免费或者优惠开放。

公共体育设施的收费用于设施的日常运行、维护和管理，不得挪作他用。收费项目和标准由省体育主管部门提出意见，省财政、价格主管部门按相关规定核定，并向社会公示。

第三十三条　各级人民政府应当整合社会体育资源，实现资源共享,提高体育健身设施的利用率;可以采取奖励、专项资金补助、彩票公益金补助等措施,鼓励国家机关、企业事业单位和其他组织在不影响工作、生产秩序和安全的情况下,将其所属的体育健身设施向社会开放。

第三十四条　学校的体育场馆、设施应当在课余和节假日期间向学生免费或者优惠开放。鼓励学校在不影响教学和安全的情况下,有组织地向公众开放体育场馆、设施。

综合性公园和有条件的城市景区应当对公民的晨(晚)练活动免费开放,并公示开放时间。

第三十五条　公民在使用国家机关、企业事业单位和其他组织所属的体育健身设施时,应当遵守其管理单位制定的健身活动管理规定,防止体育健身设施的损坏和人身伤害事故的发生。

第五章　全民健身服务

第三十六条　县级以上人民政府体育主管部门应当会同本级人民政府有关部门做好公民体质监测工作,定期开展公民体质监测,并向社会公布结果。

第三十七条　各级人民政府及其体育主管部门应当开展经常性的全民健身宣传教育活动,鼓励和引导人民群众积极参与健身。

广播、电视、报刊、网络等媒体应当加强全民健身宣传,普及科学健身知识和卫生、疾病预防知识,增强公民健身意识,营造全民健身氛围。

第三十八条　鼓励科研机构和高等院校开展全民健身科学研究,推广全民健身新项目、新器材、新方法。

鼓励体育教育、训练机构利用现有设施和专业技术人员,开展特色体育项目训练,传授、普及科学实用的全民健身知识、技能和方法。

第三十九条　体育主管部门按照国家规定组织推行社会体育指

导员制度,免费为公益性社会体育指导员提供相关知识和技能培训,并建立档案。公益性社会体育指导员免费为公民参加健身活动提供指导服务。

经营性健身场所按照项目要求,配备相应资质的职业社会体育指导员。公共体育健身场所以及社区、村(居)民委员会和有条件的单位,可以配备社会体育指导员,指导全民健身活动。

第四十条 体育主管部门以及其他相关部门和组织应当建立以公益性社会体育指导员为主体,优秀运动员、教练员、体育工作者、体育教师、体育专业学生、医务工作者等参与的全民健身志愿服务队伍,为全民健身活动提供指导服务。

第四十一条 经营游泳、潜水、攀岩、滑雪等高危险性体育健身项目的,应当按照国家有关规定,取得相应行政许可,建设符合标准的体育设施,采取安全保障措施,配备具有专业资质的体育指导员和救助人员。

第六章 法律责任

第四十二条 违反本条例规定,法律、行政法规有处罚规定的,从其规定。

第四十三条 学校有下列行为之一的,由县级以上人民政府教育主管部门,责令限期改正;拒不改正的,依法对负有责任的主管人员和直接责任人员给予行政处分:

(一)不按规定开设体育课程或者随意停止体育课程的;

(二)未保证学生在校每天一小时体育活动时间的;

(三)未按规定建设体育场地,配备体育设施和器材的;

(四)中小学校未将体育课列为学生学业成绩考核科目的。

第四十四条 有下列行为之一的,由县级以上人民政府体育主管部门责令改正;拒不改正的,对负有责任的主管人员和其他直接责任

人员,依法给予行政处分或者处罚:

(一)公共体育设施未按规定向公众开放或者未对未成年人、学生、老年人、残疾人、现役军人实行免费或者优惠开放的;

(二)擅自拆除公共体育设施或者改变其功能、用途的;

(三)全民健身设施管理者对全民健身设施未履行管理、维护职责的。

第四十五条 对未按规定将公共体育设施建设用地纳入城乡建设规划和土地利用总体规划的,由上级人民政府责令改正;拒不改正的,对有关人民政府负责人和其他直接责任人员依法给予处分。

第四十六条 新建、改建和扩建城乡居民住宅区未按规定同步规划、建设配套全民健身设施,或者侵占公共体育设施建设用地、改变其用途的,由县级以上人民政府规划、建设主管部门责令限期改正;逾期未改正的,由规划、建设主管部门依法处理。

第四十七条 公民或者组织在健身活动中影响他人工作、生活和休息的,全民健身活动组织者或者健身设施管理者应当及时制止;破坏体育设施的,应当责令其恢复原状或者赔偿损失;情节严重的,由公安机关依照《中华人民共和国治安管理处罚法》予以处罚。

第七章 附 则

第四十八条 本条例所称全民健身活动,是指以增强公民身体素质、促进公民身心健康为目的的群众体育活动。

本条例所称全民健身设施,包括公共体育设施和其他向公众开放用于开展体育健身活动的场地、设备和器材。

本条例所称公共体育设施,是指各级人民政府或者社会力量举办的,不以营利为目的、向公众开放用于体育健身活动的设施。

第四十九条 本条例自 2013 年 12 月 1 日起施行。

深圳经济特区促进全民健身条例

（2014 年 8 月 28 日深圳市第五届人民代表大会常务委员会第三十一次会议通过　根据 2018 年 6 月 27 日深圳市第六届人民代表大会常务委员会第二十六次会议《关于修改〈深圳经济特区促进全民健身条例〉的决定》第一次修正　根据 2019 年 4 月 24 日深圳市第六届人民代表大会常务委员会第三十三次会议《深圳市人民代表大会常务委员会关于修改〈深圳经济特区医疗条例〉等二十七项法规的决定》第二次修正）

第一章　总　则

第一条　为了促进全民健身活动的开展，增强市民身体素质，维护市民在全民健身活动中的合法权益，根据《中华人民共和国体育法》《全民健身条例》《公共文化体育设施条例》等法律、行政法规的基本原则，结合深圳经济特区实际，制定本条例。

第二条　深圳经济特区内全民健身活动适用本条例。

第三条　全民健身活动应当遵循政府引导、社会支持、市民参与的原则。

开展全民健身活动应当因地制宜、灵活多样、节俭务实、科学文明。

第四条　市、区人民政府应当根据国家的全民健身计划和本行政区域的经济、社会发展水平，将全民健身事业纳入本级国民经济和社会发展规划，制定全民健身实施计划，建立全民健身工作协调机制和全民健身工作考核指标体系，加强政策引导和统筹保障，促进全民健身事业均衡协调发展。

第五条　市、区体育主管部门负责本行政区域内的全民健身工作。

市、区教育、民政、财政、规划和自然资源、卫生健康等有关部门在各自职责范围内负责有关的全民健身工作。

第六条 鼓励各级体育类社会团体依法开展全民健身活动、培养专业人才、传授专项技能、传播专门知识。

鼓励其他组织或者个人依法开展全民健身活动。

第七条 广播电视、报纸及互联网等媒体应当通过开办专栏、播发公益广告等多种形式宣传全民健身活动,普及科学健身方法,倡导健康生活方式。

第二章 全民健身活动

第八条 市、区体育主管部门在本行政区域内履行以下职责:

(一)组织实施有关全民健身的法律、法规;

(二)组织起草、落实全民健身实施计划;

(三)组织、扶持、指导开展全民健身活动,宣传普通人群体育锻炼标准和国民体质测定标准,推广科学的健身方法;

(四)公布全民健身活动有关服务信息;

(五)按照国家标准组织实施国民体质监测;

(六)按照国家、省有关规定培训、管理、考核社会体育指导员;

(七)组织开展全民健身科学研究及其成果推广应用;

(八)应当由体育主管部门负责的其他事项。

市、区体育主管部门在每年4月1日前公布上一年度本行政区域内全民健身实施计划落实情况和国民体质状况报告。

第九条 每年11月为全民健身活动月。

在全民健身活动月期间,市、区体育主管部门应当在本行政区域内组织开展不少于三个项目的全民健身比赛活动以及不少于两次的科学健身讲座,每日开展全民健身公益宣传,鼓励全民健身设施管理单位优惠开放全民健身设施。

第十条　每年 11 月 1 日为市民长跑日。

在市民长跑日,市、区体育主管部门应当组织开展长跑活动,鼓励其他机关、企事业单位和各类社会团体组织开展长跑活动,鼓励市民参加长跑活动。

第十一条　市、区体育主管部门应当每四年至少组织一次本行政区域内的综合性全民健身比赛活动。综合性全民健身比赛活动应当包括五个以上比赛项目,现役专业体育运动员参加比赛活动的,不计入比赛成绩。

街道办、社区工作站、居委会和各级工会、共青团、妇联、残联等社会团体应当结合自身特点,组织开展全民健身活动。

第十二条　体育比赛、体育表演等健身活动的名称应当包括地域名称和项目名称或者内容。

名称应当符合以下规定:

(一)与其等级和规模相符;

(二)体现行业性质或者项目内容;

(三)不得与他人举办的活动名称相同;

(四)不得含有可能造成欺骗或者误解的文字。

第十三条　企业、社会团体或者个人赞助全民健身活动中的体育比赛、体育表演的,可以享有冠名权。有多个赞助者的,依照约定冠名。

第十四条　市、区体育主管部门组织的体育比赛、体育表演等健身活动,可以采取自行承办或者向社会购买服务的方式承办。

第十五条　机关、企事业单位和各类社会团体举办的体育比赛、体育表演,市、区体育主管部门可以纳入年度全民健身实施计划。

第十六条　鼓励体育类社会团体开展国际性全民健身和比赛活动,传播中华民族优秀的传统健身理念、健身知识和健身技能。

第十七条　体育比赛、体育表演等健身活动的组织者应当按照国家有关安全管理的规定做好安全工作。

第十八条　学校应当按照教育部门的有关规定,开展全民健身活动:

(一)开设体育课和开展多种形式课外体育活动,保证学生在校期间每天参加至少一个小时的体育活动;

(二)每学年至少举办一次全校性的体育运动会;

(三)实施学生体质健康标准,监测学生体质,每年公布学生体质总体状况。

第十九条　鼓励发掘、整理、宣传和传承民间传统体育项目,支持优秀的民间传统体育项目申报"非物质文化遗产"名录。

市、区体育主管部门对列入"非物质文化遗产"名录的民间传统体育项目可以给予下列扶持:

(一)培养和资助传承人;

(二)组织开展表演或者比赛活动;

(三)为传承人开展相关活动提供资助或者补贴。

鼓励企业、社会团体和个人采取不同形式支持列入"非物质文化遗产"名录的民间传统体育项目。

第二十条　鼓励任何组织和个人创新科学健身理论和方法,其科学研究成果依法得到保护。

第二十一条　任何组织和个人开展或者参加健身活动时,应当遵守下列规定:

(一)遵守公共秩序;

(二)遵守场所的规章制度;

(三)合理使用并爱护健身设施;

(四)维护市容环境;

(五)不得影响他人的正常工作和生活;

（六）禁止进行封建迷信、邪教、赌博等违法活动；

（七）有关法律、法规的其他规定。

第三章　全民健身设施的建设与利用

第二十二条　本条例所称全民健身设施包括财政资金或者社会资金投资建设面向社会开放的各类体育场馆、场地和设施。

第二十三条　全民健身设施的规划应当遵循统筹安排、合理布局、规范实用、方便群众的原则，由规划和自然资源部门纳入城市总体规划和土地利用规划。

规划和自然资源部门应当会同体育主管部门等相关部门科学合理地确定市、区、街道和社区全民健身设施的选址、规划用地等事项，并报市人民政府批准。

第二十四条　大型体育设施的规划和建设应当充分考虑公共交通的疏导能力，配置或者完善公共交通站点等相关设施。

在规划建设地铁、轻轨、公共汽车线路时，应当按照相关标准和技术规范，在大型体育设施附近设置站点。

第二十五条　规划和自然资源部门根据有关体育设施的规划，在出让国有土地使用权的协议中，应当明确受让人建设体育设施的具体内容。

第二十六条　全民健身设施应当按照国家有关建设标准设计和建设，符合实用、安全、科学的要求，并充分考虑未成年人、老年人和残疾人等特殊人群参加健身活动的需要。

新建学校的体育设施建设应当考虑向市民开放的实际需要，与教学区域隔离。

已建学校的体育设施未与教学区域隔离的，应当根据实际情况进行隔离改造或者采取必要措施保证向社会开放。

第二十七条　市、区人民政府新建、扩建、改建市政公园、广场、堤岸等市政工程,应当根据全民健身活动的需要,依照有关设置标准配建全民健身设施。

第二十八条 市、区人民政府在不影响原规划功能的前提下,根据市人民政府全民健身计划和市民健身活动的需要,可以在市政公园、社区依照有关设置标准建设体育场、体育馆等健身设施。

第二十九条 市、区体育主管部门根据全民健身计划和市民实际需要,在市政公园、社区、绿道等公共场所和闲置的政府储备用地建设简易全民健身设施,并负责更新、改造或者拆除。

其他组织和个人在公共场所建设的简易健身设施需要更新、改造的,可以由管理单位向市、区体育主管部门提出申请。

第三十条 全民健身设施所属场地的管理单位为全民健身设施的管理单位,但是,市、区人民政府另有指定的除外。

全民健身设施的管理可以采取自行管理或者委托管理等方式。

第三十一条 全民健身设施的管理单位应当履行下列职责:

(一)建立健全设施的使用、维修、安全和卫生管理制度;

(二)使用符合国家安全标准的设施和设备;

(三)标明设施和设备的使用方法、注意事项及安全提示;

(四)按照设施的使用标准进行保养、检查并及时维修;

(五)按照国家标准配备安全防护人员及相关设备;

(六)在设施所属场地公示管理单位的联系方式;

(七)国家和省相关规定确定的其他职责。

禁止财政资金投资建设的体育场、体育馆的管理单位利用该体育设施的主体部分从事与体育活动无关的经营项目。但是,因举办公益性活动、大型文化活动等特殊情况临时使用的除外。

第三十二条 财政资金投资建设面向社会开放的体育场、体育馆除因维修、保养、训练、举办赛事、演出或者安全、天气等因素关闭外,应当全年向市民开放,并按照类别合理设置开放时间。每周开放时间不得少于五十六小时。

全民健身设施管理单位应当向市民公告其服务内容和开放时间；需要临时调整开放时间的，应当提前向市民公告。

第三十三条　财政资金投资建设的体育场、体育馆等健身场馆提供开放服务的，可以适当收取费用。收费项目和标准由管理单位向价格主管部门申报核准，并予以公示。收费收入应当用于设施的日常维修、保养和保险、管理，不得挪作他用。

前款规定的服务收费应当对学生、军人、老年人、残疾人等实行优惠。

第三十四条　财政资金投资建设面向社会开放的体育场、体育馆应当在国家全民健身日、市民长跑日向市民免费开放。

鼓励社会资金投资建设的全民健身设施在国家全民健身日、市民长跑日向市民免费开放。

全民健身设施在法定节假日向市民免费开放的，市、区人民政府可以采取以下方式予以鼓励：

（一）提供适当补贴；

（二）优先采购其场馆服务。

第三十五条　财政资金投资建设的专业体育场、体育馆的管理单位应当每年举办公益性健身技能指导、健身知识讲座、体育比赛或者体育表演等活动。

第三十六条　非寄宿制公立中小学校的体育场和体育馆实行开放。但是，游泳池和专属未满十四周岁学生使用的设施不纳入开放范围。

非寄宿制公立中小学校体育场的开放时间平日为教学之外的时间，且每天不少于两小时，双休日、学校寒暑假、法定节假日期间开放时间每天不少于八小时；体育馆的开放时间，由学校自主确定。

寄宿制公立中小学校体育场、体育馆实行寒暑假开放，开放时间参照非寄宿制中小学校体育场、体育馆开放时间。

公立中小学体育场、体育馆提供开放服务的,可以适当收取费用。收费项目、标准、用途和管理办法参照本条例第三十三条执行。

第三十七条 公立中小学校可以采取委托管理或者与街道、社区合作管理等多种方式开放体育场、体育馆以及其他体育设施。管理单位应当建立学校体育设施安全管理制度,定期对学校体育设施进行检查和维护,及时公告学校体育设施的开放信息。

公立中小学校开放体育设施的,应当优先向学生开放,但是,未满十四周岁的未成年人应当由监护人陪同。

市民使用学校开放的体育设施应当遵守学校的管理制度,爱护学校的设施,保护学校的环境。

第三十八条 民办中小学体育场和体育馆的开放,可参照适用本条例第三十六条、第三十七条规定。

第三十九条 任何组织和个人不得侵占、损坏或者擅自拆除全民健身设施,不得擅自改变全民健身设施的功能、用途,不得缩小其建设规模。

因新建、扩建或者改建项目确需拆除体育场、体育馆等健身设施或者改变其功能的,应当按照不低于原有规模和标准重新建设,并与新建、扩建或者改建项目同时投入使用。

第四章 保障措施

第四十条 市、区人民政府应当根据本行政区域全民健身工作需要、经济发展水平和本级财政的实际情况,将全民健身工作所需经费列入本级财政预算。

第四十一条 市、区人民政府应当为其辖区内向社会开放的中小学校体育设施以及在公共场所常年免费开放的全民健身设施购买安全责任保险。

　　鼓励其他全民健身设施的管理单位和参加全民健身活动的市民购买安全责任保险。

　　第四十二条　体育彩票公益金、福利彩票公益金应当按照国家的有关规定,用于发展全民健身事业。

　　第四十三条　鼓励企业、事业单位、社会团体、其他组织和个人以投资、赞助、捐赠等形式支持全民健身设施建设、全民健身活动、全民健身科学研究和成果推广。

　　向全民健身事业捐赠资金、设施和器材的,捐赠人可以依法享有税收优惠、冠名等权利。

　　第四十四条　鼓励市民每年参加体质测定,鼓励各单位积极组织本单位人员参加体质测定。

　　第四十五条　体质测定应当依据国家体质测定标准进行。体质测定数据应当真实、准确。

　　第四十六条　市、区体育主管部门应当设立体质测定站,为市民提供免费体质测定,并开展健身咨询服务。

　　体质测定站应当符合下列条件:

　　(一)市级体质测定站面积不少于三百平方米,区级体质测定站面积不少于二百平方米;

　　(二)配备经过培训合格的专职或者兼职检测人员;

　　(三)配置合格的检测设备和器材;

　　(四)配设公开信息平台。

　　鼓励街道、社区设立体质测定站。

　　鼓励有条件的大型体育场和体育馆依照本条例规定开展体质测定。

　　第四十七条　市、区体育主管部门应当建立全民健身信息服务平台,公布全民健身工作经费投入和使用情况,公示本行政区域内全民健身设施目录、开放时段、收费标准、免费项目、优惠措施等信息,制定和发布科学健身指南,并为市民提供体质测定、健身指导等信息。

第四十八条 取得社会体育指导员技术等级证书的人员,可以按照技术等级证书确定的范围从事社会体育健身服务指导,依法开展下列活动:

(一)组织群众健身活动;

(二)传播科学健身知识;

(三)传授科学健身技能;

(四)开展健身安全指导;

(五)宣传全民健身活动;

(六)引导市民遵守相关法律、法规。

鼓励社会体育指导员为市民义务提供全民健身指导服务,对长期坚持提供义务服务的,市、区体育主管部门可以给予相应支持。

第四十九条 鼓励市民积极参加全民健身活动,建立市民健身激励制度。

第五十条 教育部门应当每年对学校体育工作进行督导检查,将学生体质健康状况作为评价、考核学校工作的重要指标。

第五章 法律责任

第五十一条 违反本条例第十二条关于健身活动的名称规定的,由活动举办地市、区体育主管部门责令活动组织者改正;无法改正的,没收违法收入;拒不改正的,没收违法收入并处违法收入等额罚款;没有违法收入的,处一万元罚款。

第五十二条 违反本条例第三十一条第二款规定,利用财政资金投资建设的体育场、体育馆主体部分从事与体育活动无关的经营项目的,由市、区体育主管部门责令全民健身设施管理单位改正;拒不改正的,没收违法收入并处违法收入等额罚款。

第五十三条 违反本条例第三十二条第一款、第三十四条第一款规定,财政投资建设的体育场、体育馆每周开放时间少于五十六小时且没有正当理由的,或者未在国家全民健身日、市民长跑日向市民开放的,由市、区体育主管部门责令其管理单位限期改正;逾期不改正的,对其管理单位处二万元罚款。

第五十四条　违反本条例第三十六条规定,公立中小学校体育场、体育馆未按照规定向市民开放的,由市、区教育部门责令公立中小学校限期改正;逾期不改正的,对直接负责的主管人员和其他直接责任人员给予处分。

第五十五条　违反本条例第三十九条规定,侵占、损坏、擅自拆除全民健身设施,改变全民健身设施的功能、用途或者缩小其规模的,由市、区体育主管部门责令有关单位和个人限期改正,并恢复原状。

第五十六条　任何组织和个人在全民健身活动中违反有关法律、法规的,由有关部门依法处理;造成损害的,由行为人依法承担赔偿责任;构成犯罪的,依法追究刑事责任。

第五十七条　行政机关及其工作人员在全民健身管理或者监督工作中不履行或者不正确履行职责的,依法追究行政责任;构成犯罪的,依法追究刑事责任。

第六章　附　则

第五十八条　本条例自 2015 年 1 月 1 日起施行。《深圳经济特区促进全民健身若干规定》同时废止。

武汉市全民健身条例

(2015 年 1 月 9 日武汉市第十三届人民代表大会常务委员会第二十六次会议通过　2015 年 4 月 1 日湖北省第十二届人民代表大会常务委员会第十四次会议批准)

第一条 为促进本市全民健身活动的开展,满足公民多样化的健身需求,增强公民体质,弘扬社会主义精神文明,根据《中华人民共和国体育法》、国务院《全民健身条例》和《公共文化体育设施条例》《湖北省全民健身条例》等法律、法规,结合本市实际,制定本条例。

第二条 本条例适用于本市行政区域内全民健身活动的开展及其管理。

第三条 全民健身活动应当遵循政府主导、全民参与、因地制宜、灵活多样和科学文明的原则。

第四条 市、区人民政府(包括开发区、风景区、化工区管委会,下同)应当加强对全民健身工作的领导,将公共体育设施建设和全民健身工作纳入国民经济和社会发展规划,制定全民健身实施计划,在本级财政预算中安排全民健身专项资金,并保持与国民经济增长相适应,保障全民健身活动的开展。

第五条 市、区体育主管部门负责本行政区域内的全民健身工作,组织、指导开展全民健身活动,宣传普及全民健身知识,检查、评估全民健身计划实施情况,依法对与全民健身有关的体育市场经营活动进行监督管理,并可以委托符合法定条件的文化执法机构开展相关体育行政执法工作。其他有关部门按照各自职责,做好全民健身工作。

第六条 市、区人民政府应当推广科学、安全和适宜的全民健身项目和方法,支持高等院校和科学研究机构开展全民健身科学研究。广播、电视、报刊、互联网等媒体应当宣传科学的健身知识,正确引导全民健身活动。

第七条 每年八月八日全民健身日,市、区人民政府应当组织开展全民健身宣传,举办全民广泛参与的健身活动。每年七月十六日开展群众性横渡长江活动,所在周为全民游泳健身周。市级综合性运动会每四年举办一次。市、区全民健身运动会每两年举办一次。

第八条 各体育类社会团体按照章程规定,在体育主管部门指导下,开展全民健身活动。工会、共青团、妇女联合会、残疾人联合会等社会团体应当结合自身特点,组织成员开展体育健身活动。

第九条　鼓励公民参加全民健身活动,增进身心健康。国家机关、企业、事业单位、社会团体和其他组织应当根据各自特点,制订健身计划,提供场地、器材等条件,组织本单位人员开展工前操、工间操或者其他形式的健身活动;支持、配合街道办事处和社区居民委员会的全民健身工作。

第十条　市教育主管部门应当会同市体育主管部门编制全市中小学生体育健身计划,实施学生体质健康标准,加强对学生体质的测定工作,每年评估并公布一次学生体质健康标准测试结果,根据学生体质状况,采取措施提高中小学生的身体素质。中小学校必须按照国家有关规定开足体育课程,组织学生开展广播操、眼保健操和校园足球、乒乓球等课外体育活动,保证学生每天参加体育活动的时间不少于一小时,无正当理由不得阻止或者变相阻止学生课间到校园内教室外活动;每学年至少举行一次全校性运动会。中小学校应当在寒、暑假期间组织开展适合学生身体特点的健身活动;根据自身特点组织开展特色体育项目训练,形成体育传统项目学校。体育传统项目学校由市体育主管部门和教育主管部门共同认定。本市在中小学校推广开设游泳课程。具体办法由市教育主管部门会同市体育主管部门另行制定,报市人民政府批准后实施。幼儿园应当根据幼儿身体特点,开展幼儿健身活动。

第十一条　市人民政府应当将中小学校执行本条例第十条第二款的情况作为教育督导的重要内容。

第十二条　街道办事处和乡(镇)人民政府应当建立本辖区开展全民健身活动的骨干队伍,并组织、协调辖区单位开展全民健身活动。

第十三条　社区居民委员会、村民委员会在街道办事处和乡(镇)人民政府的指导下,根据各自特点,组织居民、村民开展小型多样的健身活动。

第十四条　住宅区的业主委员会或者其选聘的物业管理企业,应当开放、维护本住宅区的健身场地和设施,供本住宅区居民进行健身活动。

第十五条　市体育主管部门应当会同市规划主管部门,按照国家对体育设施的建设标准、规模、功能、用地定额指标、建设选址等规定和市城市总体规划,编制本市体育设施空间布局专项规划,报市人民政府批准后实施。任何单位和个人不得侵占体育设施建设用地或者擅自改变其用途。因特殊情况需要调整规划体育用地的,应当遵循合理布局、占补平衡的原则,按照法定程序进行调整,并报原审批机关批准。市、区体育等部门应当按照经批准的体育设施空间布局专项规划,制订年度实施计划。

第十六条　建设公共体育设施需要使用国有土地的,经依法批准,可以以划拨方式取得国有土地使用权。市、区人民政府应当根据有关规划要求,按照相关规范在公园、江滩、河滩、湿地、生态隔离带等地,建设健身绿道、健身路径、健身广场、游泳池和球类运动场等公共体育设施,实现绿地与体育用地在功能上的复合利用。

第十七条　市、区人民政府应当将游泳场馆建设优先纳入体育设施空间布局年度实施计划,在江、河、湖等符合条件的水域设置季节性的天然游泳场。

第十八条　新建、改建、扩建住宅区,应当按照国家、省和本市有关规定,规划和建设相应的体育设施,保证住宅区居民健身的基本需要;已建住宅区配套体育设施未达到规定指标的,市、区人民政府应当采取措施逐步完善。住宅区配套建设的体育设施,应当与住宅区的主体工程同时设计、同时施工、同时投入使用。规划主管部门在核发住宅项目建设工程规划许可证时,应当根据国家、省和本市有关规定审查配套体育设施建设规模和用地指标;建设主管部门应当将住宅区配套建设体育设施执行国家、省和本市有关规定的情况作为建设工程质量监管的内容。任何单位和个人不得擅自改变住宅区体育设施的建设项目和功能,不得缩小其建设规模和降低其用地指标。

第十九条　任何单位和个人不得侵占、破坏公共体育设施,不得擅自改变已建成公共体育设施的用途。因城乡建设确需拆除公共体育设施或者改变其用途的,应当按照国家有关规定重建或者予以补偿。重新建设的公共体育设施,应当符合规划要求,不得小于原规模。

第二十条　鼓励公民、法人和其他组织为全民健身捐赠资金、提供赞助,捐赠或者投资建设公共体育设施。符合减免税条件的,可以依法享受税收优惠。对捐赠贡献突出的,由市、区人民政府给予表彰。

第二十一条　公共体育场馆应当向公众开放,并公布开放时间。公共体育场馆应当安排部分体育场地和设施用于公民免费健身;需要收取费用的,应当对未成年人、学生、六十岁以上的公民、残疾人和现役军人实行免费或者优惠。街道、乡(镇)、社区、村建设的公共体育设施,应当全年向辖区居民、村民开放。鼓励企业、事业单位和其他组织将其所属的体育设施向公众开放,实现体育设施资源共享;向公众开放的,由市、区人民政府给予适当资助。具体办法由市体育主管部门会同市财政主管部门另行制定,报市人民政府批准后实施。

第二十二条　市、区体育主管部门应当通过政府购买服务等方式组织游泳场馆在暑假期间向中小学生免费开放,教育、卫生计生、公安等部门按照各自职责予以配合。

第二十三条　学校的体育场地在法定节假日和寒、暑假期间应当向学生免费开放,并公布开放时间;在不影响教学和保障安全的情况下,提倡有组织地向公众开放。

第二十四条　本市公共体育场所的空旷地带和市人民政府确定公布的公园等其他公共场所的空旷地带,应当免费接纳公民进行健身活动。

第二十五条　体育设施管理者、经营者应当建立安全管理制度，保障公民健身活动安全；保证所使用的体育设施符合人体健康和人身财产安全的标准，并在醒目位置上标明使用方法和注意事项；定期对设施进行维修保养，保证正常使用。

第二十六条　公民进行健身活动，应当遵守健身活动场所的管理制度，爱护健身设施和花草树木，不得影响他人的正常工作和生活。

第二十七条　本市体育彩票公益金应当按照国家规定安排一定比例用于街道、乡（镇）、社区、村的全民健身设施的建设、维护和市民体质监测。

第二十八条　市体育主管部门应当建立市民体质监测制度，定期组织对市民体质进行抽样测定，并将市民体质状况定期向社会公布。鼓励国家机关、企业、事业单位、社会团体和其他组织积极组织本单位人员参加体质测定。提倡市民参加体质测定，及时了解自身体质状况。

第二十九条　本市按照国家规定建立社会体育指导员技术等级制度。社会体育指导员技术等级的评定标准和审批程序，按照国家有关规定执行。社会体育指导员为公民参加健身活动提供公益性指导服务，向公民宣传科学健身知识。公共体育场馆应当按照项目要求，配备社会体育指导员，指导全民健身活动。社区居委会、村委会和有条件的单位可以聘请社会体育指导员。

第三十条　市、区人民政府及其体育主管部门对组织开展全民健身活动取得显著成绩的单位和个人，给予表彰和奖励。鼓励社会力量开展全民健身活动，对其举办的公益性全民健身活动或者体育竞赛给予扶持和资助。

第三十一条　体育场馆自用的房产和土地，可以按照国家规定享受有关税收优惠。体育场馆等健身场所使用水、电、气、热的价格按照不高于一般工业标准执行。

　　第三十二条　经营游泳、潜水、攀岩、滑雪等高危险性体育健身项目的,应当按照国家有关规定取得所在区体育主管部门的许可,并依法办理工商登记手续。

　　第三十三条　违反本条例规定的行为,法律、法规已有处罚规定的,依照其规定。违反本条例,构成违反治安管理行为的,由公安机关依照《中华人民共和国治安管理处罚法》等规定给予处罚;构成犯罪的,依法追究刑事责任;给他人造成人身伤害或者财产损失的,依法承担民事责任。

　　第三十四条　中小学校未按照国家规定开足体育课程、未保证学生每天不少于一小时参加体育活动、或者无正当理由阻止、变相阻止学生课间到校园内教室外活动的,由教育主管部门责令改正;拒不改正的,对直接负责的主管人员和其他直接责任人员依法给予行政处分。教育督导机构在督导中发现中小学校有前款所列情形的,应当向学校提出整改要求,并将整改要求和学校整改情况记入督导报告,作为对学校及其主要负责人进行考核的依据。学校在法定节假日或者寒、暑假期间未依照本条例第二十三条规定向学生免费开放体育场地的,由学校的主管部门责令改正;拒不改正的,对直接负责的主管人员和其他直接责任人员依法给予行政处分。

　　第三十五条　公共体育场馆、设施未依照本条例规定开放的,由体育主管部门责令改正;拒不改正的,对直接负责的主管人员和其他直接责任人员依法给予行政处分,或者对管理单位处二百元以上一千元以下罚款。企业、事业单位或者其他组织接受市、区人民政府的资助但不开放其所属体育设施的,由有关部门责令改正;拒不改正的,追回相应的资助资金。

　　第三十六条　新建、改建和扩建住宅区,未按照国家、省和本市有关规定配套建设体育设施的,由规划、城市综合管理、建设等部门依法处理。

第三十七条 体育、教育、规划、建设等部门及其工作人员未依照本条例规定履行职责的,由上级行政机关或者监察部门责令改正,对直接负责的主管人员和其他直接责任人员依法给予行政处分。

第三十八条 本条例所称开发区,是指武汉东湖新技术开发区、武汉经济技术开发区;风景区,是指武汉市东湖生态旅游风景区;化工区,是指武汉化学工业区。本条例所称公共体育设施,是指政府或者社会力量举办的,不以营利为目的、向公众开放用于体育健身活动的设施。

第三十九条 本条例自 2015 年 6 月 1 日起施行。2004 年 8 月 5 日武汉市第十一届人民代表大会常务委员会第十二次会议通过,2004 年 9 月 24 日湖北省第十届人民代表大会常务委员会第十一次会议批准的《武汉市全民健身条例》同时废止。

北京市全民健身条例

(2017 年 1 月 20 日北京市第十四届人民代表大会第五次会议通过)

第一章 总 则

第一条 为了实施全民健身和推进健康中国建设的国家战略,保障公民健康权益,满足公民健身需求,提高公民健康素养和健康水平,根据有关法律、行政法规,结合本市实际,制定本条例。

第二条 全民健身坚持以人民健康为中心,以公民为主体,基层为重点,实行政府主导、社会主办、单位支持、市场参与、共建共享的原则。

第三条 公民是全民健身活动的主体,有依法自愿参加全民健身活动的权利。公民应当坚持健康的生活方式,积极参加全民健身活动。

公民可以根据自身需要、身体条件和兴趣爱好自愿选择健身方式，可以组成或者参加健身团队，并自觉遵守团队的章程或规则，开展科学文明的健身活动。

第四条　本市各级人民政府依法保障公民参加全民健身活动的权利，支持公民和全社会开展全民健身活动，并提供基本公共服务。

第五条　国家机关、企业事业单位、城乡社区、社会团体及其他组织应当保障职工或者成员的健身权益，为其参加健身活动创造条件，负责并支持其组成健身团队，建立健身活动制度，有序开展全民健身活动。

第六条　本市建立和完善全民健身的社会动员和组织机制，支持健身社会组织成为全民健身活动的组织主体。

各级人民政府应当根据实际情况，支持综合的、专项的健身社会组织建设，支持健身社会组织和健身团队通过自办自律、互助合作等方式整合利用社会全民健身资源，开展全民健身活动。

第七条　本市鼓励社会各界以宣传、教育、慈善、赞助、志愿服务等多种形式促进全民健身活动。

第八条　本市鼓励和支持单位和个人利用市场机制为全民健身活动提供产品和服务。

第二章　政府责任

第九条　市、区、乡镇人民政府、街道办事处应当根据全民健身的特点，按照面向社会、重在基层、属地为主、财随事走的原则，建立分工明确、相互衔接、运行有效的全民健身工作格局和工作机制，发挥主导、服务、保障作用。

第十条　市、区人民政府应当加强对全民健身工作的领导，健全乡镇人民政府、街道办事处统筹本辖区全民健身工作的职能、机构和工作机制;制定并完善政策措施,支持乡镇人民政府、街道办事处开展全民健身工作;将市、区用于支持基层开展全民健身活动的经费、人员、场地设施等资源交由乡镇人民政府、街道办事处统筹配置。

第十一条　市、区人民政府应当制定并完善政策措施,促进全社会的全民健身活动和健身服务业发展;支持市、区健身社会组织开展全民健身活动,支持公民依法组建健身社会组织和健身团队。

第十二条　市、区人民政府应当履行下列基本职责:

(一)将全民健身事业纳入本级国民经济和社会发展规划;

(二)制定全民健身实施计划,明确阶段目标、工作措施和政府保障等内容;

(三)将全民健身经费列入本级财政预算,建立与全民健身需求和国民经济社会发展水平相适应的财政保障机制;

(四)统一安排、均衡布局,规划、建设方便公民的公共体育设施及其他健身场所;

(五)加强对全民健身工作的整体统筹,建立部门协同机制,明确各相关部门的职责,并进行监督检查和绩效考核;

(六)建立健全政府购买体育公共服务的机制和政策。

第十三条　乡镇人民政府、街道办事处应当统筹本辖区内的全民健身工作,履行下列职责:

(一)根据市、区人民政府的工作部署和本辖区公民健身需求,制定并落实本辖区全民健身工作的年度计划;

(二)统筹利用经费、场地设施等全民健身资源,建立相应的管理制度,为全民健身提供服务;

(三)健全全民健身工作协调机制,吸收辖区内单位、健身社会组织、健身团队的负责人参与建立本辖区的综合性健身社会组织,支持综合性健身社会组织为辖区内开展全民健身活动提供指导和帮助;

(四)主导健全辖区内全民健身的公共治理体制,整合利用辖区内

场地设施资源,组织开展全民健身活动,有条件的,可以举办群众性健身赛事;

(五)指导、支持居民委员会、村民委员会组织开展全民健身活动,推动体育生活化社区建设。

第十四条　市、区体育行政部门应当履行下列职责:

(一)组织、实施本级人民政府制定的有关全民健身的规划、计划;

(二)根据全民健身活动的特点和规律,推进本行政区域内全民健身公共治理体制建设,指导本级综合的和专项的健身社会组织履行服务全民健身的责任,培育并支持基层的健身社会组织和健身团队发展;

(三)监督公共体育设施的运营;

(四)组织或者指导健身社会组织举办全民健身体育节、运动会等活动;

(五)进行科学健身指导,组织实施公民体质监测,组织实施国家体育锻炼标准;

(六)管理、培训、评定社会体育指导员,组织社会力量开展全民健身志愿服务活动;

(七)通过购买服务等方式,支持健身社会组织开展全民健身活动;

(八)按照国家和本市规定,将一定比例的体育彩票公益金用于发展全民健身事业。

第三章　公共健身场地、设施

第十五条　市、区人民政府应当按照本市公共体育设施规划和居住公共服务设施配置指标的要求建设公共体育设施。

市、区人民政府及其有关部门应当利用公园、绿地、广场、河湖沿岸、城市道路等区域安排健身步道、登山步道、自行车道或者绿道等全民健身活动场地。

第十六条　区人民政府应当结合小区改造和功能完善,利用现有资源在城市已建成区域合理布局,开辟公益性或者专业运营的全民健身场所,方便公民健身活动。

第十七条　政府投资建设、实行专业运营的体育场馆,负有为全民健身服务的责任。场馆所属区域应当根据实际情况开辟全民健身场所。场馆及附属体育设施应当提供免费或者低收费的普遍服务。组织健身赛事和活动使用场馆的,场馆应当与赛事和活动的组织者签订合同或者协议,明确活动规则,可以适当收取费用。

第十八条　国家机关、企业事业单位、高等院校、社会团体和其他组织的体育场地、设施按照资源共享、互惠互利、互助合作的原则,对专项的健身社会组织、健身团队和本社区的健身社会组织、健身团队有序开放。

使用前款规定的场地设施进行健身活动的健身社会组织、健身团队应当适当支付费用,并遵守有关规章制度。

第十九条　区人民政府应当采取措施,推动中小学校在课余时间和节假日向未成年人免费开放体育设施。

中小学校用于体育教学的场馆和设施主要在乡镇人民政府、街道办事处辖区和城乡社区内按照互助合作、社区共建、资源共享的方式有序开放。区人民政府应当提供经费支持。

乡镇人民政府、街道办事处辖区内的互助合作由乡镇人民政府、街道办事处主管部门或者辖区内的健身社会组织、健身团队与学校共同负责,签订合同或者协议,明确安全责任、活动规则和费用。

城乡社区使用本区域内中小学校场馆和设施的,纳入社区共建范围。

第二十条　商业性体育设施用于全民健身公益活动的,可以享受政府相应的支持政策。

第二十一条　任何单位和个人不得侵占、损坏公共体育设施，不得擅自改变公共体育设施的功能、用途。

第四章　健身社会组织和健身团队

第二十二条　乡镇人民政府、街道办事处辖区内的健身团队可以向本乡镇人民政府、街道办事处或者居民委员会、村民委员会申请备案，经备案的可以加入本辖区的综合性健身社会组织，并享受场地、资金等方面的政策支持。

第二十三条　国家机关、企业事业单位和其他组织的全民健身活动应当由本机关单位的工会具体负责。工会应当依据章程组建员工的健身社会组织或者健身团队，并对健身社会组织、健身团队开展的健身活动，依照有关规定予以资助。

第二十四条　本市鼓励成立跨街道、乡镇、社区的专项的健身社会组织和健身团队，经所在区体育行政部门备案的，可以加入区单项体育协会成为会员。

区单项体育协会可以成为市单项体育协会会员，单独成立的单项体育协会应当依法进行社团登记。

第二十五条　市、区体育总会应当把组织和推动全民健身作为重要职责。

市、区单项体育协会应当把组织和推动全民健身作为主要任务和重点工作，将发展基层的健身社会组织，指导服务全民健身活动，组织专业全民健身比赛，普及全民健身科学知识，培育全民健身骨干队伍等列为基本职责。

第二十六条　健身社会组织、健身团队可以通过下列方式提高自我管理、自我服务能力：

（一）制定内部章程或者公约，明确成员权利义务；

（二）吸收热心人士或者志愿者参加；

（三）收取会费或者接受企业捐赠资助；

（四）按照与场地设施开放单位签订的合同或者协议，妥善处理责任纠纷；

（五）引导成员以有序和科学文明的方式健身。

第五章 社会促进

第二十七条 国家机关、企业事业单位和其他组织的负责人应当支持本机关、单位、组织内部的全民健身活动。国家机关、企业事业单位应当为职工参与全民健身创造必要条件，组织本单位人员开展多种形式的健身活动；有条件的，可以举办运动会，开展体育锻炼测验、体质测定等活动。

第二十八条 中小学校应当依据有关法律、行政法规的规定，指导学生体育锻炼，提高学生身体素质。

第二十九条 工会、共青团、妇联、残联等社会团体应当结合自身特点，组织成员开展全民健身活动。

第三十条 单项体育协会应当积极推广体育项目，承接、举办专项体育赛事，组织其成员开展全民健身活动，并给予指导、培训和支持。

本市支持单项体育协会开展全民健身品牌活动，开展竞技体育与全民健身交流活动。

第三十一条 本市按照国家规定实行社会体育指导员制度。社会体育指导员按照市、区体育行政部门的委派，向群众性体育组织、国家机关、企业事业单位、社会团体和其他组织提供传授健身技能、组织健身活动、宣传科学健身知识等志愿服务。

第三十二条 本市鼓励社会体育指导员、专业运动队、运动员、教练员、体育科技工作者、体育教师、体育专业学生、医务工作者及其他社会热心人士为全民健身提供志愿服务。

第三十三条　本市鼓励单位和个人通过投资建设体育场地和设施、公益捐赠赞助群众性健身赛事和活动等方式支持全民健身。

第三十四条　单位和个人举办、参加全民健身活动,应当按照小型多样、因地制宜、科学文明的原则,遵守健身活动场所的规章制度,合理使用并爱护健身设施,不得扰乱公共秩序,不得宣扬迷信,不得影响他人的正常工作、学习和生活。

第六章　健身服务业

第三十五条　本市鼓励、支持、引导市场主体、社会力量发展多种项目、多种形式的体育健身俱乐部,依据规划建设健身休闲产业园区,提供与全民健身相关的产品和服务,促进健身服务业发展。

第三十六条　本市支持社会资本投资各类面向市场提供体育产品和服务的企业,在体育场馆设施建设及运营、公益健身服务、群众性健身赛事和活动等领域推行公私合作模式。

第三十七条　本市鼓励社会力量投资组建体育赛事公司,举办各类商业性、群众性健身赛事和活动,创建自主品牌赛事。

第三十八条　本市对符合条件的具有公共性、大众性的健身消费项目和设施实行健身消费管理,引导市场主体提供良好的健身服务和产品,促进健身消费。

第三十九条　本市鼓励和引导保险机构创新保险产品和服务方式,拓展政府体育公共服务险、学校体育险、社区体育险、运动伤害险等险种业务。

第七章　法律责任

第四十条　行政机关及其工作人员在全民健身工作中存在不履行、违法履行、不当履行职责行为的,按照国家和本市有关规定对直接负责的主管人员和其他直接责任人员给予行政问责和行政处分。

第四十一条　违反本条例第二十一条规定,侵占、损坏公共体育设施的,依法承担相应的民事责任;构成违反治安管理行为的,由公安机关依法给予治安管理行政处罚。

第四十二条　违反本条例第三十四条规定,利用全民健身活动扰乱公共秩序、宣扬迷信、影响他人正常工作、学习和生活,构成违反治安管理行为的,由公安机关依法给予治安管理行政处罚;构成犯罪的,依法追究刑事责任。

第八章　附　则

第四十三条　本条例自 2017 年 3 月 1 日起施行。2005 年 12 月 1 日北京市第十二届人民代表大会常务委员会第二十四次会议通过的《北京市全民健身条例》同时废止。

重庆市全民健身条例

（2018 年 11 月 30 日重庆市第五届人民代表大会常务委员会第七次会议通过）

第一章　总　则

第一条　为了促进全民健身活动的开展,保障公民在全民健身活动中的合法权益,提高公民身体素质,推动健康中国战略实施,根据《中华人民共和国体育法》《全民健身条例》《公共文化体育设施条例》等有关法律、行政法规,结合本市实际,制定本条例。

第二条　本市行政区域内的全民健身活动、全民健身设施、全民健身保障及其相关的管理和服务,适用本条例。

第三条　公民有依法参加全民健身活动的权利。

市、区县(自治县)人民政府应当依法保障公民参加全民健身活动的权利。

第四条　全民健身应当弘扬社会主义核心价值观,坚持以人民健康为中心,普及健身知识,倡导健康理念,遵循政府主导、社会参与、单位支持、共建共享、文明和谐的原则。

第五条　市、区县(自治县)人民政府应当将全民健身事业纳入本级国民经济和社会发展规划,将全民健身工作所需经费纳入本级财政预算,根据国务院全民健身计划和本地区的实际情况制定本行政区域的全民健身实施计划,提供全民健身公共服务。

乡镇人民政府、街道办事处应当将全民健身工作纳入基层公共文化服务体系,组织、协调本辖区的全民健身活动,指导、支持村(居)民委员会开展全民健身活动。

第六条　市、区县(自治县)体育主管部门负责本行政区域内的全民健身工作,监督、指导全民健身活动的开展。

教育主管部门按照职责做好学校体育工作;其他有关部门在各自职责范围内负责有关的全民健身工作。

第七条　国家机关、企业事业单位和其他组织应当组织本单位人员开展全民健身活动,为本单位人员参加全民健身活动提供支持和便利。

第八条　市、区县(自治县)人民政府及其体育、教育、卫生健康等主管部门应当宣传科学健身知识,增强公民健身意识,弘扬健康理念。

广播电台、电视台、报刊、互联网等媒体应当经常开展全民健身的宣传报道,设立全民健身专门栏目,营造积极健康的全民健身氛围。

全民健身社会组织应当发挥自身作用,引导本组织成员科学、文明、健康健身,提高健身素养。

第九条　鼓励公民、法人和其他组织建设全民健身设施,举办全民健身活动,为全民健身活动提供市场化产品和服务,对全民健身事业进行捐赠和赞助。

市、区县(自治县)人民政府应当对全民健身活动依法给予政策支持,对在全民健身事业中做出突出贡献的组织和个人给予表彰、奖励。

第二章 全民健身活动

第十条 每年八月八日为全民健身日,每年四月为本市全民健身月。

市、区县(自治县)人民政府及其体育主管部门和其他有关部门、企业事业单位和其他组织应当在全民健身日、全民健身月开展以下活动:

(一)加强全民健身宣传,组织开展全民健身展演、展示、咨询、体质监测等主题活动;

(二)组织开展科学健身指导等全民健身志愿服务活动;

(三)结合自身条件组织本单位人员开展全民健身活动。

公共体育设施应当在全民健身日所在周向公众免费开放,鼓励其他各类体育设施向公众免费开放。

第十一条 市人民政府应当每年举办全民健身运动会,区县(自治县)人民政府应当结合当地实际,定期举办全民健身运动会。

市、区县(自治县)人民政府及其有关部门应当定期举办少数民族运动会、残疾人运动会以及老年人健身体育大会等群众体育比赛活动。

市、区县(自治县)人民政府及其有关部门应当结合本地民族、民俗、自然地理、人文特点创建山地户外运动等自主品牌赛事。

第十二条 乡镇人民政府、街道办事处应当根据当地实际定期举办运动会,组织日常性全民健身活动,支持基层文化体育组织、村(居)民委员会开展全民健身活动。

基层文化体育组织、村(居)民委员会应当组织本组织成员、本地区村(居)民开展全民健身活动,并协助各级人民政府做好相关工作。

老年人体育组织应当根据自身特点,因地制宜地组织老年人开展形式多样的健身活动。鼓励群众性体育组织经常性开展全民健身活动。

第十三条　学校应当按照国家课程标准开设体育课,配齐合格的体育教师,根据学生的身心发育特点和体质状况实施体育课教学,指导学生掌握科学的健身知识和至少一项体育运动技能或者健身方法,增强学生的健身意识,培养学生良好的健身锻炼习惯和健康生活方式。

学校应当保证学生在校期间每天参加不少于一小时的体育活动,每学年至少举办一次全校性的运动会。

市、区县(自治县)人民政府及其有关部门、体育协会等应当支持高等院校、中小学校开展专项体育联赛、综合性运动会。

幼儿园应当开展适合幼儿的体育活动,增强幼儿身体素质。

第十四条　国家机关、企业事业单位和其他组织应当组织本单位人员开展工间(前)操和业余健身活动。

有条件的单位,应当为本单位人员提供健身场地,配置必要的健身设施、器材,定期举办单项体育比赛、职工运动会,开展体育锻炼测验、体质测定等活动。

第十五条　举办或者参加全民健身活动应当遵守法律法规的规定,遵守社会公德、公共秩序和全民健身设施管理责任单位的规章制度,不得有下列行为:

(一)损毁、破坏全民健身设施;

(二)从事封建迷信、色情、暴力、赌博等活动;

(三)违反噪声污染防治、道路交通安全等法律法规的规定,影响其他公民正常工作、学习、生活;

(四)法律法规禁止的其他行为。

举办或者参加全民健身活动不遵守全民健身设施管理责任单位规章制度的,管理责任单位可以拒绝其继续或者再次使用全民健身设施。

第十六条　体育主管部门应当依法加强对全民健身活动开展情况的监督、指导,对全民健身活动中的违法行为及时予以制止,并告知有关部门。

教育主管部门应当对学校体育工作开展情况依法进行指导、检查、考核;公安机关、生态环境、城市管理、应急管理、卫生健康等其他有关部门应当按照职责做好全民健身活动的相关监督、指导工作。

第三章　全民健身设施

第十七条　全民健身设施包括公共体育设施和学校体育设施、居民住宅区的体育设施、经营性体育设施以及国家机关、企业事业单位和其他组织等单位内部的体育设施等用于全民健身活动的建筑(构)物、场地和设备。

第十八条　体育主管部门应当编制公共体育设施布局规划,经城乡规划主管部门综合平衡并按照法定程序报本级人民政府批准后纳入城乡规划。

公共体育设施选址应当位置适中、交通便利、方便公民,符合公共体育设施的功能和特点,有利于发挥其作用。

第十九条　公共体育设施建设预留地,由城乡规划主管部门按照国家有关用地规定,纳入土地利用总体规划和城乡规划。使用国有土地的,经依法批准可以以划拨方式取得。

任何单位或者个人不得侵占公共体育设施建设预留地或者改变其用途。因特殊情况需要调整公共体育设施建设预留地的,应当征求体育主管部门意见,并依法调整城乡规划。重新确定的公共体育设施建设预留地不得少于原有面积。

第二十条　市、区县(自治县)人民政府及其有关部门应当按照公共体育设施布局规划和国家有关建设规范建设公共体育设施。

公共体育设施建设应当符合本行政区域经济和社会发展水平,充分考虑地形地貌，历史文化习俗，民族传统习惯，未成年人、老年人和残疾人的特殊需求等，符合实用、安全、科学、美观、环保、便利、节约等要求和国家规定的标准。

鼓励建设公共文化设施时，同步建设公共体育设施，实现公共文化体育设施共建共享。

第二十一条　任何单位和个人不得擅自拆除公共体育设施，不得擅自改变公共体育设施的功能、用途或者妨碍其正常运行，不得侵占、挪用公共体育设施，不得将公共体育设施用于法律法规禁止的商业经营活动。

因城乡建设确需拆除公共体育设施或者改变其功能、用途的，有关地方人民政府在作出决定前，应当组织专家论证，并征得上一级人民政府体育主管部门同意，报上一级人民政府批准。

经批准后，应当依照有关法律、法规的规定择地重建，并坚持先建设后拆除的原则。重新建设的公共体育设施的配置标准不得降低，建筑面积不得减少。

第二十二条　市、区县（自治县）人民政府及其有关部门、单位应当利用公园、绿地、广场、山地、江湖沿岸、城市道路等区域建设或者安排健走步道、登山步道、自行车道、城市绿道等全民健身活动场地；利用山脉、江河、湖泊、湿地、森林等自然资源建设户外运动营地、山地滑雪场、沿江浅滩水上运动设施等全民健身设施。

建设全民健身设施应当充分利用老旧厂房、仓库、荒地和老旧商业设施等闲置资源。

第二十三条　新建、改建、扩建居民住宅区，应当按照国家规定规划和建设体育设施。

居民住宅区配套建设的体育设施应当与居民住宅区的主体工程同步设计、同步施工、同步验收、同步投入使用。

已建成的居民住宅区没有按照规定建设体育设施的，有建设条件的,应当予以补建。

第二十四条　公共体育设施应当根据其功能、特点,按照国家有关规定,向公众免费或者优惠开放,并向公众公示收费标准、服务内容和开放时间等。

向公众开放公共体育设施收取费用的,其收费标准、收取费用的管理和使用应当依法接受财政、审计和市场监督管理等部门的监督和指导。

公共体育设施因维修等原因需要暂时停止开放的,应当提前七日向公众公示停止开放原因、停止开放时间等。涉及重大安全隐患整改等紧急情况除外。

第二十五条　学校应当在课余时间和节假日向学生开放体育设施。公办学校应当积极创造条件向公众开放体育设施;鼓励民办学校向公众开放体育设施。

市、区县(自治县)人民政府应当对开放体育设施的学校给予支持,为开放体育设施的学校办理有关责任保险。

开放体育设施的学校应当建立管理制度,采取措施保证学校体育设施开放安全、有序,可以根据维持设施运营的需要向使用体育设施的公众收取必要的费用。

第二十六条　鼓励居民住宅区、企业事业单位和其他组织的体育设施向公众开放。居民住宅区体育设施开放应当遵守国家和本市有关物业管理的规定。

开放体育设施的居民住宅区、企业事业单位和其他组织应当采取措施保证体育设施开放安全、有序,并可以向使用体育设施的公众收取费用。

第二十七条　全民健身设施的管理责任单位按照下列规定确定:

(一)政府举办的公共体育设施和国家机关内部的体育设施,由政府及其有关部门明确或者指定的单位负责管理和维护;

（二）社会力量举办的公共体育设施、经营性体育设施、企业事业单位和其他组织内部的体育设施，由产权人负责管理和维护；

（三）捐赠的全民健身设施，由受捐赠单位负责管理和维护。

居民住宅区的体育设施的管理责任单位按照国家和本市有关物业管理的规定确定。

第二十八条　全民健身设施向公众开放的，管理责任单位应当履行下列职责：

（一）建立完善的服务制度和安全管理制度；

（二）按照国家和本市相关规定公示服务项目、开放时间和收费标准等事项；

（三）在醒目位置标明体育设施的使用方法、注意事项及警示标志；

（四）使用符合国家标准的体育设施，定期检查、维护体育设施，保证设施完好安全；

（五）向未成年人开放的体育设施，根据其生理和心理特点采取安全防护措施；

（六）其他依法应当履行的职责。

鼓励全民健身设施管理责任主体引入环卫、安保、工程、绿化等专业服务机构，提升管理和服务的专业化水平。

第二十九条　市、区县（自治县）人民政府应当建立有公众参与的公共体育设施运行效能考核评价制度，公共体育设施管理单位应当根据评价结果改进工作，提高服务质量。

市、区县（自治县）体育主管部门应当会同有关部门定期对公共体育设施的建设和运行状况进行监督检查。

第四章　全民健身保障

第三十条　国务院全民健身计划和本级人民政府制定的全民健

身实施计划由市、区县(自治县)人民政府体育主管部门会同有关部门在本行政区域内组织实施。

市、区县(自治县)人民政府应当加强组织和协调,将全民健身计划和全民健身实施计划的执行情况纳入群众性精神文明创建活动考核评价体系,对全民健身计划和全民健身实施计划在本行政区域内的实施情况负责。

第三十一条 市、区县(自治县)人民政府应当为全民健身提供经费支持,重点扶助农村地区、少数民族地区、边远贫困地区的全民健身活动,促进全民健身事业均衡发展,逐步增加对全民健身事业的投入。

按照国家有关彩票公益金的分配政策,由体育主管部门分配使用的彩票公益金,应当根据国家有关规定用于全民健身事业。

第三十二条 市、区县(自治县)人民政府应当设置运动健身科学指导站和公共体育服务岗位,为公众提供公益性体育培训、健身指导等公共体育服务。设置运动健身科学指导站和公共体育服务岗位,可以通过政府购买服务的方式进行。

体育主管部门应当定期发布科学健身指南,通过开展公益性讲座等方式为公民提供科学健身指导。

鼓励商业健身场所经营单位、体育总会、单项体育协会等组织经常性开展公益健身指导和其他形式的公共体育志愿服务;鼓励公民、法人和其他组织依法组建公共体育服务志愿队伍。

第三十三条 市、区县(自治县)人民政府应当制定政策、提供支持,鼓励健身用品制造业、健身活动服务业的发展,培育和推广体育与文化、旅游、医疗、养老等相融合的健身休闲项目、体育旅游目的地、体育旅游精品线路等。

鼓励金融机构创新金融产品与服务,开发适合健身企业的信贷产品;鼓励保险机构创新健身保险产品和服务,开展健身公共服务险种业务。

第三十四条　鼓励科研机构、高等院校、企业等开展全民健身科学研究,推广全民健身新项目、新方法、新器材、新材料,鼓励运用互联网、大数据、人工智能等科技手段与全民健身相结合,依靠科学技术发展全民健身事业。

第三十五条　市、区县(自治县)人民政府应当推进健身文化建设,打造健身文化产品,树立全民健身榜样,倡导健康生活方式。

鼓励发掘、整理、宣传和传承民族、民间传统体育项目,支持民族、民间优秀传统体育项目列入非物质文化遗产代表性项目名录,并依法给予扶持。

第三十六条　市、区县(自治县)人民政府应当组织建设全民健身公共服务信息平台,通过信息平台公开全民健身设施目录、开放时段、收费标准、免费项目、健身服务等信息,提供全民健身在线咨询服务,提高全民健身公共服务质量。

第三十七条　鼓励健身社会组织、健身团队向所在地乡镇人民政府、街道办事处备案。

乡镇人民政府、街道办事处应当对备案的健身社会组织、健身团队开展健身活动给予场地等支持。

第三十八条　组织群众体育比赛等大型全民健身活动,应当按照国家有关大型群众性活动安全管理的规定,做好安全工作,保证活动安全。

市、区县(自治县)人民政府及其相关部门应当为依法开展的大型群众性全民健身活动提供安全、医疗、交通等保障。

第五章　法律责任

第三十九条　违反本条例规定的行为,法律、法规已经有法律责任规定的,适用其规定。

第四十条　违反本条例第十五条第一项规定的,依法承担民事责任;违反本条例第十五条第二项、第三项规定的,由公安机关依据《中华人民共和国治安管理处罚法》给予处罚;构成犯罪的,依法追究刑事责任。

第四十一条 违反本条例第二十八条规定,全民健身设施管理责任单位未依法履行管理职责的,按照下列规定分别予以处理:

(一)属于公共体育设施的,由体育主管部门责令限期改正;逾期未改正的,对负有责任的主管人员和其他直接责任人员依法给予处分;

(二)属于居民住宅区的体育设施、经营性体育设施以及企业事业单位和其他社会组织等单位内部的体育设施并向公众开放的,由体育主管部门责令限期改正;逾期未改正的,给予警告,可以并处五千元以上三万元以下罚款。

学校违反本条例第二十八条规定的,由教育主管部门按照管理权限责令改正;拒不改正的,对负有责任的主管人员和其他直接责任人员依法给予处分。

第四十二条 违反本条例规定,国家机关及其工作人员在全民健身工作中不依法履行职责,或者有其他滥用职权、徇私舞弊、玩忽职守行为的,对负有直接责任的主管人员和其他直接责任人员依法给予处分;构成犯罪的,依法追究刑事责任。

第六章 附 则

第四十三条 本条例自 2019 年 1 月 1 日起施行。

山东省全民健身条例

(2017 年 12 月 1 日山东省第十二届人民代表大会常务委员会第三十三次会议通过)

第一章 总 则

第一条 为了实施全民健身和健康中国建设的国家战略,促进全民健身活动的开展,提高公民健康素养和健康水平,根据《中华人民共和国体育法》《全民健身条例》等法律、行政法规,结合本省实际,制定本条例。

第二条　本省行政区域内全民健身活动的开展和服务,全民健身设施的建设、使用和管理,适用本条例。

本条例所称全民健身设施,包括公共体育设施和其他向公众开放用于开展全民健身活动的设施。

第三条　全民健身坚持以公民健康为中心,普及健身知识,弘扬健康理念,遵循政府保障推动、社会共建共享的原则。

第四条　公民是全民健身活动的主体,有依法自愿参加的权利。

鼓励公民坚持健康的生活方式,积极参加全民健身活动。

各级人民政府应当依法保障公民参加全民健身活动的权利。

第五条　县级以上人民政府应当将全民健身事业纳入本级国民经济和社会发展规划,制定全民健身实施计划,将全民健身工作经费列入本级财政预算,并建立与全民健身需求和国民经济社会发展水平相适应的财政保障机制。

县级以上人民政府按照有关规定将体育彩票公益金统筹用于全民健身事业。

第六条　县级以上人民政府主管体育工作的部门(以下简称体育主管部门)负责本行政区域内的全民健身工作,履行下列职责:

(一)会同有关部门组织执行全民健身实施计划;

(二)指导、监督公共体育设施的建设、运营和管理;

(三)承办全民健身运动会,组织、指导群众体育赛事等活动;

(四)管理、培训社会体育指导员,组织开展全民健身志愿服务活动;

(五)引导、支持社会力量开展全民健身活动;

(六)法律、法规、规章规定的其他职责。

第七条　县级以上人民政府发展改革、教育、民族宗教、公安、民政、财政、人力资源社会保障、国土资源、住房城乡建设、城乡规划、农业、文化、卫生和计划生育、旅游、地方税务、工商行政管理、园林、城市管理等部门和机构应当根据各自职责，共同做好全民健身工作。

第八条　各级人民政府和有关部门应当对在全民健身工作中做出显著成绩的单位和个人，按照有关规定给予表彰和奖励。

第二章　政府保障

第九条　县级以上人民政府制定的全民健身实施计划，应当明确工作目标、任务、措施、保障等内容，并对实施计划的执行情况负责。

县级以上人民政府应当建立全民健身工作协调机制，统筹推动全民健身事业发展。

第十条　县级以上人民政府体育主管部门应当会同有关部门定期对全民健身实施计划执行情况进行评估，评估结果向本级人民政府报告后向社会公布。

县级以上人民政府体育主管部门应当推行国家体育锻炼标准，组织实施国民体质监测并定期向社会公布监测结果，指导科学健身。

第十一条　县级以上人民政府教育行政部门应当建立学生体质健康数据监测和中小学体育课程实施情况监测制度，指导中小学校按照国家规定开设体育课，将体育纳入初中、高中学业水平考试和综合素质评价范围，提高学生体质健康水平。

第十二条　乡镇人民政府、街道办事处应当将全民健身工作纳入基层公共文化服务体系，整合公共文化服务资源，明确负责全民健身工作的机构和人员，协调辖区内体育设施的开放和利用；指导、支持和帮助村民委员会、居民委员会开展经常性的全民健身活动，建设体育生活化社区。

村民委员会、居民委员会应当协助乡镇人民政府、街道办事处做好全民健身相关工作。

第十三条　县级以上人民政府应当组织建设全民健身信息服务平台,公开本行政区域内全民健身设施目录、开放时段、收费标准、免费项目、健身服务等信息,制定和发布科学健身指南,为公民科学健身提供指导。

第十四条　县级以上人民政府体育主管部门应当引导、帮助社会体育指导员、教师、学生、运动员、教练员、医务工作者等人员成立全民健身志愿服务队伍,并建立健全指导、培训、评价和激励机制,促进全民健身志愿服务活动健康发展。

第十五条　各级人民政府和有关部门可以通过政府购买服务的方式,委托社会力量提供公共体育标准研究、统计分析、信息平台建设、设施运营与管理,以及体育运动竞赛组织与实施、公益性体育培训、健身指导等公共体育服务,组织承办体育交流与推广等公益性体育活动。

第十六条　各级人民政府应当支持科学技术研究开发机构、高等学校、企业等开展全民健身科学研究,推广全民健身新项目、新方法、新器材、新材料。

第三章　社会促进

第十七条　各级人民政府应当推动基层体育组织建设,鼓励公民依法组建或者参加健身组织,开展全民健身活动;鼓励和支持公民、法人和其他组织通过兴办实体、资助项目、赞助活动、提供设施、捐赠产品等方式,为全民健身提供产品和服务。

第十八条　各级人民政府和体育主管部门鼓励、支持社会力量建设健身场馆和设施,组建提供体育健身、体质测定、健康咨询、康复理疗、体医结合等服务的单位,依法参与公共体育设施的建设、运营和管理。

第十九条　县级以上人民政府可以通过组织发放体育健身消费券等方式,引导公众到合法经营、符合条件的全民健身服务单位开展健身活动。

第二十条　各级人民政府和体育、旅游等部门鼓励发展体育旅游,重点开发冰雪运动旅游、山地户外旅游、水上运动旅游、汽车摩托车旅游、航空运动旅游、健身气功养生旅游等体育旅游新产品;推动建设体育旅游目的地和体育旅游示范基地,培育体育旅游精品赛事,打造体育旅游精品线路,扶持特色体育旅游企业。

第二十一条　工会、共产主义青年团、妇女联合会和残疾人联合会等团体应当结合自身职责,组织开展全民健身活动。

村民委员会、居民委员会应当根据村民、居民的健身需求,组织开展全民健身活动,引导其科学、文明健身。

第二十二条　机关、团体、企业事业单位和其他组织的基层工会负责本单位的职工健身活动。基层工会应当依照工会章程组织职工开展健身活动,并按照规定予以资助。

第二十三条　体育总会和其他体育类社会组织应当依照章程,培育发展基层健身组织,开展全民健身活动,宣传全民健身知识,提供科学健身指导。

第二十四条　新闻媒体应当经常开展全民健身宣传,推广科学、文明、健康的健身项目和方法,增强公民健身意识。

第二十五条　社会力量可以开发以互联网、大数据、云计算技术为支撑的健身休闲服务平台,为公众提供场馆预订、健身指导、运动分析、体质监测、赛事参与等在线服务。

第二十六条　鼓励保险机构创新保险产品和服务方式,拓展体育公共服务、学校体育、社区体育、运动伤害等方面的险种业务。

第二十七条　企业、个体工商户依法办理营业登记并取得经营高危险性体育项目行政许可的,可以经营游泳、滑雪、潜水、攀岩等高危险性体育项目。

第二十八条　鼓励发掘、整理、宣传和传承民间传统体育项目,支持优秀的民间传统体育项目列入非物质文化遗产代表性项目名录。

县级以上人民政府有关主管部门对列入非物质文化遗产代表性项目名录的民间传统体育项目,按照国家和省有关规定给予扶持。

第四章　全民健身活动

第二十九条　每年八月八日为全民健身日,每年五月为本省全民健身月。

第三十条　县级以上人民政府体育主管部门应当在全民健身日、全民健身月加强全民健身宣传,集中组织开展全民健身展演、展示、竞赛、指导、咨询等主题活动。

机关、团体、企业事业单位、其他组织以及村民委员会、居民委员会,应当在全民健身日、全民健身月组织职工、村民、居民集中开展健身活动。

第三十一条　县级以上人民政府应当每年组织全民健身运动会,有关部门、社会团体等单位应当定期举办少数民族、老年人、残疾人等各类人群的运动会。

第三十二条　机关、团体、企业事业单位和其他组织应当将职工健身列入工作计划,提供健身场地,配置必要的健身设施、器材,组织工前或者工间广播体操等体育锻炼,倡导职工每周至少健身三次。

鼓励机关、团体、企业事业单位和其他组织举办职工运动会。

第三十三条　学校应当组织开展多种形式的课外体育活动,保证学生每天至少有一小时体育活动时间,每学年至少举办一次全校性的运动会。

鼓励学校开展体育运动项目教学,培养学生掌握至少一项体育运动技能或者健身方法。

幼儿园应当开展适合幼儿的体育活动,增强幼儿身体素质。

第三十四条 举办、参加全民健身活动,应当遵守全民健身设施管理制度和道路交通安全、噪声污染防治等相关规定,不得破坏场地、器材和环境,不得扰乱公共秩序,不得影响其他公民的正常工作和生活。

任何组织或者个人不得在健身活动中宣扬封建迷信、邪教、色情、暴力和其他违背公序良俗的不健康内容,不得利用全民健身活动进行赌博等违法行为。

第五章 全民健身设施

第三十五条 县级以上人民政府应当按照有关规定,将公共体育设施建设纳入土地利用总体规划和城乡规划。

县级以上人民政府体育主管部门应当会同有关部门编制公共体育设施布局规划,依照法定程序报本级人民政府批准后实施。

第三十六条 公共体育设施的规划和建设应当遵循统筹规划、合理布局、规范实用和方便群众的原则,充分考虑未成年人、老年人和残疾人的特殊要求,满足不同人群的健身需要。

第三十七条 县级以上人民政府应当按照有关规定,建设公共体育场、全民健身活动中心、体育公园、健身广场等设施,在城镇、农村社区实施体育健身工程。

各级人民政府和有关部门应当利用公园、绿地、广场、河湖沿岸、城市道路等区域,建设健身步道、登山步道、自行车道或者绿道等全民健身活动场地。

第三十八条 县级以上人民政府城乡规划主管部门在实施建设项目规划许可时,应当执行国家有关体育设施建设标准。

新建、改建、扩建居民住宅区,应当按照有关规定规划和建设相应的体育设施,并与居民住宅区主体工程同步设计、同步施工、同步投入使用。未与居民住宅区主体工程同步设计、同步施工的,县级以上人民政府城乡规划主管部门不予核发建设工程竣工规划核实认可文件。

已建成的居民住宅区没有按照规定建设体育设施的,应当予以补建。

鼓励在居民住宅区建设专用健身步道。

第三十九条　县(市、区)人民政府应当结合城市修补、老旧居民住宅区整治改造,利用腾出的空闲用地统筹规划建设全民健身设施。

老旧城区、社区全民健身设施未达到国家有关标准的,县(市、区)人民政府应当在保障安全、合法利用的前提下,依托旧厂房、仓库、老旧商业设施和空闲用地等闲置资源,逐步补建全民健身设施。

第四十条　公共体育设施管理单位应当自公共体育设施竣工验收合格之日起三十日内,将该设施的名称、地址、服务项目、收费标准等内容报所在地县(市、区)人民政府体育主管部门备案。

第四十一条　公共体育设施应当全年向公众开放,并在公休日、法定节假日和学校寒假暑假期间延长开放时间。公共体育设施因维修等原因需要暂时停止开放的,应当提前七日向社会公告。

公共体育设施管理单位应当免费或者低收费开放公共体育设施;实行收费的,收费项目和标准由设区的市、县(市、区)人民政府有关部门批准,并应当对学生、老年人、残疾人和现役军人给予优惠。

公共体育设施应当在全民健身日向公众免费开放;实行低收费的公共体育设施应当在全民健身月向公众优惠开放。

免费或者优惠开放的公共体育设施的管理单位,按照国家规定享受补助。

第四十二条　政府投资举办的综合性公园和有条件的景区应当对公众晨练晚练活动免费开放,并公告开放时间。

鼓励机关、团体、企业事业单位和其他组织的健身设施免费或者低收费向公众开放。

第四十三条　学校应当在公休日、法定节假日、寒假暑假以及非教学时间向学生开放体育设施,创造条件在上述时段向公众开放。

新建学校的体育设施,应当配置物理隔离设施。

开放体育设施的学校,应当建立管理制度,与公众依法约定卫生、安全责任,保证学校体育设施开放安全、有序。

学校可以采取下列方式,规范、引导公众科学、文明健身:

(一)自行管理或者委托管理;

(二)与驻地社区、居民委员会、村民委员会联合管理;

(三)与体育类社会组织、健身团队合作管理;

(四)其他有利于开放体育设施的方式。

第四十四条　县(市、区)人民政府应当对向公众开放体育设施的中小学校提供经费保障,并为其办理有关责任保险。

乡镇人民政府、街道办事处应当采取措施,协调辖区内学校向公众开放体育设施。

第四十五条　全民健身设施所在场所的管理单位应当制定设施的使用、安全和卫生管理制度,在设施所在场所公告本单位联系方式,定期对设施进行检查、保养。

第四十六条　全民健身设施需要修理、更换的,由产品经营者依照法律规定和约定负责。

政府投资举办的公共体育设施,超出产品保质期或者没有约定修理、更换义务的,由县级以上人民政府统筹安排修理、更换经费。

第六章　法律责任

第四十七条　对违反本条例的行为,法律、行政法规已经规定法律责任的,适用其规定。

第四十八条　违反本条例,在全民健身活动中有宣扬封建迷信等不健康内容、损毁公私财物、损害公民身心健康等扰乱公共秩序、妨害社会管理的行为的,由公安机关依法给予处罚;构成犯罪的,依法追究刑事责任。

第四十九条　违反本条例,全民健身设施所在场所的管理单位有下列行为之一的,由县级以上人民政府体育主管部门责令限期改正;情节严重的,对负有责任的主管人员和其他直接责任人员,属于国家工作人员的,由主管机关依法给予处分:

(一)未按照规定将设施名称、地址、服务项目、收费标准等内容报送备案的;

(二)未按照规定将设施向公众开放,或者暂时停止开放未向社会公告的;

(三)未按照规定免费、低收费或者优惠开放设施的;

(四)未制定管理制度,公告本单位联系方式的;

(五)未定期对设施进行检查、保养的。

第五十条　各级人民政府以及体育、教育、住房城乡建设、国土资源等部门及其工作人员在全民健身工作中不依法履行职责,或者有其他滥用职权、徇私舞弊、玩忽职守行为的,对负有直接责任的主管人员和其他直接责任人员依法给予处分;构成犯罪的,依法追究刑事责任。

第七章　附　则

第五十一条　本条例自 2018 年 3 月 1 日起施行。2004 年 9 月 23 日山东省第十届人民代表大会常务委员会第十次会议通过的《山东省全民体育健身条例》同时废止。

广东省全民健身条例

(2019 年 5 月 21 日广东省第十三届人民代表大会常务委员会第十二次会议通过)

第一章 总 则

第一条 为了贯彻实施全民健身国家战略,推进健康广东建设,促进全民健身活动开展,提高公民身体素质和健康水平,根据《中华人民共和国体育法》《全民健身条例》等法律法规,结合本省实际,制定本条例。

第二条 本省行政区域内全民健身活动的开展、服务和保障,全民健身设施的规划、建设、使用和管理,适用本条例。

第三条 全民健身工作坚持以人为本、因地制宜、科学文明的原则,实行政府主导、部门协同、社会参与的机制,推动基本公共体育服务均等化。

第四条 县级以上人民政府应当加强对全民健身工作的组织领导,将全民健身工作纳入本级国民经济和社会发展规划,列入基本公共服务体系,制定全民健身实施计划,建立健全全民健身工作协调机制,统筹全民健身工作的开展。

乡镇人民政府和街道办事处负责本行政区域内的全民健身工作,明确全民健身工作机构和工作人员。

第五条 县级以上人民政府体育主管部门负责本行政区域内的全民健身工作,履行下列职责:

(一)会同有关部门组织实施全民健身实施计划,并对全民健身实施计划进行专项评估;

(二)指导、监督公共体育设施的建设、运营和管理;

(三)加强基本公共体育服务标准化建设;

(四)发布科学健身指引,引导群众科学健身;

(五)管理、培训社会体育指导员;

(六)指导体育社会组织发展,支持社会力量开展全民健身活动;

(七)法律法规规定的其他职责。

县级以上人民政府其他有关部门以及工会、共产主义青年团、妇女联合会、残疾人联合会等社会团体应当按照各自职责,做好全民健身工作。

第六条　各级人民政府应当依法保障公民参加全民健身活动的权利,并提供基本公共体育服务。

县级以上人民政府应当推动基本公共体育服务向基层延伸,以农村地区和城市社区为重点推进基本公共体育服务均等化,重点扶持革命老区、少数民族地区、贫困地区发展全民健身事业。

各级人民政府及其有关部门应当为未成年人、老年人、残疾人参加全民健身活动提供便利条件。

第七条　县级以上人民政府应当将全民健身工作所需经费纳入本级财政预算,建立健全与全民健身需求和国民经济社会发展水平相适应的财政保障机制。

由体育主管部门分配使用的体育彩票公益金,应当按照国家和省规定的范围和比例用于全民健身事业,专款专用,并依法接受财政部门、审计机关和社会公众的监督。

第八条　鼓励和引导公民树立健康生活理念,积极参加全民健身活动。

体育社会组织应当对全民健身活动给予指导和支持。鼓励公民依法组建或者参加体育社会组织,开展全民健身活动。

鼓励和支持公民、法人或者其他组织利用市场机制或者社会资源为全民健身活动提供产品和服务。

第九条　县级以上人民政府体育主管部门以及相关部门应当加强全民健身的教育宣传,推广科学健身方法,组织开展全民健身科学研究。

广播、电视、报刊和网络媒体等应当宣传科学、文明、健康的健身项目和方法,刊播全民健身公益广告,普及科学健身知识,增强公民健身意识。

第十条　各级人民政府应当对支持和参与全民健身活动、在实施全民健身计划中做出突出贡献的组织和个人,按照有关规定给予表彰和奖励。

第十一条　县级以上人民政府应当积极推动国内外体育交流,拓展全民健身理论、项目、人才、设备、服务、活动等交流渠道,加强与港澳台地区体育合作。

第二章　全民健身活动

第十二条　县级以上人民政府及其有关部门应当在国家规定的全民健身日加强全民健身宣传,组织开展全民健身展示、表演、竞赛等形式的主题活动,提供免费健身指导服务。

国家机关、社会团体和企业事业组织,应当在全民健身日结合自身条件组织开展全民健身活动。

公共体育设施应当在全民健身日向公众免费开放;鼓励其他各类体育设施在全民健身日向公众免费开放。

第十三条　县级以上人民政府体育主管部门应当丰富全民健身活动形式,培育休闲运动项目,扶持推广传统体育运动项目,结合本地区传统文化、旅游休闲等资源打造区域特色群众性体育品牌活动和赛事。

各级人民政府应当支持社会力量举办或者参与举办全民健身活动和赛事。

第十四条　各级人民政府应当定期举办全民健身综合性运动会或者其他形式的群众性体育赛事。

县级以上人民政府有关部门以及工会、残疾人联合会等社会团体应当结合实际,组织举办学生、少数民族、老年人、职工、残疾人等群体的综合性运动会或者其他形式的群众性体育赛事。

各级人民政府和有关部门应当支持举办龙舟、武术、龙狮等传统体育赛事。

第十五条　县级以上人民政府体育主管部门应当会同教育等相关部门引导青少年开展健康有益的体育活动,培养青少年体育锻炼兴趣、掌握体育运动技能,形成终身体育健身的良好习惯。

县级以上人民政府体育、农业农村主管部门应当充分利用农民丰收节、传统节日等开展形式多样的农民群众性体育活动,结合农业生产和农家生活创新适合农民的体育健身项目和方法。

县级以上人民政府体育主管部门应当会同有关部门定期开展老年人、未成年人、残疾人等群体的体育健身活动,创新适合不同群体特点的体育健身项目和方法。

第十六条　国家机关、社会团体、企业事业组织应当制定职工健身工作计划,提供场地、设施、经费等必要条件,组织开展工间(前)操和其他体育健身活动。有条件的,可以举办职工运动会,开展体育锻炼测试、体质测定等活动。

第十七条　工会、共产主义青年团、妇女联合会、残疾人联合会等社会团体应当结合自身特点,组织开展形式多样的各类群体全民健身活动。

村民委员会、居民委员会应当根据村民、居民的需求,组织开展小型多样的全民健身活动和赛事。

第十八条　学校应当实施国家学生体质健康标准,并按照教育主管部门有关规定配备专职体育教师,按照国家课程方案和课程标准开设体育课程,培养学生掌握至少一项体育运动技能或者健身方法,并创造条件为病残学生组织适合其特点的体育活动;幼儿园应当开展适合幼儿的体育游戏活动。禁止占用或者变相占用体育课程时间。

学校应当健全和落实学生课外体育锻炼制度,开展多种形式的课间和课外体育活动,保证学生在校期间每天参加至少一小时的体育活动,每学年至少举办一次全校性运动会或者体育节。有条件的,可以组织学生参加远足、野营和体育夏(冬)令营等体育活动,发展特色体育项目。

县级以上人民政府教育主管部门应当组织实施初中毕业升学体育考试,将成绩纳入中考总分。

第十九条　各级体育总会和各类单项、行业、人群体育协会等体育社会组织应当依照章程,发挥专业优势,开展规则制定、人员培训、活动策划等工作,组织和指导公民科学健身。

其他社会组织可以结合自身特点和优势,依法组织开展全民健身活动。

第二十条　举办、参加全民健身活动应当遵守道路交通安全、噪声污染防治等相关规定,遵守社会公德,崇尚科学、文明健身,遵守健身场所规章制度,爱护健身设施和环境卫生;不得侵害他人合法权益、影响他人的正常工作和生活。

任何组织或者个人不得借全民健身名义从事危害公共安全、扰乱公共秩序等违法活动,在健身活动中不得宣扬邪教、封建迷信、色情、暴力和其他违背公序良俗的内容,不得利用全民健身活动进行赌博。

第三章　全民健身设施

第二十一条　县级以上人民政府应当加强全民健身设施的规划、建设和管理,充分发挥全民健身设施功能,提高利用率。

本条例所称全民健身设施是指用于全民健身活动的建筑物、构筑物、场地和设备,包括公共体育设施和学校体育设施、居民住宅区的体育设施、经营性体育设施以及国家机关、社会团体和企业事业组织等单位内部的体育设施。

第二十二条　县级以上人民政府应当将公共体育设施用地纳入城乡规划、土地利用总体规划和年度用地计划,合理安排体育用地需求。

县级以上人民政府体育主管部门应当会同自然资源主管部门组织编制公共体育设施布局规划,报本级人民政府批准后实施。

有条件的地方可以制定体育设施专项规划。

自然资源主管部门在组织编制居民住宅区所在区域的控制性详细规划时,应当根据国家和省的有关规定,对体育设施配套情况进行审查,并征求体育主管部门意见。

第二十三条　各级人民政府应当根据国家和省的有关规定,按照下列要求建设公共体育设施:

(一)地级以上市应当建有大中型体育场和体育馆、游泳池、足球场、全民健身广场、全民健身中心、社区体育公园、健身步道等公共体育设施。

(二)县(市、区)应当建有体育场和体育馆、游泳池、足球场、全民健身广场、全民健身中心、社区体育公园、健身步道等公共体育设施。

(三)乡镇(街道)应当建有全民健身广场、全民健身中心或者中小型足球场、健身步道等公共体育设施。

(四)社区和行政村应当建有便捷、实用的体育设施。

各级人民政府应当在保障安全、合法利用的前提下,充分利用现有设施、山岭、荒草地、河漫滩、废弃矿山等未利用土地,以及郊野公园、城市公园、公共绿地、河湖沿岸、城市高架桥底等空间因地制宜配置公共体育设施。

第二十四条　公共体育设施的建设选址,应当符合公共体育设施建设规划,遵循人口集中、交通便利、统筹安排、合理布局、方便利用的原则。因大型体育赛事需要配建的公共体育设施,应当提出赛后利用方案并进行可行性论证或者听证,听取公众意见。

建设公共体育设施,应当符合国家无障碍环境建设标准和安全标准。任何组织或者个人不得侵占、损坏公共体育设施,或者擅自改变公共体育设施用途。

第二十五条　新建、改建、扩建居民住宅区,应当按照国家和省有关规定规划、建设相应的体育设施,并与居民住宅区的主体工程同时设计、同时施工、同时投入使用。

任何组织或者个人不得擅自改变居民住宅区体育设施的建设项目和功能,不得缩小其建设规模和降低其用地指标。

第二十六条　老城区、已建成居住区无体育设施或者未达到规划建设指标要求的,应当在保障安全、合法利用的前提下,利用现有建设用地和闲置的厂房、仓库、商业设施等改造建设体育设施。

第二十七条　各级人民政府应当引导社会力量建设或者参与建设公共体育设施和学校体育设施、经营性体育设施;引导旅游景区、度假区根据自身特点,建设特色健身休闲设施。

社会力量建设体育设施或者以自用的房产和土地建设体育设施,并符合公共体育设施免费、低收费开放要求的,县级以上人民政府及其有关部门应当依法给予其国家规定的税收优惠。

第二十八条　公园、绿地、广场等公共场所和居民住宅区的管理单位,应当明确该公共场所和居民住宅区体育设施的管理和维护责任单位。利用体育彩票公益金和社会捐赠建设的体育设施,受赠单位是管理和维护责任单位。

公共场所和居民住宅区体育设施管理和维护责任单位应当建立使用、维修、安全、卫生等管理制度,并在醒目位置标明管理单位名称、安全使用方法和注意事项,定期对体育设施进行维修、保养。

第二十九条　在保质期内的全民健身设备需要修理、更换的,由产品经营者依照法律规定和约定负责。

政府投资建设的全民健身设备,超出产品保质期或者没有约定具体单位承担修理、更换义务的,由县级以上人民政府统筹安排修理、更换。

第三十条　公共体育设施应当向公众开放,全年不少于三百三十天且每周不少于五十六小时,因季节性因素关闭的除外;开放时间应当与当地公众的工作时间、学习时间适当错开,公休日、法定节假日、学校寒暑假期间应当延长开放时间;因维修、保养等原因需要暂时停止开放的,应当提前七日向社会公告。

公共体育设施管理单位应当向公众公示其服务内容和开放时间,并建立健全服务规范,拓展服务项目。

公共体育设施主体部分不得用于非体育活动,但因举办公益性活动或者大型文化活动等特殊情况临时出租的除外。公共体育场地的附属设施出租用于商业用途的,不得影响场地主体部分的功能、用途。

第三十一条　公共体育设施应当免费或者低收费向公众开放,有条件的公共体育设施应当增加免费开放天数。管理单位在开放过程中提供服务可以适当收取费用,收费项目和标准应当经县级以上人民政府价格主管部门批准并向社会公示。

政府参与投资的公共体育设施,管理单位应当对学生、老年人、残疾人和现役军人给予免费或者优惠开放。

综合性公园和有条件的景区应当对公众晨练晚练活动免费开放,并公告开放时间。

第三十二条　国家机关、社会团体、企业事业组织中由政府投资建设的体育设施,管理单位应当创造条件向公众开放,实现资源共享。国家机关、社会团体、企业事业组织利用其自有场地配置体育设施的,所在地县级以上人民政府可以依法对其配置体育设施给予适当补贴。

第三十三条　学校应当在课余时间和节假日向学生开放体育设施。公办学校按照国家和省的规定向公众开放体育设施。国家法定节假日和学校寒暑假期间,学校体育设施应当适当延长开放时间。鼓励民办学校向公众开放体育设施。

学校体育设施开放可以根据国家规定采取免费、优惠或者有偿开放方式,学校可以根据维持设施运营的需要向使用体育设施的公众收取必要的费用,收费标准应当经当地价格主管部门核准,并向社会公示。

向公众开放体育设施的学校应当建立健全管理制度,并与公众依法约定卫生、安全责任,定期检查和维护体育设施,保证学校体育设施开放安全、有序。

县级人民政府应当对向公众开放体育设施的学校给予支持,为向公众开放体育设施的学校办理有关责任保险。

第三十四条 县级以上人民政府教育、体育主管部门应当会同公安、卫生健康等有关部门建立学校体育设施开放工作机制,保障学校正常教学秩序和学生课外体育活动,明确开放学校的基本条件、开放时间、开放对象、开放场地、收费标准,向公众公布开放学校和场地名录,并加强对学校体育设施向公众开放的指导监督。

学校向社会开放体育设施的,可以根据实际情况采取自行管理、与乡镇(街道)联合管理、组建青少年体育俱乐部管理或者外包管理等方式;也可以由县级以上人民政府通过购买服务的方式统一实施外包管理。

新建公办学校的体育设施建设应当考虑向社会公众开放的实际需要,与教学、生活区域相对隔离。已建公办学校的体育设施未与教学、生活区域隔离的,县级以上人民政府教育、体育主管部门应当指导学校结合实际进行隔离改造或者采取必要措施推动向社会开放。

第三十五条 各级人民政府应当对实施免费或者低收费向公众开放的公共体育设施、学校体育设施和社会体育设施,通过政府购买服务、补贴等形式给予支持;全民健身场所的水、电、气价格不得高于一般工业标准。

第四章　全民健身服务与保障

第三十六条　县级以上人民政府体育主管部门应当会同财政主管部门建立本级政府购买全民健身公共服务的机制,制定购买服务目录,确定购买服务的种类、性质和内容,向公民提供体育健身服务。

第三十七条　县级以上人民政府及其有关部门应当加强体育社会组织承接政府购买服务的能力建设,可以探索设立孵化培育资金,建设孵化基地,为初创的体育社会组织提供公益创投、补贴奖励、活动场地、费用减免等支持。

鼓励将闲置的办公用房、福利设施、体育场地附属设施等国有或者集体所有资产,通过无偿使用等优惠方式提供给体育社会组织开展全民健身公益活动。

第三十八条　县级以上人民政府体育主管部门应当推动体育总会、基层体育社会组织建设,开展业务指导,促进体育社会组织规范化发展。

县级以上人民政府体育、民政主管部门应当指导民族传统体育社会组织建设,扶持推广武术、健身气功等民族民俗民间传统运动项目,引导公众科学健身。

第三十九条　县级以上人民政府应当建设全民健身管理服务资源库、公共服务信息平台,向公众公开体育设施目录、开放时段、优惠措施、健身指导、赛事活动等信息,制定并公布科学健身指南,为公众提供科学健身服务。

第四十条　县级以上人民政府应当引导社会力量发展健身信息聚合、智能健身硬件、健身在线培训教育,开发以移动互联网等技术为支撑的全民健身服务平台,提供场地预定、健身指导、体质测定、赛事活动参与等综合服务。

第四十一条　县级以上人民政府体育主管部门应当完善社会体育指导工作机制和组织体系,加强社会体育指导员协会、服务站、服务点建设和管理,加强公益和职业体育指导员队伍建设,设立公益性岗位,支持和保障社会体育指导员工作,发挥社会体育指导员的健身指导作用。社会体育指导员服务站、服务点应当配备社会体育指导员。

县级以上人民政府体育主管部门应当引导社会体育指导员发挥专业技术特长的优势,组织公民开展体育健身活动,传授体育健身技能,宣传科学健身知识。建立以社会体育指导员为主体,运动员、教练员、体育科技工作者、体育教师、体育专业学生、医务工作者等参与的全民健身志愿服务队伍,进学校、进社区为全民健身提供志愿服务。

第四十二条　县级以上人民政府体育主管部门应当定期开展国民体质监测,完善体质健康监测体系,开发应用国民体质健康监测大数据,会同有关单位组织实施国民体质监测工作,向社会公布国民体质状况。学生的体质监测由县级以上人民政府教育主管部门定期组织实施,并向社会公布学生体质总体状况。

县级以上人民政府应当根据国民体质监测结果和全民健身活动状况调查结果,修订全民健身实施计划。

第四十三条　县级以上人民政府体育主管部门应当加强体质测定与运动健身指导站的建设与管理,支持和保障其开展常态化体质测定,科学指导健身。

从事体质测定的单位,应当具备国家规定的条件。对公民进行体质测定时,应当按照国家体质测定标准规范操作,为被测定者提供测定结果,对个人测定结果保密,并给予科学健身指导。

第四十四条　县级以上人民政府应当建立健全全民健身公共服

务绩效评估制度。

县级以上人民政府体育主管部门应当会同有关部门对全民健身实施计划推进情况及重点目标、重大项目的实施进度进行专项评估，将评估结果向本级人民政府报告。

县级以上人民政府应当将学校体育工作列入政府履行教育职责评价指标体系。县级以上人民政府教育主管部门应当将学校体育工作作为评价、考核学校工作的一项基本内容，定期对学校体育工作进行督导、检查。

第四十五条　经营列入国家高危险性体育项目目录的体育项目应当依法办理行政许可，使用的场所和设施器材应当符合国家相关标准。

县级以上人民政府体育主管部门应当加强对高危险性体育项目经营活动的监督检查。

第四十六条　县级以上人民政府体育主管部门应当依照国家规定建立健全公共体育场馆、群众体育活动安全管理制度，加强对从业人员的安全技能培训，强化日常安全检查、风险提示和监督管理。

健身场所管理单位应当建立安全管理制度，加强健身安全提示与指引，确保场地、设备和器材符合国家安全标准。

健身活动的组织者应当充分考虑健身活动的风险因素，加强对健身活动的安全管理，按照有关规定制定突发事件应急预案。

参加健身活动的公众应当提高自身安全意识，遵守健身场所安全管理规定，按照健身活动组织者的安全要求和安排开展活动。

鼓励全民健身活动组织者、健身场所管理者和参加全民健身活动的公民依法投保有关责任保险、意外伤害保险。鼓励保险机构创新保险产品和服务方式，拓展全民健身方面的险种业务。

第四十七条　县级以上人民政府卫生健康、体育等主管部门应当推行体医结合的疾病管理与健康服务模式，推进运动处方库建设，设立医疗运动康复门诊,发挥全民健身在健康促进、慢性病预防和康复等方面的作用。

第四十八条 社会力量通过公益性社会组织或者县级以上人民政府及其有关部门用于全民健身事业的公益性捐赠,符合税法规定的部分,可以在计算企业所得税和个人所得税时依法从其应纳税所得额中扣除。社会力量举办或者参与举办全民健身体育赛事活动的,县级以上人民政府及其有关部门可以在场地、技术、资金等方面给予支持。

第五章 法律责任

第四十九条 利用全民健身活动从事侵害他人合法权益、扰乱公共秩序及危害公共安全等违法行为,构成违反治安管理行为的,由公安机关依法给予处罚;构成犯罪的,依法追究刑事责任。

第五十条 擅自改变公共体育设施用途的,由县级以上人民政府体育主管部门责令限期改正,没收违法所得,违法所得五千元以上的,并处违法所得二倍以上五倍以下的罚款;没有违法所得或者违法所得五千元以下的,可以处一万元以下的罚款;对负有责任的主管人员和其他直接责任人员,依法给予处分。

第五十一条 侵占、损坏公共体育设施的,由县级以上人民政府体育主管部门责令限期改正,恢复原状,造成设施损坏的,依法承担民事责任;构成违反治安管理行为的,由公安机关依法给予处罚;构成犯罪的,依法追究刑事责任。

第五十二条 县级以上人民政府及其有关部门的工作人员在全民健身工作中违反本条例规定,不依法履行职责或者发现违法行为不予依法查处的,依法给予处分;构成犯罪的,依法追究刑事责任。

第六章 附 则

第五十三条 本条例自 2019 年 7 月 1 日起施行。

银川市全民健身条例

（2019 年 6 月 27 日银川市第十五届人民代表大会常务委员会第二十三次会议通过　2019 年 7 月 17 日宁夏回族自治区第十二届人民代表大会常务委员会第十三次会议批准）

第一章　总　则

第一条　为推进健康银川建设，促进全民健身活动开展，满足全民健身需求，保障公民在全民健身活动中的合法权益，根据《中华人民共和国体育法》、国务院《全民健身条例》《公共文化体育设施条例》等法律、法规，结合本市实际，制定本条例。

第二条　本市行政区域内全民健身活动、全民健身设施、全民健身保障以及相关的管理和服务，适用本条例。

第三条　全民健身应当遵循政府主导、社会参与、单位支持、共建共享的原则，坚持以人民身心健康为中心，普及健身知识，倡导健康理念。

第四条　市、县（市）区人民政府应当将全民健身事业纳入本级国民经济和社会发展规划，有计划地建设公共体育设施，根据本地区的实际情况，制定具体的全民健身实施计划，提供全民健身公共服务，促进全民健身事业均衡协调发展。

第五条　市体育主管部门负责全市全民健身工作，各县（市）区体育主管部门负责本行政区域内的全民健身工作，监督、指导全民健身活动广泛开展。

教育主管部门按照职责做好学校体育工作，其他有关主管部门，在各自职责范围内负责有关的全民健身工作。

街道办事处、乡镇人民政府应当将全民健身工作纳入基层公共服务体系,组织、协调本辖区的全民健身活动,指导、支持居(村)民委员会开展全民健身活动。

工会、共青团、妇联、残联等群团组织根据各自职能特点,组织开展全民健身活动。

第六条　市、县(市)区人民政府及其体育、教育、文旅、卫生和健康等行政部门应当宣传科学健身知识,增强公民健身意识,弘扬健康理念。

广播、电视、报刊、互联网等应当经常开展全民健身的宣传报道,营造积极健康的全民健身氛围。

社会体育组织应当发挥自身作用,引导本组织成员科学、文明、健康健身,提高健身素养。

第七条　鼓励国家机关、企业事业单位、社会团体、其他组织及个人参与建设全民健身设施,策划和举办全民健身活动,为全民健身产业提供市场化的产品和服务。

第八条　市、县(市)区人民政府应当对全民健身活动依法给予政策支持,对在全民健身事业中作出突出贡献的单位和个人给予表彰奖励。

第二章　全民健身活动

第九条　全民健身活动应当体现全面性、多样性、个性化,坚持老少皆宜、全民参与以及自愿、因地制宜、注重实效、科学文明、保障安全的原则。

第十条　每年5月为本市全民健身月,市、县(市)区体育主管部门和其他有关部门、企业事业单位、社会组织应当在全民健身月开展以下活动:

(一)多种形式的全民健身宣传活动;

(二)各类免费健身指导服务;

（三）集中组织全民健身展演、展示、竞赛、指导、咨询等主题活动；

（四）集中举办促进身心健康的各类赛事；

（五）组织开展全民健身活动。

全民健身月内，市属公共体育设施向公众免费开放。鼓励社会其他有条件的经营企业、各类社会投资的体育设施向公众免费或者低收费开放。

第十一条　市、县（市）区人民政府应当定期举办全民健身运动会、残疾人运动会以及老年人健身大会等赛事和活动。结合民风、民俗、自然地理、人文特点创建山地、水上、冰雪等自主品牌赛事。

发掘、保护少数民族传统体育项目，鼓励、促进少数民族传统体育健身活动开展。

第十二条　县（市）区体育主管部门应当在传统节日和农闲季节，组织开展与农村生产劳动和文化生活相适应的全民健身活动、农民运动会。

街道办事处、乡镇人民政府应当根据当地实际定期举办全民健身运动会，组织日常性全民健身活动，支持居（村）民委员会开展全民健身活动。

居（村）民委员会应当组织本地区居（村）民开展全民健身活动，并协助上级部门做好全民健身工作。

第十三条　各大中专院校、中小学校应当建立和完善青少年体育组织，按照规定开设体育课，根据学生的年龄、性别和体质状况，组织实施体育教学活动，保证学生每天锻炼不少于 1 小时，每学年至少举办一次全校性运动会。

幼儿园等幼教机构，应当开展适合幼儿的体育娱乐活动，锻炼幼儿身心，增强身心健康。

鼓励开展校际间各类专项体育联赛，综合性赛事活动，组织学生参与校外体育健身活动。

鼓励全民健身项目、竞技体育项目、民族传统特色体育项目进校园,鼓励学校建立校园体育特色兴趣组、俱乐部等。积极开展、组织和参加全市校园特色体育项目交流展示活动。

第十四条 国家机关、企业事业单位和其他组织应当组织本单位人员进行工前或者工间操等体育锻炼,开展经常性的体育健身活动。

有条件的单位,可以为本单位人员提供健身场地,配置必要的健身设施、器材,定期举办单项体育比赛、职工运动会,开展体育锻炼测验、体质监测等活动。

第十五条 鼓励建立、健全文化体育类社会团体,市、县(市)区体育、民政等部门应当给予支持和引导。

鼓励文化体育类社会团体依法开展多种形式的全民健身活动和比赛、培养专业人才、传授专项技能、传播专门知识。

第十六条 组织或者参加全民健身活动的,应当遵守法律法规的规定,遵守社会公德、公共秩序和健身场所的制度,不得有下列行为:

(一)损毁、破坏全民健身设施;

(二)从事封建迷信、邪教、色情、暴力和赌博活动;

(三)制造噪声、阻碍交通等;

(四)法律法规禁止的其他行为。

第三章 全民健身设施

第十七条 全民健身设施包括公共体育设施和学校体育设施、居民住宅区的体育设施、经营性体育设施以及国家机关、企业事业单位和其他组织等单位内部的体育设施等用于全民健身活动的建(构)筑物、场地和设备。

第十八条 市、县(市)人民政府应当按照规定将公共体育设施建设纳入城乡规划。

市、县(市)区体育主管部门应当会同有关部门编制公共体育设施布局规划,报本级人民政府批准后实施。

任何单位和个人不得侵占公共体育设施建设预留用地或者改变其用途。因特殊情况需要调整公共体育设施建设预留用地的,应当征求体育主管部门意见,并依法调整城乡规划。

第十九条　公共体育设施的规划和建设应当统筹规划、合理布局、规范实用和方便群众,充分考虑未成年人、老年人和残疾人的特殊要求,满足不同人群的健身需要。

第二十条　市、县(市)区人民政府应当按照国家和自治区有关规定,建设全民健身活动中心、公共体育场、体育公园、健身广场等,在村、社区实施农民体育健身工程。

市、县(市)区人民政府和有关部门应当利用公园、绿地、广场、河湖沿岸、城市道路等区域,建设健身步道、登山步道、自行车道或者城市绿道等全民健身活动场地,安装健身器材和设施。

第二十一条　新建、改建、扩建居民住宅区,应当按照国家有关规定规划和建设相应的体育设施。

居民住宅区配套建设的体育设施应当与居民住宅区主体工程同步设计、同步施工、同步验收、同步投入使用。

已建成的居民住宅区没有按照规定建设体育设施的,有建设条件的,应当予以补建。

任何单位或者个人不得擅自改变体育设施的建设项目和功能,不得缩小其建设规模和降低其用地指标。

第二十二条　老旧城区、社区全民健身设施未达到国家有关体育设施建设标准的,市、县(市)区人民政府应当在保障安全的前提下,利用旧厂房、仓库、老旧商业设施和空闲地等闲置资源,逐步补建全民健身设施。

第二十三条　全民健身设施的管理责任单位按照下列规定确定:

(一)政府建设的公共体育设施和国家机关内部的体育设施,由政府及其有关部门明确或者指定的单位负责管理和维护;

(二)社会力量投资开办的公共体育设施、经营性体育设施、企业事业单位和其他组织内部的体育设施,由产权人负责管理和维护;

(三)捐赠的体育设施,由受捐赠单位负责管理和维护。

居民住宅区的体育设施的管理责任单位按照国家和本市有关物业管理的规定确定。

第二十四条　全民健身设施的管理单位应当履行下列职责:

(一)建立健全设施的使用、维修、安全和卫生管理制度;

(二)使用符合国家安全标准的设施和设备;

(三)标明设施和设备的使用方法、注意事项及安全提示;

(四)按照设施的使用标准进行保养、检查并及时维修;

(五)按照国家标准配备安全防护人员及相关设备;

(六)在设施所属场地公示管理单位的联系方式;

(七)国家和自治区相关规定确定的其他职责。

第二十五条　公共体育设施管理单位应当自公共体育设施竣工验收合格之日起三十日内,将该设施的名称、地址、服务项目、收费标准等内容报所在地县(市)区体育主管部门备案。

第二十六条　公共体育设施应当全年向公众开放,并在公休日、法定节假日和学校寒假暑假期间延长开放时间。公共体育设施因维修等原因需要暂时停止开放的,应当提前七日向社会公告。

公共体育设施管理单位应当免费或者低收费开放公共体育设施,并向公众公示收费标准、服务内容和开放时间;实行收费的,收费项目和标准由市、县(市)区人民政府有关部门批准,并应当对学生、老年人、残疾人和军人给予优惠。

免费或者优惠开放公共体育设施的公共体育设施管理单位,按照国家规定享受补助。

第二十七条　政府投资建设的景区应当逐步对公众晨练晚练免费开放,并向社会公告开放时间。

鼓励国家机关、企业事业单位、社会团体和其他组织的体育设施免费或者低收费向公众开放。

第二十八条　各大中专院校、中小学校应当在课余时间和公休日、法定节假日向学生开放体育设施。公办学校应当积极创造条件向公众开放体育设施;鼓励民办学校向公众开放体育设施。

学校可以根据维持设施运营的需要向使用体育设施的公众收取必要的费用。

第二十九条　市、县(市)区人民政府应当对所有向公众开放体育设施的大中专院校、中小学校提供经费保障,并为其办理有关责任保险。

第四章　全民健身保障

第三十条　市、县(市)区人民政府应当加强组织和协调,将全民健身计划的执行情况纳入群众性精神文明创建活动考核评价体系,对本行政区域全民健身计划的实施情况负总责。

第三十一条　市、县(市)区人民政府应当将全民健身工作所需经费列入本级财政预算并随着国民经济的发展逐步增加对全民健身的投入,促进全民健身事业均衡发展。

第三十二条　市、县(市)区体育主管部门按照国家、自治区有关规定培训、管理、考核社会体育指导员。

第三十三条　取得社会体育指导员技术等级证书的人员,可以按照技术等级证书确定的范围从事社会体育健身服务指导,依法开展下列活动:

（一）组织群众性健身活动；

（二）传播科学健身知识；

（三）传授科学健身技能；

（四）开展健身安全指导；

（五）宣传全民健身活动；

（六）引导公众遵守相关法律、法规。

鼓励社会体育指导员为公众义务提供全民健身指导服务。

第三十四条　鼓励具有全民健身专业技能和知识的人员参与全民健身活动，传授普及科学实用的全民健身知识、技能和方法。

第三十五条　市、县（市）区人民政府应当设置运动健身科学指导站和公共体育服务岗位，可以通过政府购买服务的方式为公众提供公益性体育培训、健身指导等公共体育服务。

市、县（市）区体育主管部门应当定期组织开展国民体质监测活动，通过开展公益性讲座等方式为公众提供科学健身指导。

学校学生的体质监测由教育主管部门组织实施。

第三十六条　市、县（市）区人民政府及体育主管部门组织的体育比赛、体育表演等健身活动，可以采取自行承办或者向社会购买服务的方式承办。

第三十七条　企业、社会团体或者个人赞助全民健身活动中的比赛、表演的，可以享有冠名权。

第三十八条　鼓励健身用品制造业、健身活动服务业的发展，培育和推广体育与文化、旅游、医疗、养老等相融合的健身休闲项目、旅游目的地、旅游精品线路等。

第三十九条　鼓励保险机构创新健身保险产品和服务，开展健身公共服务险种业务。鼓励全民健身活动组织者办理相关的机构责任和第三方公众责任保险，鼓励健身活动参与者购买个人人身意外伤害保险。

第四十条　鼓励和支持国家机关、企业事业单位、社会团体、其他组织或者具有精神卫生专业知识的人员基于公益目的,通过培训、讲座或者志愿服务等方式,为全民健身活动提供公益性的心理健康指导和服务。

用人单位应当重视劳动者的心理健康促进工作,结合本单位的工作特点,定期开展心理健康教育与测试,组织心理健康促进活动。

第四十一条　鼓励运用互联网、大数据、云计算等智能科技手段与全民健身相结合,依靠科学技术发展全民健身事业。

市、县(市)区体育主管部门应当组织建设全民健身公共服务信息平台,通过信息平台公开全民健身设施目录、开放时段、收费标准、免费项目、健身服务等信息,提供全民健身在线咨询服务。

第四十二条　组织大型群众性全民健身活动,应当遵守大型群众性活动安全管理规定,做好安全工作,保证活动安全。

市、县(市)区人民政府及相关部门应当为依法开展的大型群众性全民健身活动提供安全、医疗、交通等保障。

对于依法举办的群众体育比赛等全民健身活动,任何组织或者个人不得非法设置审批和收取审批费用。

第五章　法律责任

第四十三条　违反本条例规定的行为,法律、行政法规已有处罚规定的,从其规定。

第四十四条　违反本条例,在全民健身活动中有宣扬封建迷信等不健康内容、扰乱公共秩序、损毁公私财物等违反治安管理行为的,由公安机关依据《中华人民共和国治安管理处罚法》依法给予处罚;构成犯罪的,依法追究刑事责任。

第四十五条　侵占公共体育设施预留用地或者擅自改变其用途

的,由自然资源主管部门责令限期改正,逾期不改正的,依法申请人民法院强制执行。

第四十六条 国家机关及其工作人员在全民健身工作中不依法履行职责,或者滥用职权、徇私舞弊、玩忽职守的,对负有直接责任的主管人员和其他直接责任人员依法给予处分;构成犯罪的,依法追究刑事责任。

第六章 附 则

第四十七条 本条例自 2019 年 9 月 1 日起施行。

河北省全民健身条例

(2020 年 3 月 27 日河北省第十三届人民代表大会常务委员会第十六次会议通过)

第一章 总 则

第一条 为了实施健康中国战略,促进全民健身活动开展,提高全民身体素质和健康水平,根据《中华人民共和国体育法》《全民健身条例》等法律、行政法规,结合本省实际,制定本条例。

第二条 在本省行政区域内组织和开展全民健身活动适用本条例。

第三条 全民健身应当以人民健康为中心,坚持政府主导、社会参与,科学文明、共建共享,因地制宜、方便群众的原则。

第四条 公民有依法参加全民健身活动的权利。

各级人民政府应当依法保障公民参加全民健身活动的权利。

第五条 县级以上人民政府应当将全民健身工作纳入国民经济

和社会发展规划,制定全民健身实施计划,建立健全全民健身工作协调机制,加大对农村地区和城市社区等基层公共体育设施建设的投入,完善全民健身公共服务体系,推动基本公共体育服务均等化。

乡(镇)人民政府、街道办事处应当做好本行政区域的全民健身相关工作,并指导村(居)民委员会开展全民健身活动。

第六条　县级以上人民政府体育主管部门负责本行政区域内的全民健身工作。

县级以上人民政府其他有关部门以及工会、共青团、妇联、残联等社会团体应当按照各自职责,做好全民健身工作。

第七条　县级以上人民政府及其有关部门应当完善产业政策,推动科技创新,优化产业布局,将全民健身相关产业与消费发展纳入体育产业和其他相关产业政策体系,鼓励和支持体育产业发展,规范体育健身市场,推动与公众生活水平相适应的体育消费。

鼓励和支持全民健身与科技、教育、文化、卫生健康、养老、旅游融合发展,发挥全民健身在促进素质教育、文化繁荣、健康提升、民生改善等方面的作用。

第八条　省人民政府应当推动京津冀全民健身活动协同发展,引入市场多元化参与机制,推动京津冀体育产业融合发展和全民健身公共服务资源均衡配置。

省体育主管部门应当与北京市、天津市体育主管部门建立京津冀体育工作联系机制,加强体育产业对接合作,共同组织开展大型全民健身活动,协力推进京津冀体育健身休闲圈建设。

第九条　县级以上人民政府及其有关部门应当普及奥运知识,加大政策扶持力度,引导支持公众参与,推广球类、冰雪、武术等具有一定群众基础的运动。

县级以上人民政府及其有关部门和社会媒体应当加强全民健身

的宣传教育,增强公众健身意识,倡导健康文明的生活方式。

鼓励和支持社会资本、社会力量参与体育设施的建设、管理、运营和举办全民健身活动。

第二章 全民健身设施

第十条 县级以上人民政府应当加强全民健身设施的规划、建设、维护和管理。

全民健身设施包括公共体育设施和学校体育设施、居民住宅区的体育设施、经营性体育设施以及国家机关、企业事业单位和其他组织内部的体育设施等用于全民健身活动的建(构)筑物、场地和设备。

第十一条 县级以上人民政府应当将公共体育设施用地纳入国土空间规划和年度用地计划,统筹规划,合理布局。

县级以上人民政府体育主管部门应当会同自然资源主管部门组织编制公共体育设施布局规划,报本级人民政府批准后实施。有条件的地方可以制定全民健身设施专项规划。

自然资源主管部门在组织编制居民住宅区所在区域的控制性详细规划时,应当根据国家和本省有关规定,结合公共体育设施布局规划,统筹安排公共体育设施用地,并征求同级体育主管部门意见。

第十二条 县级以上人民政府及其有关部门应当根据国家和本省有关规划建设公共体育场、全民健身活动中心、体育公园、球类场地、健身广场,利用公园、广场、公共绿地、城市道路等区域建设健走步道、自行车道、城市绿道、健身器材场地等全民健身设施,方便公众就近参加健身活动。

扶持农村地区的公共体育设施建设,完善农村全民健身设施网络。农村地区公共体育设施的规划、建设应当考虑农村生产劳动和生活习惯。

鼓励在文化、商业、娱乐、旅游等项目综合开发时,建设全民健身设施,健全开展全民健身活动的功能。在保障安全、合法利用的前提下,支持利用旧厂房、仓库、老旧商业设施等闲置资源改建全民健身设施。

第十三条　新建居民住宅区应当依照法律法规和国家规定的标准配套建设全民健身设施,并与主体工程同步设计、同步施工、同步投入使用。老旧小区在改造过程中应当按照国家和本省有关规划、规定配套建设全民健身设施。

第十四条　全民健身设施管理单位应当按照公共安全、公共卫生等相关法律法规的要求和标准,建立健全维护管理制度,保持健身设施完好,并在醒目位置标明设施的使用方法和安全注意事项,加强相关设施的安全使用知识普及和健身指导。依法配备具有急救技能的安全管理人员。

第十五条　公众应当遵守全民健身活动场所的规章制度,合理使用并爱护健身设施。

任何单位和个人不得侵占、破坏公共体育设施,不得擅自改变公共体育设施的功能、用途。

第十六条　公共体育设施应当根据其功能、特点,按照国家有关规定向公众免费或者低收费开放。

公共体育设施管理单位应当考虑不同职业、不同年龄、不同体质公众的健身需求,完善相应全民健身设施,开展适合不同群体特点的健身活动。

第十七条　鼓励社会力量投资建设全民健身设施,依法参与全民健身设施的管理运营。

鼓励国家机关、企业事业单位和其他组织内部的体育设施创造条件向社会开放。

第三章 全民健身活动

第十八条 每年8月8日为全民健身日。

县级以上人民政府及其有关部门应当在全民健身日加强全民健身宣传。县级以上人民政府体育主管部门应当在全民健身日组织开展全民健身活动和免费健身指导服务。国家机关、企业事业单位和其他组织应当在全民健身日结合自身条件组织本单位人员开展全民健身活动。

公共体育设施应当在全民健身日向公众免费开放。鼓励其他各类体育设施在全民健身日向公众免费开放。

第十九条 县级以上人民政府体育主管部门应当推行全民健身实施计划,组织开展健身跑、健步走、骑行、球类、太极拳、游泳、冰雪运动、广场舞、健身秧歌等形式多样的全民健身活动,满足公众健身需求。

支持各地各部门利用地域文化、农耕文化、旅游休闲等资源,开展具有区域特色、行业特点的全民健身活动。在传统节日和农闲季节,组织开展与城乡生产劳动和文化生活相适应的全民健身活动。

体育主管部门应当配合有关部门和工会、共青团、妇联、残联等社会团体,根据职责或者章程,结合各自实际组织职工、学生、妇女、老年人、残疾人等不同群体成员开展全民健身活动。鼓励、指导居民家庭制定健身计划,开展健身活动。

第二十条 县级以上人民政府体育主管部门应当适时举办全民健身运动会等全民健身赛事活动。鼓励社会力量举办或者参与全民健身赛事活动,提供全民健身服务和产品,促进全民健身消费。

县级以上人民政府应当建立体育、公安、卫生等多部门全民健身赛事活动联合服务机制,县级以上人民政府体育主管部门应当加强对全民健身赛事活动的监管和服务。

第二十一条　县级以上人民政府及其有关部门应当依托当地自然人文资源,因地制宜加强冰雪场馆设施建设,培育群众性冰雪运动品牌赛事活动,发展滑冰、冰球、滑雪等冰雪健身项目,促进冰雪产业发展,为公众提供冰雪产品和服务,推广普及群众性冰雪体育活动。

第二十二条　市场监督管理、体育主管部门应当加强对体育经营活动的监督管理,支持体育活动经营者建立行业自律组织,促进体育市场主体自我约束、诚信经营。

体育健身场馆经营者应当按照经营的项目、性质,向公众合理收取费用并按照约定提供相应健身服务,不得虚假宣传、擅自违约停止服务,销售预收款健身卡应当符合国家和省有关规定。对擅自违反约定,停止服务、拒绝或者无故拖延退还预收款等侵害消费者合法权益的行为,除承担相应的法律责任外,将其失信行为记入信用档案,失信信息向本省公共信用信息平台归集,并依法依规实施联合惩戒。

第二十三条　国家机关、企业事业单位和其他组织应当坚持和完善工间健身制度,组织本单位人员因地制宜开展工间操等健身活动,增强职工体质。有条件的,可以举办运动会,开展体育锻炼测验、体质测定等活动。

第二十四条　公民应当树立科学文明的健身理念,坚持安全有序、全面发展,结合自身需要自愿选择健身方式,积极参加健身活动,提高健身效果。鼓励公民个人至少培养一项运动爱好或者掌握一项传统运动项目,每周参加三次以上中等强度体育锻炼。

公民使用全民健身公众设施、参加全民健身活动或者赛事,应当遵守相关安全、卫生等管理规定,服从统一指挥和现场管理。

第二十五条　各级体育总会应当对本级单项体育协会、行业体育协会、人群体育协会等各类体育社会团体的工作进行统筹和指导,配合体育主管部门加强对全民健身赛事活动的服务和指导。

体育社会团体应当依照章程,开展规则制定、人员培训、活动策划等工作,组织和指导公众科学健身。

鼓励全民健身活动站点、体育俱乐部等城乡社区体育社会组织,组织居民开展全民健身活动。

第二十六条　省体育主管部门应当结合实际,组织制定全民健身活动指南。

省级单项体育协会应当结合体育项目的技术要求,制定公众参与不同项目的全民健身活动指引,为不同人群提供健身指导服务。

第二十七条　县级以上人民政府体育主管部门应当加强社会体育指导人员队伍的规范化、专业化培训。完善体育指导标准和规范,鼓励体育专业人员参与社会体育指导志愿服务,支持社会体育指导人员为公众提供科学健身指导,提高健身效果,预防运动损伤。

社会体育指导人员开展健身指导应当遵守国家有关规定。以对高危险性体育项目进行健身指导为职业的社会体育指导人员,应当依照国家有关规定取得职业资格。

第二十八条　举办大型全民健身活动,应当遵守国家和本省大型群众性活动安全管理等有关规定。公安机关以及其他有关主管部门应当依法履行各自的安全管理职责。

鼓励和引导大型全民健身活动承办者在活动举办前向活动所在地体育主管部门备案。体育主管部门对备案的全民健身活动应当提供有针对性的指导。

第二十九条　举办大型全民健身活动需占用道路、医疗、无线电频率等社会公共资源的,由承办者向交通运输、卫生健康、工业和信息化等部门提出申请,相关部门应当依法办理相关手续并负责有关管理工作。

第三十条　全民健身活动承办者对其承办活动的安全负责,其主要负责人为安全责任人。

举办大型全民健身活动,承办者应当依法制定活动安全工作方案,保障活动安全,并按照相关规定到公安部门申请安全许可。

第三十一条　县级人民政府体育主管部门应当支持基层群众性健身团队建设,公民可以组建或者参加健身团队,开展全民健身活动。乡(镇)人民政府、街道办事处辖区内的健身团队可以向本乡(镇)人民政府、街道办事处或者居民委员会、村民委员会申请备案,经备案的全民健身团队可以在场地、资金等方面按照有关规定享受政策支持。

提倡全民健身活动的临时团队通过书面合同等形式,明确组织者、参与者的权利和义务。

第三十二条　任何组织或者个人应当按照合法自愿、灵活多样的原则举办、参加全民健身活动,履行安全、有序、文明、诚信的组织、参加、观看义务。不得利用健身活动从事宣扬封建迷信、违背社会公德、扰乱公共秩序、损害公民身心健康等行为。举办、参加健身活动不得影响他人的正常工作、学习和生活。

第四章　青少年体育活动

第三十三条　县级以上人民政府应当采取有效措施,普及青少年体育活动,提高青少年身体素质,促进青少年全面发展和健康成长。

县级以上人民政府教育、体育主管部门和学校应当与共青团、妇联以及家庭等相互配合,依法履行开展学校体育和青少年校外体育活动的职责。

第三十四条　学校应当完善体育课程设置，实施以身体锻炼为主的体育教学，保证学生在校期间每天参加不少于一小时的体育活动。推进学生大课间开展广播体操、眼保健操等体育活动，健全学生课外体育锻炼制度，帮助学生掌握一至两项体育运动技能或者健身方法，养成体育健身意识和终身锻炼习惯。

学校应当保障特殊青少年群体参与和自身相适应的体育活动。

第三十五条　县级以上人民政府教育、体育主管部门应当通过组织开展青少年冰雪、足球、武术等竞赛活动，因地制宜建设冰雪、足球、武术等特色学校和特色运动场地等方式，推动冰雪、足球、武术等运动普及发展。

有条件的中小学可以将冰雪、足球、武术等运动项目列入体育课教学内容。

第三十六条　县级以上人民政府教育主管部门应当加强师资、场地、设施建设，依照国家有关规定和标准建立学生体质健康数据监测和学校体育课程实施情况监测制度，保证体育课、课外锻炼和健康教育时间，提高学生体质标准合格率，促进提升学生总体健康水平。

第三十七条　县级以上人民政府教育、体育主管部门应当科学规划青少年体育比赛，定期组织综合性学生运动会或者单项学生体育比赛。

学校应当开展班级、年级体育比赛，每学年至少举办一次全校性体育运动会。

第三十八条　县级以上人民政府教育、体育主管部门应当加强体育传统项目学校建设，指导和扶持体育传统项目学校合理布局重点项目、优势项目和民族特色项目。

第三十九条　各级人民政府和有关部门应当推动开展校外青少

年体育活动,构建学校、家庭、社区相结合的青少年体育活动网络。

鼓励学校组织开展夏(冬)令营等符合青少年身心特点的体育活动。

第四十条　各级人民政府和有关部门应当结合城镇化发展,统筹规划、合理布局青少年户外体育活动营地、青少年校外体育活动中心等体育设施的建设。

青少年活动中心、少年宫、妇女儿童中心等应当为学生开展体育活动提供便利。

第五章　服务与保障

第四十一条　县级以上人民政府应当将全民健身工作所需经费列入本级财政预算,并随着国民经济的发展逐步增加对全民健身的投入,做好经费使用的监督管理。

按照国家有关彩票公益金的分配政策,由体育主管部门分配使用的彩票公益金,应当根据国家有关规定用于全民健身事业。

第四十二条　省体育主管部门应当根据国家有关规定和本地实际,会同统计、教育、卫生健康等部门开展国民体质监测和全民健身活动状况调查,定期向社会公布监测和调查结果。

县级以上人民政府体育主管部门应当根据监测和调查结果,会同卫生健康等部门综合运用全民健身与健康服务管理信息大数据等技术,开展科学健身指导和服务,提高公众科学健身的意识、素养和能力水平。

第四十三条　各级人民政府应当对向公众开放体育设施的管理单位给予支持,可以采取政府购买服务等方式促进全民健身活动开展。符合条件的体育场馆,其用于体育活动的房产、土地,可以按照政策规定享受房产税和城镇土地使用税优惠。体育场馆等健身场所的水、电、气、热价格按照不高于一般工业标准执行,属于特种行业取用水的除外。

第四十四条　经营列入国家高危险性体育项目目录的体育项目的经营者应当依法办理许可证,使用的场所和设施器材应当符合国家相关标准,配备符合规定数量的取得国家职业资格证书的社会体育指导人员和救助人员。

县级以上人民政府体育主管部门应当会同有关部门,加强对高危险性体育项目经营活动、场地条件和设施器材等的监督检查。

第四十五条　县级以上人民政府及其有关部门应当加强公众健身指导和健康服务,开发适合不同人群、不同体质、不同地域特点的特色运动项目,促进全民健身与全民健康深度融合。

鼓励和支持武术、太极拳、健身气功等传统运动项目的开展,支持优秀传统运动项目纳入非物质文化遗产名录,促进健身文化建设。

第四十六条　报纸、广播、电视、网络等媒体应当加强对科学、文明、健康的全民健身项目和方法的宣传,刊登、播放公益性的健身知识等内容,增强公众健身意识。

第四十七条　县级以上人民政府体育主管部门应当建设全民健身公共服务信息平台,公开政策法规、赛事活动、场地设施、体育组织等信息,提供全民健身咨询指导服务。

第四十八条　鼓励保险机构创新保险产品和服务方式,开展适用于体育公共服务、学校体育、社区体育、运动伤害等与全民健身相关的保险业务。

体育主管部门主办的体育赛事活动应当购买相关的公众责任保险。鼓励全民健身活动组织者、健身场所管理者依法投保有关责任保险。

鼓励参加全民健身活动的公民依法投保意外伤害保险。保险机构、全民健身活动组织者或者健身场所管理者应当为公民投保提供便利。

第六章　法律责任

第四十九条　县级以上人民政府及其有关部门的工作人员在全民健身工作中玩忽职守、滥用职权、徇私舞弊的,依法给予处分;构成犯罪的,依法追究刑事责任。

第五十条　违反本条例规定,利用全民健身活动从事宣扬封建迷信、违背社会公德、扰乱公共秩序、损害公民身心健康等行为,违反治安管理的,由公安机关依法给予处罚;构成犯罪的,依法追究刑事责任。

第五十一条　违反本条例规定,体育健身场馆经营者进行虚假宣传的,以及擅自违反约定,停止服务、拒绝或者无故拖延退还预收款的,按照《中华人民共和国消费者权益保护法》《河北省消费者权益保护条例》等相关规定进行处罚。

第五十二条　违反本条例规定,侵占、破坏公共体育设施或者擅自改变公共体育设施功能、用途的,由县级以上人民政府体育主管部门按照管理权限责令改正,并依法承担民事责任;违反治安管理的,由公安机关依法给予处罚;构成犯罪的,依法追究刑事责任。

第五十三条　学校违反本条例规定的,由县级以上人民政府教育主管部门按照管理权限责令改正;拒不改正的,对负有责任的主管人员和其他直接责任人员依法给予处分。

第五十四条　未经批准,擅自经营高危险性体育项目的,由县级以上人民政府体育主管部门按照管理权限责令改正;有违法所得的,没收违法所得;违法所得不足三万元或者没有违法所得的,并处五万元以上十万元以下的罚款;违法所得三万元以上的,并处违法所得三倍以上五倍以下的罚款。

高危险性体育项目经营者取得许可证后,不再符合《全民健身条例》规定条件仍经营该体育项目的,由县级以上人民政府体育主管部门按照管理权限责令改正;有违法所得的,没收违法所得;违法所得不足三万元或者没有违法所得的,并处三万元以上十万元以下的罚款;违法所得三万元以上的,并处违法所得二倍以上五倍以下的罚款;拒不改正的,由原发证机关吊销许可证。

第七章 附 则

第五十五条 本条例自 2020 年 5 月 1 日起施行。

参 考 文 献

一、著作类

1. 周旺生. 立法学[M]. 北京:法律出版社,2007.

2. 张文显. 法理学(第三版)[M]. 北京:法律出版社,2007.

3. 周旺生. 立法研究(第五卷)[M]. 北京:北京大学出版社,2005.

4. 万其刚,立法理念与实践[M]. 北京:北京大学出版社,2006.

5. 李永成. 经济法人本主义论[M]. 北京:法律出版社,2006.

6. 陈更. 科学发展观与法制建设[M]. 北京:社会科学文献出版社,2006.

7. 徐显明. 以人为本与法律发展[M]. 山东:山东人民出版社,2008.

8. 中国社会科学院法学研究所. 中国法治 30 年[M]. 北京:社会科学文献出版社,2008.

9. 国家体委政策法规司. 外国体育法规选编[M]. 北京:北京体育大学出版社,1999.

10. 米歇儿·贝洛夫等,郭树理译. 体育法[M]. 武汉:武汉大学出版社,2008.

11. 邹立刚,戴仲川. 华侨大学法学论丛(体育法专号)[M]. 福建:厦门大学出版社,2005.

12. 全国人大常委会法制工作委员会国家法行政法室,国务院法制局教科文卫司,国家体委政策法规司.《中华人民共和国体育法》释义[M]. 北京:人民体育出版社,1996.

13. 肖金明,黄世席. 体育法评论(第一卷)[M]. 山东:山东大学出版社,2008.

14. 张杨. 体育法学概论[M]. 北京:人民出版社,2006.

15. 闫旭峰. 体育法学与法理基础[M]. 北京:北京体育大学出版社,2007.

16. 董小龙,郭春玲. 体育法学[M]. 北京:法律出版社,2006.

17. 国家体育总局政策法规司. 中国体育法制十年［M］. 北京：中国法制出版社,2006.

18. 张厚福,罗嘉司. 体育法学概要［M］. 北京：人民体育出版社,1998.

二、论文类

1. 陈琦,胡佩卿. 加强全民健身法规建设构想［J］. 广州体育学院学报,1998(2)：1 - 5.

2. 赵芳. 我国大众体育法规体系基本框架的构建［J］. 上海体育学院学报,2005(2)：19 - 22.

3. 张小林等. 和谐社会与当前大众体育难以承受之轻——《全民健身计划纲要》颁布 10 周年之反思［J］. 西安体育学院学报,2006(2)：4 - 6.

4. 于善旭. 论我国全民健身法治环境［J］. 体育文化导刊,2010(2)：1 - 4.

5. 于善旭. 从提倡到保障到战略：新中国 70 年全民健身事业的依法推进与提升［J］. 体育学刊,2019(5)：1 - 8.

6. 王志华,卢文云. 破解群众"健身难"问题的政策分析［J］. 天津体育学院学报,2020(4)：392 - 398.

7. 张玉超,郑华. 对我国全民健身事业法制建设的思考［J］. 首都体育学院学报,2009(4)：403 - 407.

8. 阳剑.《全民健身条例》法律配套探讨［J］. 体育文化导刊,2010(6)：3 - 5.

9. 徐士韦等.《全民健身条例》实施过程中的法律缺失［J］. 体育科研,2010(4)：30 - 36.

10. 蔡有志等.《全民健身条例》颁布的战略意义［J］. 北京体育大学学报,2009(9)：12 - 14.

11. 贾文彤."软法"硬化：从《全民健身计划纲要》到《全民健身条例》的思考［J］. 天津体育学院学报.2010(3)：65 - 69.

12. 于善旭. 论《全民健身条例》对公共体育服务的制度推进［J］. 天津体育学院学报,2010(4)：277 - 281.

13. 谭小勇等. 论《全民健身条例》的渊源与价值［J］. 体育科研,2010(4)：26 - 29.

14. 栾开封.《全民健身条例》试解读［J］. 体育文化导刊,2011(1)：6 - 8.

15. 汪习根,唐 勇.论体育权利均等化——兼论《全民健身条例》配套制度设计的价值重心[J].政治与法律,2011(11):56-62.

16. 田思源,朗福资.激励机制在《全民健身条例》实施中的运用[J].体育学刊,2012(2):63-68.

17. 裴鹏.《全民健身条例》实施中的激励机制研究[J].体育文化导刊,2015(12):6-10.

18. 朱翼,詹晓燕.我国全民健身运动发展探讨——基于《全民健身条例》的思考[J],广西社会科学,2015(1):160-163.

19. 蒙雪.全民健身十年广东省群众体育政策、法规建设情况分析[J].吉林体育学院学报.2006(3):109-110.

20. 黎晋添.地方全民健身法规建设研究[J].北京体育大学学报,2008(1):17-19.

21. 王正伦.江苏省实施全民健身计划(2011—2015)若干建议研究(一)[J].南京体育学院学报,2010(3):1-7.

22. 侯令忠等.陕西省全民健身条例立法研究[J].体育文化导刊,2010(12):20-22.

23. 唐勇,林芳臣.长三角全民健身地方立法比较研究[J].浙江体育科学,2017(4):1-6.

24. 李慧萌,汪波.安徽省全民健身政策法规建设与实施现状研究[J].皖西学院学报,2011(2):136-139.

25. 马永明.我国农村地区践行《全民健身条例》的困境与对策[J].体育与科学,2011(1):64-68.

26. 黄文浪,褚文亚.地方性全民健身法规分析[J].体育文化导刊,2011(9):12-14.

27. 王振中.地方性全民健身条例的立法完善研究[J].体育科技文献通报,2015(4):124-125.

28. 尤传豹等.地方政府全民健身政策执行力指标构建及其应用研究[J].山东体育学院学报,2019(4):39-46.

29. 郭恒涛等.全民健身地方立法从"有"转"优"的策略研究[J].武汉体育学院学

报,2018(5):50-54.

30. 蒋云飞.省级地方全民健身立法的可操作性——基于19部省级全民健身条例
的文本分析[J].武汉体育学院学报,2019(12):30-36.

31. 韩永君.群众体育政策工具选择评估——基于省级全民健身实施计划的内容
分析[J].成都体育学院学报,2019(5):64-72.

32. 江亮.对国外大众体育与我国社会体育有关法制的比较研究[J].湖北体育科
技.2005(4):424-426.

33. 闫华.中日韩三国举办奥运会前后有关大众体育政策法规研究[J].北京体育
大学报.2010(6):18-21.

34. 边宇,吕红芳.美国《全民健身计划》解读及对我国的启示[J].体育学刊,
2011.2:69-73.

35. 李良等.《美国人身体活动指南第2版(2018)》解读及启示[J].体育学刊,
2019(5):96-102.

36. 赵亚杰等.2018年美国身体活动指南》的特征及其对"健康中国"战略实施的
启示[J].吉林体育学院学报,2019(5):8-14.

37. 彭华,贾文彤.地方体育立法视域下高危险性体育项目经营问题研究[J].河
北体育学院学报,2011(3):15-17.

38. 王红艳.南京市政府《全民健身条例》执行力评价指标体系的构建[J].南京体
育学院学报(自然科学版),2013(2):107-111.

39. 黄健等.四川省地方体育立法的研究[J].成都体育学院学报,
2011(12):38-41.

40. 云欣,贾文彤.体育地方立法中法律责任问题研究[J].首都体育学院学报,
2013(5):411-415.

41. 丁红娜等.地方立法保障学校体育场馆对外开放旳思考[J].吉首大学学报
(自然科学版),2013(9):211-214.

42. 高建玲.《"健康中国2030"规划纲要》起草背景及其群众体育社会效应解读
[J].广州体育学院学报,2019(5):1-6.

43. 高奎亭等.建国70年来我国体育公共服务政策的演进与趋向[J].体育学刊,
2020(3):17-22.

44. 樊炳有,王继帅.经济百强县公共体育资源配置的差异性研究[J].北京体育大学学报,2019(12):127 – 138.

45. 姜红蕾,肖丽斌.南昌市红谷滩新区实施《全民健身条例》的调查和思考[J].当代体育科技,2013(13):97 – 98.

46. 商伟,扈凯.全民健身背景下残疾人体育权益保障问题及对策研究[J].福建体育科技,2019(5):27 – 29.

47. 徐明,李龙.社会体育指导员培训工作机制创新与成效探索——以四川省为例[J].四川体育科学,2020(3):5 – 9.

48. 王岐富,吴真文.体育权利在《全民健身条例》中的实现[J].河北体育学院学报,2013(4):5 – 8.

49. 王志平等.学校体育实施《全民健身计划(2011 – 2015 年)》的对策研究[J].武夷学院学报,2011(5):96 – 99.

50. 贾晨.政策工具视角下《身体活动全球行动计划(2018 – 2030)》文本分析及对我国全民健身政策制定的启示[J].武汉体育学院学报,2019(8):17 – 22.

51. 黎伟,毕红星.我国体育设施布局分析[J].体育文化导刊,2013(7):82 – 85.

52. 汪全胜,黄兰松.论公共体育设施的供给及制度保障[J].武汉体育学院学报,2015(9):5 – 11.

53. 汪全胜,张奇.我国高危险性体育项目行政许可条件设置的完善——基于现行法律文本的考察[J].南京体育学院学报,2019(12):1 – 8.

54. 张振等.我国对高危险性体育项目的政策及管理现状[J].西安体育学院学报,2015(5):534 – 538.

55. 陈勇军.我国高危户外运动的法律研究[J].体育文化导刊,2015(8):26 – 29.

56. 汪全胜等.我国高危险性体育项目的立法缺陷及其完善[J].武汉体育学院学报,2020(6):46 – 53.

57. 秦海生.我国城市高危体育项目发展研究—以安阳航空运动为例[J].体育文化导刊,2015(2):5 – 8.

58. 陈建强等.上海市高危性体育运动项目管理制度的建立完善[J].体育科研,2011(2):39 – 43.

59. 陈毅清等.安徽省大众游泳、漂流等高危性体育运动项目管理制度的建立完善[J].曲阜师范大学学报,2013(2):98－103.

60. 田思源."健康中国"视域下《体育法》与《全民健身条例》的修改[J].上海体育学院学报,2019(3):7－12.

61. 陈华,邹亮畴.我国实现全民健身公平的必要性及途径[J].体育学刊,2013(4):18－21.

62. 黎伟,毕红星.我国体育设施布局分析[J].体育文化导刊,2013(7):82－85.

63. 张瑞林等.我国全民健身公共政策执行阻滞分析[J].上海体育学院学报,2013(4):1－5.

64. 王歧富,吴真文.体育权利在《全民健身条例》中的实现[J].河北体育学院学报,2013(4):5－8.

65. 郁岩等.《室外健身器材的安全通用要求》新标准安全性能分析[J].中国标准化[J].2012(10):107－111.

66. 栾丽霞,吴霜.武汉市全民健身路径工程管理存在的问题与对策[J].体育文化导刊,2012(2):91－94.

67. 喻玥贞.高危险性体育项目经营管理探讨[J].江西教育学院学报(社会科学),2013(1):22－26.

68. 曹春宇.学校体育场馆资源社会化的法律透视[J].首都体育学院学报,2008(2):9－11.

69. 钟武.全民健身路径破损赔偿责任主体的认定[J].体育文化导刊,2013(1):12－15.

70. 赵克等,城建居民小区体育设施配套建设立法研究[J].体育科学,2001(4):5－7.

71. 庄永达,陆亨伯.城市社区体育设施配套建设立法研究[J].体育文化导刊,2005(7):9－11.

72. 许月云等,福州市新建居住区体育设施规划、建设、需求趋向[J].山东体育学院学报,2006(1):42－22.

73. 徐卫华等.厦门市城市居住区体育设施配套建设相关法规实效性的研究[J].天津体育学院学报,2003(4):16－19.

74. 谭小勇.国际人权视野下的我国公民体育权利的法学诠释[J].体育与科学,

2008(9):33 - 37.

75. 于善旭.论公民的体育权利[J].体育科学,1993,(6):23 - 26.

76. 朱琳.全民健身志愿服务长效化法理思考[J].体育与科学,2011,(9):35 - 39.

77. 于善旭.保护公民体育权利:全民健身计划的法制透视[J].天津体育学院学报,1995(4):36 - 40.

78. 贾文彤,郝军龙,刘慧芳,洪亮.法律视野下的公共体育服务均等化研究[J].南京体育学院学报,2009(3):78 - 81.

79. 梁利民.体育生活化之视角:大众体育权利和义务探析[J].成都体育学院学报,2001(6):14 - 17.

80. 刘艳,谢正阳."公民参与"——全民健身体系构建中公民体育权利实现的重要路径[J].体育科研,2011(2):96 - 100.

81. 王湧涛,刘苏.论公民体育权利的法律保障[J].首都体育学院学报,2008(3):13 - 15,36.

82. 罗攀.论体育权利与公共体育服务均等化[J].西安体育学院学报,2011(4):428 - 432.

83. 张鹤,张丽.日本国民体育权利分析[J].体育文化导刊,2011(4):32 - 35.

84. 戴亏秀.我国群众体育公平缺失与政府责任研究[J].沈阳体育学院学报,2011(3):42 - 45.

85. 王正伦.江苏省实施全民健身计划(2011—2015)若干建议研究(二)[J].南京体育学院学报,2010(4):1 - 6.

三、硕博士论文

1. 杨智学.北京市城市新型社区体育场地设施配套建设的法律规制及执行状况分析[D].北京:首都体育学院,2011.

2. 重璇.北京与伦敦城市社区体育场地设施建设与管理的比较研究[D].北京:首都体育学院,2012.

3. 王沂.我国京津地区城市新建住宅区体育场地设施建设研究[D].北京:北京体育大学,2011.

4. 李效震.对《全民健身条例》相关配套法规的研究[D].北京:北京体育大

学,2012.

5. 陈华荣.体育的宪法保障研究——对全球成文宪法体育条款的比较分析[D].苏州:苏州大学,2011.

6. 巴玉峰.我国公民体育权利的法学研究[D].苏州:苏州大学,2006.

7. 王箫雨.体育权利的行政法视角研究[D].重庆:西南政法大学,2008.

8. 陈圆圆.公民体育权利的法律保障研究——以中日体育法比较为视角[D].重庆:西南政法大学,2010.

9. 闫立忠.公民体育权利保障问题研究[D].大连:大连海事大学,2010.

10. 时会佳.我国公民体育权利的法律研究——在宪法行政法的视野下的思考[D].北京:中国政法大学,2005.

11. 卜君.论《全民健身条例》对我国公民健康权的保障[D].北京:中国政法大学,2010.

12. 石怡.湖南省《全民健身条例》实施状况研究[D].湖南:湖南师范大学,2014.

后　记

　　我自 2003 年开始体育法学的专业学习以来,一直致力于研究体育法学中的各种热点问题。硕士和博士期间,对《体育法》的修改进行了系统研究,对全民健身尤为关注。2009 年来到美丽的天津财经大学执教,为体育经济与管理专业的学生讲授《体育法学》《社会体育》《中外体育产业政策与法规》等课程,在讲授的过程中,学生对于自己享有哪些体育权益,公共体育设施的布局、开放与利用,进行高危体育项目如滑雪等体育消费的安全保障权益,全民健身路径的设计、应用,体育彩票公益金筹集与分配,公共财政的投入等内容很感兴趣,大家争相发言,积极讨论,并做专题研讨,特别是请学生结合自己所在的省、市、区和社区进行研讨,学生会带来不同的研究视角和阐述方式,大家在互相学习中进步,能够切实做到理论应用于实践中,课堂效果非常好,《体育法学》课程亦被评为校级精品课。课堂教学讨论的深入也促使我反思各地方全民健身的立法取得的成效与存在的问题,如何能更好地为人民服务,真正做到便民、惠民是迫切需要解决的问题。

　　党的十八大以来,以习近平同志为核心的党中央高度重视全民健康,积极推进全民健身与健康中国的深度融合。各地相继颁布地方性全民健身条例法规,天津市也较早颁布了全民健身条例,在一定程度上有力地推进了全民健身事业的发展,但由于天津市的条例早于国务院颁布的《全民健身条例》,随着社会经济、法治与体育的发展,天津市的全民健身条例不适应性日益凸显。各省市也在《全民健身条例》颁布后及时进行修订。《天津市全民健身条例》需以权利本位为价值取向进行立法,凸显政府的公共服务职能与职责。基于此,我以《天津市全民健身条例》修订的理论与实证研究为题,成功申请天津市哲学社会科学规划一般项目。通过深入的理论讨论与实证调研,对《天津市全民健身条例》重点需要解决的问题进行研究,以期能更好地服务社会,为天津市修法尽自己的一点微薄之力。天津市体育局从 2011 年开始就着手准备《天津市全民健身条例》的修订工作,2017 年进一步推进。我很荣幸作为重要的专家组成员参加《天津市全民健身条例》的修订工作。2019 年,《天津市全民健身条例》修改项目在市人大的高度关注和大力推动下列为 2019 年度人大立法预备项目。

本书是我主持完成的天津市哲学社会科学规划一般项目的成果,感谢学校、体育教学部和科研处各位领导、专家的关心和支持!感谢我的导师于善旭教授,于老师是我国体育法学的著名专家,一直给我指引、支持和鼓励,鞭策我坚持科研,永攀高峰,衷心感谢于老师!感谢同门师兄、师姐的帮助!感谢我的家人一直给予我的帮助和支持!本书是我的第一本个人专著,囿于自身学术能力和时间的限定,不能全面把握《天津市全民健身条例》修订的全部内容,课题研究仍有很多不足,也许有些观点不一定表述准确,敬请各位学者、同仁批评指正!

李先燕

2020 年 5 月